JN033543

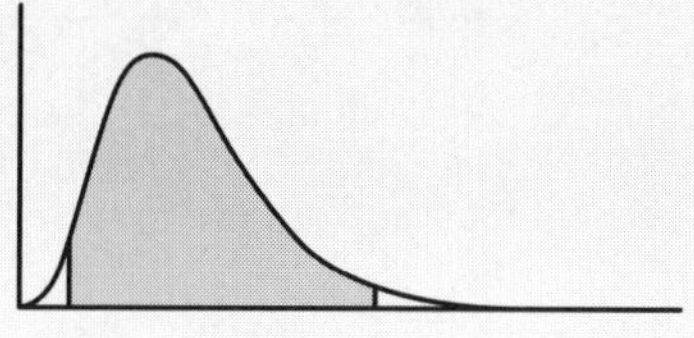

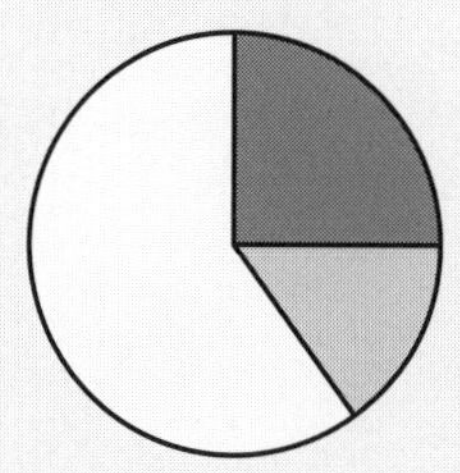

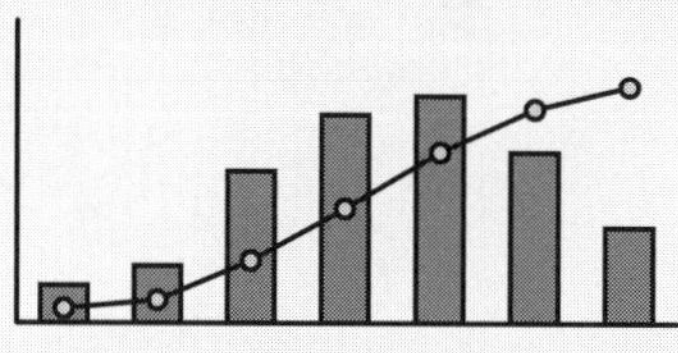

39	2	4.00%
49	3	10.00%
59	8	26.00%
69	11	48.00%
79	12	72.00%
89	9	90.00%
99	5	100.00%
	0	100.00%

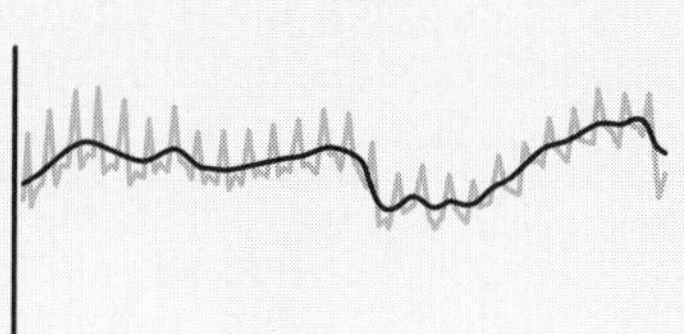

はじめよう 経済学のための情報処理

第5版

山下隆之　石橋太郎
伊東暁人　上藤一郎
黄　愛珍　鈴木拓也

Excelによる データ処理とシミュレーション

INFORMATION PROCESSING

日本評論社

本書の目的

本書は，1998年に日本評論社から出版した『はじめよう経済学のための情報処理―Excelによるデータ処理とシミュレーション―』の第5版です．初版は全国の経済・経営系の大学・学部で情報処理教育や専門教育のテキストとして採用されました．2004年，2008年，2014年と，Excelのバージョンアップに合わせて改訂版を出版してきました．今回，4度目の改訂を行う機会を得ましたのは，本書を支持してくださった多くの大学教員と学生，そして一般読者の皆様のおかげと考えています．

本書が多くの大学でテキストとして受け入れられてきたのは，その目的と構成が明快であったからであると，私たちは考えています．もう一度その目的を確認しておきます．

本書は，経済学と経営学の教育において，インターネットと情報処理機器を活用し，学生たちが主体的に参加する専門教育の構築を追求しています．「インターネット経由で，最新の経済・経営関係データを入手し，それらを用いて経済・経営分析を行い，政策決定プロセスにかかわる情報公開をふまえ，教室やゼミで議論する．」このような大学教育はかつて夢物語でしたが，現在は教員と学生がインターネットで繋がっています．多くの学生がOfficeアプリを自宅でも使える状況にあります．本書は，表計算ソフトExcel（Microsoft社）を活用して，データの入手と処理の基本から応用と発展までを，経済・経営系の専門教育の観点から提供します．

改訂に当たり，新型コロナウイルスがもたらしたオンライン授業への対応を念頭におくことにしました．教員による実演やアドバイスが十分に得られない状況でも学習を進められるよう内容を整理しました．また，感染状況を巡り統計学用語が日々のニュースに登場するようになりましたが，経済・経営系の科目を学んでいない人にも用語の意味がわかるよう配慮しました．最近の新入生はSDGs（持続可能な開発目標）への関心が高いと感じられます．興味あるSDGsの例題から学習を始められるように工夫しました．

本書は，静岡大学の研究者を中心として出版してきた経済学・経営学のためのテキストである「はじめよう」シリーズ（全5冊）の第4冊にあたります．同シリーズの編集者であり長年にわたり筆者たちを叱咤激励してくださった斎藤博氏とその後任として丁寧な校閲作業でお力添えくださった小西ふき子氏に大変お世話になりました．執筆者一同深く感謝しています．

章末の練習問題のExcelファイルは，日本評論社の本書紹介ページ（https://www.nippyo.co.jp/shop/book/8831.html）にて公開されています．

2022年4月

執筆者を代表して
山 下 隆 之

本書の利用について

本書の利用の仕方は，本書の目的と構成にしたがって，次の 2 つに分けられます．

第 1 に，Excel による情報処理教育に本書を利用することができます．「第 I 部 基本編」は，情報処理入門の授業用テキストとして，また初学者の独習用教材として編集されています．実際，私たちの勤務先では，新入生向け情報処理入門（半期）のテキストとして「第 I 部」を利用しています．

第 2 に，学部あるいは大学院の専門教育において，実習用の教材として本書を利用することができます．「第 II 部 発展編」では，マーケティング，人口統計学，計量経済学，産業連関分析，経済理論の専門分野で Excel を利用する方法を提案しています．公務員やシンクタンク等で実務に携わる方々にも役にたつ例題を揃えてあります．

学習のための例題一覧

本書の例題を，経済学の学習のために整理して一覧表にしておきます．

表 1　例題と専門教育

授業科目	内容	例題
情報処理	Excel の基本	例題 1-1, 例題 1-2
	グラフの作成	例題 1-3, 例題 1-4
	データベース機能	例題 2-1
統計学	統計量	例題 3-1, 例題 3-2, 例題 3-3, 例題 3-4
	確率分布	例題 5-2, 例題 5-3, 例題 5-4, 例題 5-5, 例題 6-3, 例題 6-4
	相関	例題 4-1, 例題 6-1
マーケティング	広告効果	例題 6-1, 例題 6-2
	マーチャンダイジング	例題 6-3, 例題 6-4
社会統計学	人口推計	例題 7-1, 例題 7-2, 例題 7-3, 例題 7-4, 例題 7-5
経済統計学	国民経済計算	例題 8-1, 例題 8-2, 例題 8-3
計量経済学	単純回帰分析	例題 4-2, 例題 5-1, 例題 6-2
	重回帰分析	例題 9-1
産業連関分析	経済波及効果分析	例題 10-1
ミクロ経済学	市場均衡	例題 11-1
	利潤最大化	例題 11-2
	効用最大化	例題 11-3
マクロ経済学	ケインジアンの交差図	例題 12-1, 例題 12-2
	IS-LM 分析	例題 12-3
	乗数・加速度原理	例題 12-4
	新古典派の経済成長モデル	例題 12-5

目 次

第Ⅰ部

基本編

第1章

Excelの基本操作

この章は，代表的な表計算ソフトウェア（Spread Sheet Software）である Microsoft 365（旧称：Office365） Apps の Excel の基本的な操作について実例をもとに習得することを目標にしています．Excel には，基本となる集計・計算機能のほかに，グラフ機能，データベース機能，統計分析・シミュレーション機能，マクロ・VBA 機能などさまざまな機能が用意されています．

1.1　Excelの画面構成

Microsoft365 の Excel が起動するとまず図 1.1 のような画面が表示されます．

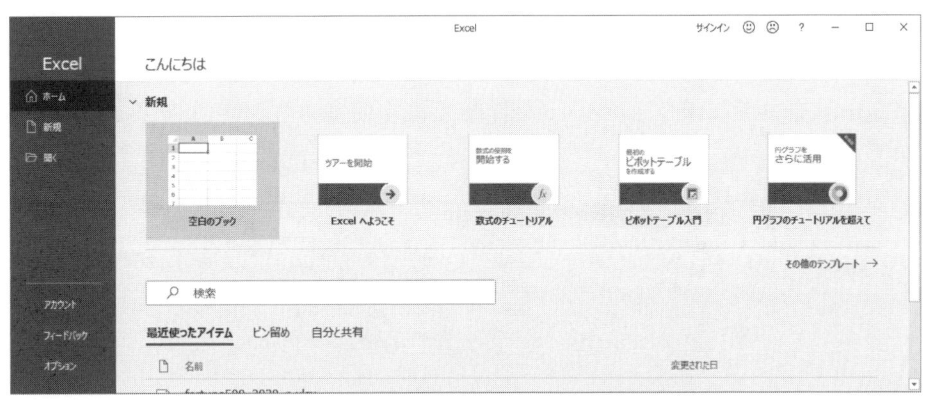

図 **1.1**　Microsoft365 Excel の起動

Excel では，何枚ものシート（表）を束ねたものを一つの操作単位（ブック）として扱います．この画面では，まったく新しくブックを作成する「空白のブック」とすでに何らかの数式や情報が入力されている「テンプレート」（ひな形）が選択できます（テンプレートには，Excel の使い方を解説しているチュートリアル，カレンダーや予定表，各種の計算書などがあり，選択するとダウンロードされます）．また，すでに Excel で作成したファイルが保存されていれば「最近使ったアイテム」として表示されます．今回は、テンプレートを使わず新たにブックを作成しますので，「新規　空白のブック」を選択しクリックします．

空白のブックが開くと，図 1.2 のような画面が表示されます．今後の操作説明を理解するうえで，いくつか知っておかなければならない用語があります．

Excel のウィンドウの構成

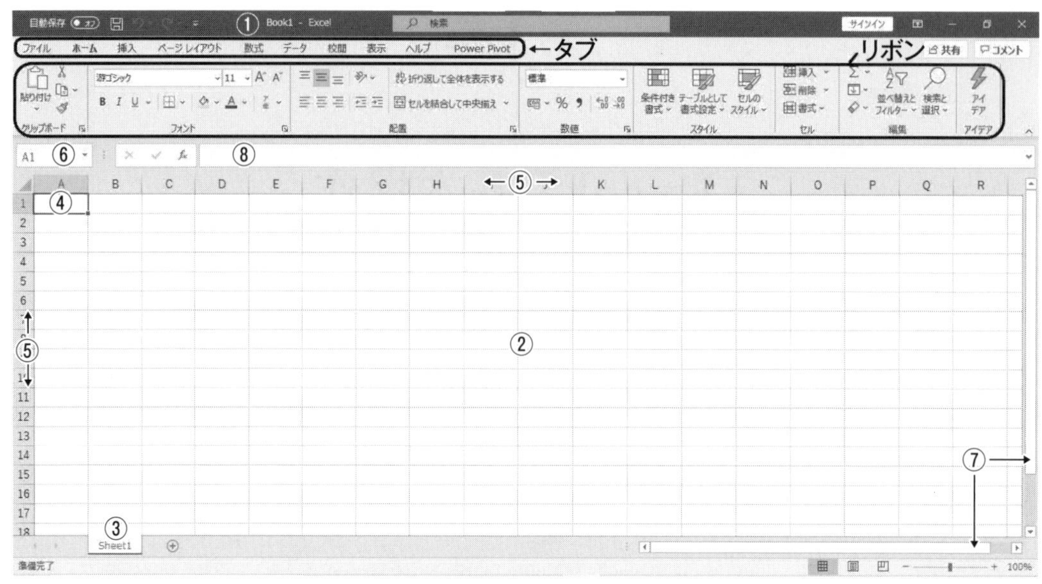

図 1.2　Excel のウインドウ

①タイトルバー

現在作業をしている表の表題（タイトル）が表示されます．一般には，Excel ブックのファイル名を示します．新規に起動した時点では，「Book1」という名前が付けられ，それが表示されています．

タイトルバーの左に帯状に伸びているのが**クイックアクセスツールバー**です．ここに「印刷プレビュー」や「元に戻す」といった作業でよく使うコマンド（のアイコン）を登録することができます．

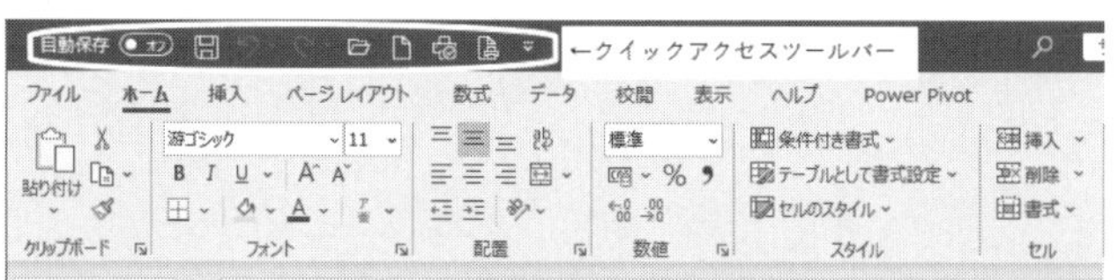

Excel の各種機能を指定するボタンが並んでいる部分を**リボン**と呼びます．リボンは，ファイルやページレイアウトなど機能ごとに「タブ」としてまとめられており，起動時には「ホーム」のタブのリボンが表示されています．リボンの表示内容は**タブ**をクリックして切り替えることができます．

各リボンの中には，さまざまな機能（コマンド）の**ボタン**が配置され，その機能ごとのかたまり（図 1.2 では「クリップボード」や「フォント」など）を**グループ**といいます．

リボンの下にマス目状に区切られた**ワークブックウィンドウ**が表示されます．集計用紙のように縦と横の枠線によって仕切られた，マス目一つひとつのことを**セル**といいます．

②ワークブックウィンドウ

Excel は，複数のワークブックを同時に開いて操作することができます．複数のワークブックを開けている場合，タイトルバーのブック名が濃く表示されているウィンドウは，データを入力したり修正したりできるブックウィンドウで，**アクティブブックウィンドウ**または**カレントブックウィンドウ**といいます．

ブックウィンドウの構成

ブックウィンドウには，**ワークシート**，**グラフシート**，**マクロシート**などブックに綴じられた用紙が表示されます．これらのシートのうち，現在表示されていてデータを入力したり修正したりできるシートを**アクティブシート**または**カレントシート**といいます．

③シート見出し

ワークブックウィンドウはシートが複数重なった状態になっています．その各シートの名前が記されているのが**シート見出し**です．とくに指定しなければ，「Sheet1」，「Sheet2」，… と順番に名前が付いています．シート名の変更は，シート見出しを右クリックし，[**名前の変更 (R)**] で行います．

ワークシートは単にシートとも呼ばれ，シートはセルが集まって形成されています．太枠で囲まれているセル (図の④) は，データを入力できるセルで**アクティブセル**または**カレントセル**といいます．セルに入力されているデータは数式バー (図の⑧) に表示されます．

⑤行番号と列番号

ワークシートの最上行の上には各セルの列位置を表示する**列番号** (A, B, C, …) が，最左列の左側には各セルの行位置を示す**行番号** (1, 2, 3, …) が表示されています．行番号は 1～10，100，1000... とそのまま増えますが，列番号は A から Z まで増えるとその先は AA～AZ, BA～ZZ, AAA～XFD となります．列番号と行番号で表示したセルの位置のことを「セル参照」または「セル座標」といいます．カレントセルのセル参照は**名前ボックス**に表示されます．

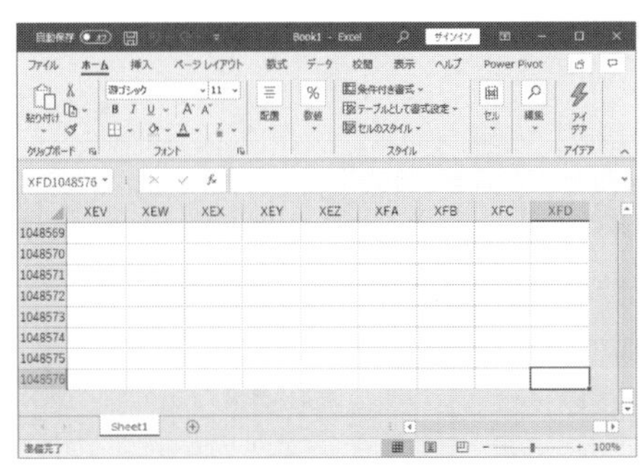

図 1.3　最終行と最終列

ワークブックウィンドウの画面に表示されているセルはそのシートの一部分でしかありません．Excel では 1 枚のシート上に最大 1 万 6384 列 ×104 万 8576 行（= 171 億 7986 万 9184 個のセル）を作成することができます（図 1.3）．

⑥名前ボックス

現在編集対象となっているセル（カレントセル）の行番号，列番号を表示します．

⑦スクロールバー

スクロールバーは大きなシートのうちのどの部分が画面上に表示されているのかを示します．スクロールバーの中にあるスクロールボックスをマウスで動かすことで，画面に表示する部分を上下，左右に移動することができます．

⑧数式バー

「編集行」ともいいます．Excel のシート上にデータを入力する際に，実際の編集作業を行う場所です．

1.2　データの入力と保存

例題 1-1　おもな国・地域の人口, 経済規模と二酸化炭素排出量, エネルギー消費量

2015 年 9 月，国連は「我々の世界を変革する：持続可能な開発のための 2030 アジェンダ」を採択し，その行動計画として「持続可能な開発目標（SDGs）」を掲げました．SDGs は 17 の目標ごとに全部で 169 の具体的な数値目標（ターゲット）を定め，各ターゲットの計算根拠となる指標を示しています．たとえば，「ゴール 7　すべての人々の，安価かつ信頼できる持続可能な近代的エネルギーへのアクセスを確保する」では，「7.3 2030 年までに，世界全体のエネルギー効率の改善率を倍増させる.」というターゲットが示され，指標として「7.3.1 エネルギー強度（GDP 当たりの一次エネルギー）」があげられています．本章では，SDGs のターゲットなどに関係するデータから，「主要各国の人口，国内総生産（GDP），二酸化炭素排出量とエネルギー消費量」を具体的な例としてとりあげます．表 1.1 のようなデータが用意されています．これをワークシート上に入力していきます[1]．

1.2.1　データ入力

表 1.1　おもな国・地域の人口，国内総生産（GDP），二酸化炭素（CO2）排出量とエネルギー消費量のデータ（2018 年）

国名	総人口（千人）	国内総生産（百万 US ドル）	二酸化炭素排出量（百万トン）	エネルギー消費量（ペタジュール）
日本	126,443	5,197,069.42	1,080.72	18,116
アメリカ	327,167	20,090,748.76	4,921.13	90,228
EU	513,179	19,551,328.86	3,150.88	67,606
中国	1,415,046	21,229,363.69	9,528.21	123,598
インド	1,354,052	8,787,694.41	2,307.78	38,083
世界合計	7,632,819	126,288,644.53	33,513.25	563,397

出典）人口は OECD の統計 HP https://stats.oecd.org/より．
GDP は世界銀行の HP World Bank, International Comparison Program database. https://data.worldbank.org/indicator/ より．
注 1）GDP は 2017 年基準の実質価格，購買力平価換算 PPP (constant 2017 international$).
二酸化炭素は国際エネルギー機関（IEA）の HP CO2 Emissions from Fuel Combustion (2020 Edition) https://www.iea.org/より．
注 2）二酸化炭素排出量はエネルギー使用のための化石燃料の燃焼による排出をさす．
エネルギー消費量は国連エネルギー年鑑（UN Energy Statistics Yearbook 2017）による 2017 年の Total Energy Supply (一次エネルギー総供給）の値．ペタは 1000 の 5 乗, 千兆.
EU は条約加盟 28 カ国（ドイツ, オーストリア, ベルギー, ブルガリア, キプロス, デンマーク, スペイン, エストニア, フィンランド, フランス, ギリシャ, ハンガリー, アイルランド, イタリア, リトアニア, ラトヴィア, ルクセンブルク, マルタ, オランダ, ポーランド, ポルトガル, チェコ, ルーマニア, イギリス, スロヴァキア, スロヴェニア, スウェーデン, クロアチア).
HP の閲覧はいずれも 2021 年 1 月.

---

[1] GDP には，さまざまな基準で計算された統計が公表されています．各国の GDP を比較するにはその違いを理解しておく必要があります．ここでは，世界銀行が公表している 2017 年基準値の実質値で PPP（purchasing power parity：購買力平価）による US ドル換算の値を使います．「実質：基準年価格（constant prices）で評価」と「名目：現行価格（current prices）で評価」の違い等については，第 3 章以降でふれます．「購買力平価」，各国通貨基準とドル換算基準の違いについては国際経済学の教科書などを参考にしてください．

表題の入力

手順 1 マウスポインタをセル A1 に重ねてクリックします.
セル A1 がアクティブになり，データの入力・編集が可能になります.

手順 2 日本語で「おもな国・地域の人口，経済規模と二酸化炭素排出量，エネルギー消費量（2018 年）」と入力します（MS-IME などの日本語入力のための FEP が起動していない場合は起動してください）.

手順 3 キー入力した文字が数式バーに入力されるので，訂正があれば(BS)キーを用いて修正し，訂正がなければ(Enter)キーを押して入力した文字を確定します.

以下，本書では特別な手順として記述されていない限り原則として，「入力」という言葉を，上記手順 2，3 と同様に「数式バー（編集行）に文字（数値）を入力し，確定させてセルに納める」という意味で用います.

国名など項目名の入力

手順 4 マウスを動かし，セル B2 をアクティブにします.

手順 5 日本語で「国名」と入力します.

手順 6 同様に，セル B3 に「日本」，セル B4 に「アメリカ」，セル B5 に「EU」，セル B6 に「中国」，セル B7 に「インド」，セル B8 に「世界合計」と入力します.

手順 7 C2 のセルに「総人口（1000 人）」，セル D2 に「国内総生産（100 万 US ドル）」，セル E2 に「二酸化炭素排出量（100 万トン）」, セル F2 に「エネルギー消費量（ペタジュール）」と入力します（表の項目名と単位表記が異なりますが，手順に記載されている通りに入力してください）.

いくつかのセルの文字が後から入力した右側のセルの文字や数値に隠れてしまい，途中までしか表示されていません．これは後で直しますのでこのままにしておきます.

総人口など数値の入力

手順 8 マウスポインタをセル C3 に動かし，アクティブにします.

手順 9 日本の総人口 `126443` を半角で入力します.

手順 10 同様に，セル C4 に `327167`，セル C5 に `513179`，セル C6 に `1415046`，セル C7 に `1354052`，セル C8 に `7632819` と入力します.

上の表では，各値は 3 桁ごとにカンマ編集されていますが，Excel に入力する際にはカンマをはずして数値のみで入力してください（カンマ編集は後で行います）.

手順 11 セル D3 に日本の国内総生産 `5197069.42` を半角で入力します.

手順 12 同様に，セル D4 に 20090748.76，セル D5 に 19551328.86，セル D6 に 21229363.69，セル D7 に 8787694.41，セル D8 に 126288644.53 と入力します．

「世界合計」の値を入力した際に, セルが「1.26E+08」（指数表示）, あるいは「########」といった表示になることがあります．これらはいずれもセルで定義されている桁数よりも多い桁の値を入力した場合に起こります（指数表示は「セルの書式設定」を変えてください）．

後述する列（セル）幅の変更によって桁数を広げることができますので, 数式バー（編集行）に表示されている値に誤りがなければ, とりあえずここではそのままにしておきます．

手順 13 同様に，セル E3 から E8 に各国の二酸化炭素排出量の値を，セル F3 から F8 に各国のエネルギー消費量の値を入力します．

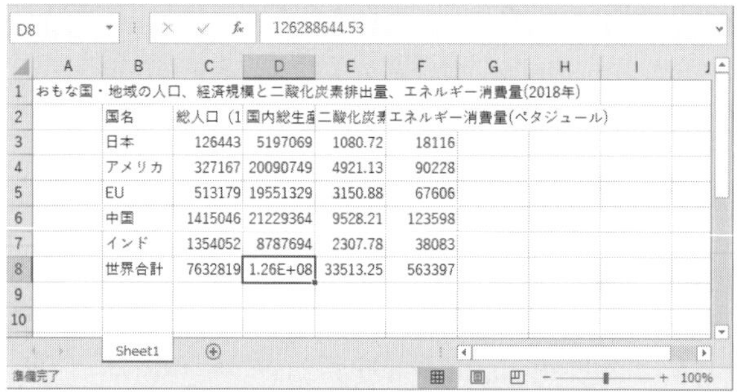

	A	B	C	D	E	F
1	おもな国・地域の人口、経済規模と二酸化炭素排出量、エネルギー消費量(2018年)					
2		国名	総人口（1	国内総生産	二酸化炭素	エネルギー消費量(ペタジュール)
3		日本	126443	5197069	1080.72	18116
4		アメリカ	327167	20090749	4921.13	90228
5		EU	513179	19551329	3150.88	67606
6		中国	1415046	21229364	9528.21	123598
7		インド	1354052	8787694	2307.78	38083
8		世界合計	7632819	1.26E+08	33513.25	563397

図 1.4　ここまでの入力画面

とりあえず，表ができたので，いったん保存しておきましょう（図 1.4）．

1.2.2　ブックの保存とファイルの読み込み

ブックの保存

手順 1 左上にある［ファイル］タブをクリックします．

手順 2 左側に表示されている作業一覧の中の［名前を付けて保存］を押すと，［名前を付けて保存］画面に変わります（図 1.5）．

手順 3 保存先を選択し，クリックします．コンピューターに接続されたディスク上に保存するのであれば,「参照」をクリックして［名前を付けて保存］のダイアログボックスを開きます（図 1.6）．

手順 4 保存先のフォルダー等を選択し，［ファイル名 (<u>N</u>)］のボックスに保存しようとするファイルの名前を入力します．ファイル名は Excel が Book1 などの名前をあらか

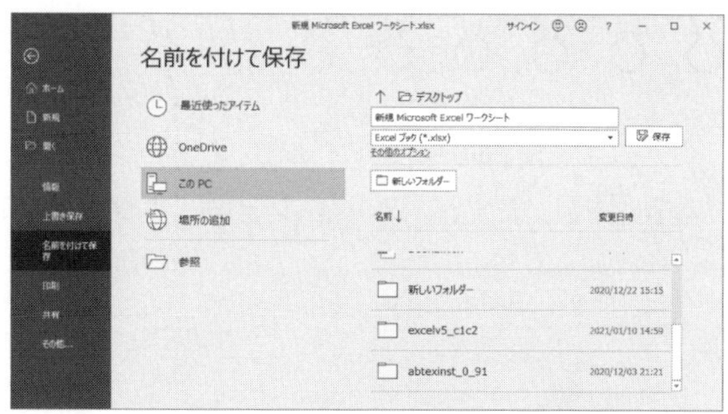

図 **1.5**　保存先の選択画面

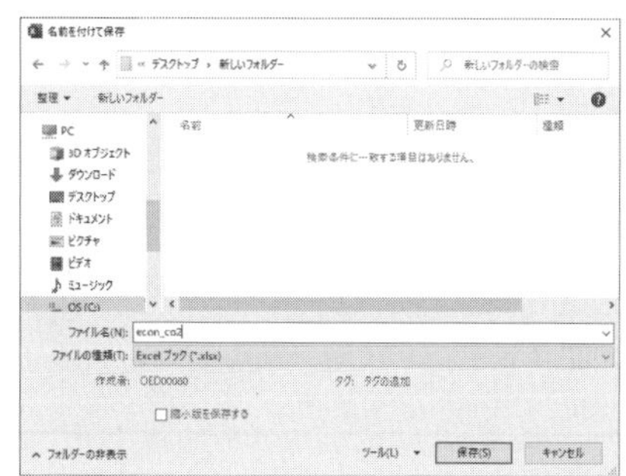

図 **1.6**　保存のダイアログボックスの画面

じめ付けて表示しています．何も入力しなければこのファイル名で保存されます．ファイル名は「econ_co2」とか「国際比較」とか表意的な方が後で開くときにわかりやすいでしょう（ファイル名の拡張子は [**ファイルの種類 (T)**] ボックスの表示が「Excel ブック (`*.xlsx`)」となっている場合，`xlsx` という拡張子が自動的に付加されます．この `xlsx` という拡張子が Excel2007 以降の形式のファイルであることを示しています．もしそのファイルを Excel97，Excel2003 でも開く可能性がある場合には互換性をとるために［**Excel97-2003 ブック**］を選択してください．その場合，ファイルの拡張子は xls となります．逆に Excel2003 までのバージョンで作成されたファイルを開くと，メニューの中に「変換」のコマンドが表示されます）．

ファイルの保存が終わったら，［**ファイル**］タブにある [**閉じる**] を選び，保存を終了して，［**ホーム**］タブの画面に戻ります．いま保存したファイルを読み込んでみましょう．

保存したファイルの読み込み

手順 1　［**ファイル**］タブを押して左側に表示されている作業一覧の中の［**開く**］を押すと，[**開く**] 画面に変わります．

手順 2　[**最近使ったアイテム**]（表示されていない場合は押して）に表示されたブック（ファイル）一覧から保存したファイルを選びます（ファイルがシートに展開されて表示されます）．

＊「最近使ったアイテム」で目的のファイルが見当たらない場合は，PCなど保存した先のドライブを選択します．[ファイルを開く] ダイアログボックスが開きます．

表示されているファイルの一覧表から開きたいファイルにマウスポインタを移動し，クリックして選択します．

1.3　計算とグラフの作成

以上で表を作成しましたが，これだけでは手書きの表やワープロと変わりがありません．表計算ソフトウェアの真価はここからです．

1.3.1　セルを対象にした計算式の入力

作成した表をもとに，いくつかの計算をしてみましょう．ここでは，国ごとの人口1人当たりの国内総生産と二酸化炭素排出量，国内総生産当たりのエネルギー消費量（エネルギー強度）を算出します（以下，二酸化炭素はCO2，国内総生産はGDPと表記します）．

計算式の入力

手順1　項目名の入力．セルG2に「1人当たりGDP(US ＄)」，セルH2に「1人当たりCO2排出量(t)」，セルI2に「エネルギー強度」と入力します（ここでも，いくつかのセルの文字が後から入力した右側のセルの文字や数値に隠れてしまい途中までしか表示されていませんが，後で直しますのでここではこのままにしておきます）．

手順2　計算式の入力．セルG3に日本の人口1人当たりGDPを計算する式を入力します．式は国内総生産 ÷ 総人口となりますから，それぞれのデータが入っているセルを計算式として，`=d3/c3*1000` と入力します（図1.7）．1000倍にしているのは1人当たりに単位を揃えるためです．

なお，一般にコンピュータでは，四則演算記号のうち，+，− はそのままキー入力しますが，× は(*)，÷ は(/)で入力します．また，Excel では，10^2 のような累乗計算は，10^2 のように入力します．式で入力するセルの列位置を示すアルファベットは大文字，小文字どちらでもかまいません．

G3 =D3/C3*1000

	A	B	C	D	E	F	G	H	I	J
1	おもな国・地域の人口、経済規模と二酸化炭素排出量、エネルギー消費量(2018年)									
2		国名	総人口（1	国内総生産	二酸化炭素	エネルギー	1人当たり	1人当たり	エネルギー強度	
3		日本	126443	5197069	1080.72	18116	=D3/C3*1000			
4		アメリカ	327167	20090749	4921.13	90228				
5		EU	513179	19551329	3150.88	67606				
6		中国	1415046	21229364	9528.21	123598				
7		インド	1354052	8787694	2307.78	38083				
8		世界合計	7632819	1.26E+08	33513.25	563397				
9										
10										

Sheet1

図 1.7　計算式入力の画面

ここで注意しなければいけないことは，セルに計算式を入力する時には必ず「=」から始めなければいけないということです．そうしないと，表計算ソフトはそれを単なる文字列として認識してしまうことがあります．

計算式のコピー（複写）

セル G4 から G8 にも同様に計算式を入力しなければなりませんが，表計算ソフトではいちいち計算式を各セルに入力し直す必要はありません．あるセルに指定した計算式をコピー (複写) して使うことができるのです．これが表計算ソフトの重要な機能の一つです．

手順 1　セル G3 にマウスポインタを移動しクリックします．

手順 2　この状態で，マウスポインタを，アクティブセルの枠線の右下にあわせ，ポインタをフィルハンドルといわれる黒い十字 (+) にします．

手順 3　フィルハンドル (+) のままでセル G4 からセル G8 にドラッグします（図 1.8）．

	A	B	C	D	E	F	G	H
1	おもな国・地域の人口、経済規模と二酸化炭素排出量、エネルギー消費量(2018年)							
2		国名	総人口（1	国内総生産	二酸化炭素	エネルギー	1人当たり	1人当たり
3		日本	126443	5197069	1080.72	18116	41102.07	
4		アメリカ	327167	20090749	4921.13	90228	61408.24	
5		EU	513179	19551329	3150.88	67606	38098.46	
6		中国	1415046	21229364	9528.21	123598	15002.6	
7		インド	1354052	8787694	2307.78	38083	6489.924	
8		世界合計	7632819	1.26E+08	33513.25	563397	16545.48	
9								
10								

図 1.8　フィルハンドル：黒い+

複写された計算式の確認 (相対参照の使い方)

念のため，コピーした計算式が正しく設定されているか，セル G4 からセル G8 の各セルにそれぞれポインタを動かして，数式バーにどのような式が表示されるかを確認してください．正しくコピーが行われていれば，セル G4 には =D4/C4*1000 が，セル G5 には

=D5/C5*1000 が，同様にセル G6 から G8 までのセルにも正しい割り算の式がそれぞれ入っているはずです．コピーの元の計算式は =D3/C3*1000 だったのに，コピー先ではきちんとそれぞれの値を出すように変化していることに気づくでしょう．

表計算ソフトでは，文字や数値のコピーはそのまま複写されますが，セルを対象にした計算式や関数は複写先のセル番地に合わせて相対的に調整されて複写されます．つまり，セル G3 に指定した式の =D3/C3 の部分は (セル番地での相対的な位置関係として)「二つ左隣のセルの値を三つ左隣のセルの値で割る」という意味の式なのです．ですから，その式をコピーするとそれぞれのセル番地に応じた「二つ左隣のセルの値を三つ左隣のセルの値で割る」という意味の式が設定されるのです．このようにセル番地に応じて相対的に変化する式を「相対参照」といいます．

混合 (複合) 参照と絶対参照

次に，1人当たりの CO2 排出量を計算してみましょう．1人当たり GDP と同様に考えてセル H3 に式を入力してセル H4 からセル H8 に複写してもよいですが，表計算ソフトが「わかっている」人は，実は1人当たり GDP の日本のセル (G3) に式を入力する際に，行方向だけでなく列方向への複写も考えます．

手順1 セル G3 に入力した式の=D3/C3 部分を=D3/$C3 に変えます．

手順2 セル G3 をフィルハンドルにして右 (H3) にドラッグします (コピーされて =E3/$C3*1000 が表示されます)．

手順3 セル H3 の式をフィルハンドルでセル H4 からセル H8 までドラッグしてコピーします．

こうして H3 から H8 のセルに CO2 排出量を総人口で割る式が複写されますが，上記の相対参照の概念が理解できている人は不思議に思うかもしれません．セル G3 に定義した式をセル H3 に複写すれば，上記の相対参照の原理にしたがって，それぞれ右隣りのセルにずれて=E3/D3 になるはずです．たしかに (試してみるとよいですが) G3 に=D3/C3 と定義し複写すればセル H3 は= E3/D3 となります．そうならなかった秘密は$マークにあります．Excel の計算式定義では，計算式に含まれるセル表示の行番号または列番号に$マークを付けることで複写しても位置に応じて相対的に変化させないことができるのです．このように，式のセルの行だけを相対的に変化させず固定し，列だけを相対的に変化させる (あるいは逆に，列だけを固定し，行だけを相対的に変化させる) ことを「混合参照 (複合参照)」といいます．

次に，エネルギー強度 (GDP 当たりの一次エネルギー) を計算してみましょう．

手順1 セル I3 に=F3*1000000/D3 と式を入力します．(100 万倍することで単位は千ジュールとなります．)

手順2 セル I3 の式をフィルハンドルでセル I4 からセル I8 までドラッグしてコピーします．

エネルギー強度は，単位当たりの経済生産の産出にどれだけのエネルギーが使われているかを示すもので，強度が小さいほど使用されるエネルギーが少ない (効率的である) ことを示します．

次に，各国の総人口，GDP，CO2 排出量が世界全体に占める割合（構成比）を計算してみましょう．

手順 1 セル J2 に「構成比 (人口)」，セル K2 に「構成比 (GDP)」，セル L2 に「構成比 (CO2 排出量)」と入力します．構成比は個別の要素が，全体に対して占めている割合や比率のことを言いますので，個別データ ÷ 合計で求めることができます．

手順 2 セル J3 に日本の総人口が世界合計に占める割合を計算する式`=c3/c8`と入力します．

手順 3 セル J3 をフィルハンドルにして下（セル J4 からセル J8）にドラッグします．

セル J3 には正しい計算結果が表示されましたが，J4 から J8 のセルには

「# DIV/0!」

と表示されてしまいました．各セルの式を確認してみると，式の分母が C9，C10，…とデータが入力されていないセルなってしまっています．「# DIV/0!」という表示は「割る数に 0 が指定され算術的に演算不可能であるわり算となっています」というメッセージなのです（Excel では何も入力されていない空白のセルは計算上は 0 として扱われます）．前述の相対参照の概念からすると式がこのようにセル位置に応じて変化してしまうのは当然です．そこで，セル J3 を次のように書き直して再度コピーしてみましょう．

手順 4 セル J3 をダブルクリックし，セルに表示されている式`=C3/C8`の`C8`を`$C$8`にします（セル J3 をクリックし，数式バーに表示された式を編集し，入力してもおなじです）．マウスカーソルを数式バーに表示された式の変更したい文字に合わせて左クリックし，直接，キー入力して変更することができますが，数式バーに表示された式の`C8`の部分だけをドラッグすることで反転表示させ(F4)キーを押すと変えることができます（押すたびに`$C$8`，`C$8`，`$C8`，`C8`と変わっていきます）．

手順 5 手順 3 と同様にフィルハンドルでドラッグして式をコピーします．

セル J4 には`=C4/$C$8`が，セル J5 には`=C5/$C$8`が，以下セル J8 まで式がそれぞれ入り，正しい構成比が表示されているはずです．行と列の両方に`$`をつけることで相対的に変化させることなく，特定のセル番地そのものの位置を固定するかたちで式の中に定義することができます．このように相対的なセル番地に応じて変化させずに，絶対的なセル番地を示すものを「絶対参照」といいます．

同じように，GDP による構成比を計算してみましょう．せっかくセル J3 に式を定義してあるのですからこれを利用したいですね．でも，ただコピーしただけではセル K3 は`=D3/$C$8`という式になってしまいます．もう一工夫必要です．使いたい分母はセル D8 で，行だけが固定されれば列方向は相対的に変化してもかまわないわけですから，そのような式が作れないでしょうか？　そうです，混合参照です．

手順 6 セル J3 をクリックし，手順 4 と同じように数式バーに表示された式`=C3/$C$8`の`$C$8`を`C$8`に編集します．

手順 7 セル J3 をセル K3 にコピーし，さらにフィルハンドルでセル K4 からセル K8 にコピーします．

セル K3 には=D3/D$8 という式が入り，セル K4 からセル K8 にもそれぞれ GDP による正しい構成比が表示されました．では，同じようにCO2 排出量の構成比を計算してみましょう．

手順 8　同様にセル J3 の式をセル L3 にコピーし，さらにフィルハンドルでセル L4 からセル L8 にコピーします．

表計算ソフトウェアが「使える，使えない」，「わかっている，わかっていない」の違いのひとつは，「相対参照」，「絶対参照」，「混合 (複合) 参照」の違いが理解できていて，いかに効率よく式を入力できるかにあります．

	A	B	C	D	E	F	G	H	I	J	K	L	M
1	おもな国・地域の人口、経済規模と二酸化炭素排出量、エネルギー消費量(2018年)												
2		国名	総人口（1	国内総生産	二酸化炭素	エネルギー	1人当たり	1人当たり	エネルギー	構成比(人口	構成比(GD	構成比(CO2排出量)	
3		日本	126443	5197069	1080.72	18116	41102.07	8.547092	3485.811	0.016566	0.041152	0.032248	
4		アメリカ	327167	20090749	4921.13	90228	61408.24	15.04165	4491.022	0.042863	0.159086	0.146841	
5		EU	513179	19551329	3150.88	67606	38098.46	6.139924	3457.872	0.067233	0.154815	0.094019	
6		中国	1415046	21229364	9528.21	123598	15002.6	6.733498	5822.03	0.18539	0.168102	0.284312	
7		インド	1354052	8787694	2307.78	38083	6489.924	1.704351	4333.674	0.177399	0.069584	0.068862	
8		世界合計	7632819	1.26E+08	33513.25	563397	16545.48	4.390678	4461.185	1	1	1	
9													
10													

図 1.9　ここまでの作業の画面

1.3.2　表の修飾

これで一応，表は完成しましたが，なんとなく見栄えが悪いですね．Excelでは，表を見やすくするためのさまざまな修飾機能が用意されています．

列幅の変更

上記の例題で，項目名など文字を入力した際，長い文字列は，右側のセルに文字や数値を入力した際にその一部が隠れてしまっていたことを憶えていると思います．これはとくに指定しない限り，表計算ソフトのセル幅は72ピクセル（半角で8桁，全角で4字分程度）になっているからです．まず，それから直しましょう．

手順 1　列番号ゲージで拡張したいセルと右隣のセルの境界にマウスポインタを移動します．ポインタの形が左右矢印← I →に変わります．

手順 2　ポインタが変わった状態のままで，マウスをドラッグして広げたいところでマウスを離せばそこで列幅が固定されます（これは行幅を変更する場合も同じです）．

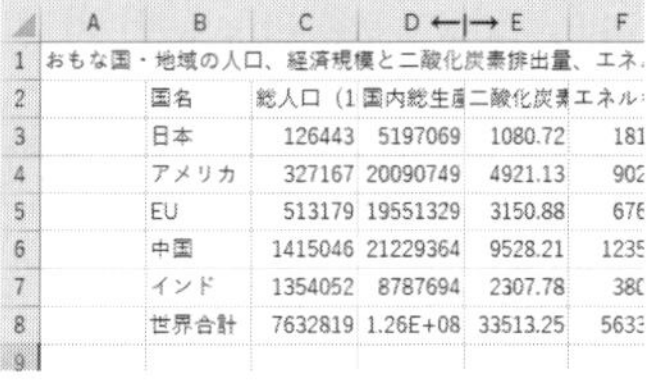

	A	B	C	D	E	F
1	おもな国・地域の人口、経済規模と二酸化炭素排出量、エネ					
2		国名	総人口（1	国内総生産	二酸化炭素	エネル
3		日本	126443	5197069	1080.72	181
4		アメリカ	327167	20090749	4921.13	902
5		EU	513179	19551329	3150.88	676
6		中国	1415046	21229364	9528.21	1235
7		インド	1354052	8787694	2307.78	380
8		世界合計	7632819	1.26E+08	33513.25	5633

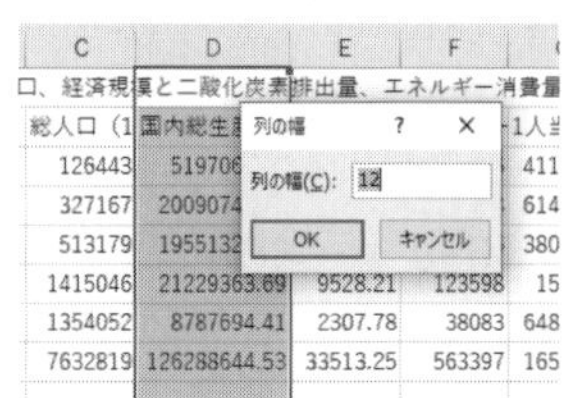

図 1.10 数値指定による列幅の変更

または，列番号のアルファベット部分を右クリックし，メニューから「列の幅」を選択して，列幅の数値を変えることもできます（図 1.10）.

文字列の折り返し

項目名だけが長くて値の桁数は多くない場合，表示のバランスが悪くなることがあります．その場合は，項目名が入力されているセルの書式を変更し列幅の中で文字列を折り返して表示するとよいでしょう[2].

手順 1 折り返し表示させたいセルをクリックします.

手順 2 リボンの中の「配置」グループの右下プルダウンボタンをクリックします.

手順 3 「セルの書式設定」ダイアログボックスが表示されるので，「文字の制御」の [折り返して全体を表示する (W)] のチェックボックスをクリックします.

手順 4 [**OK**] ボタンをクリックします.

カンマの挿入

桁数の多い数字に，3 桁ごとにカンマを入れるということは日常よくとられる手段です．Excel ではセルに格納された数値はそのままにして，画面や印刷表示だけをカンマ表示にすることができます.

手順 1 カンマ編集の対象範囲をマウスをドラッグすることで指定します．ここではセル C3 からセル I8 をマウスでドラッグし，反転表示にします.

手順 2 リボンの「数値」のグループの中にある [桁区切りスタイル] ボタンを押します.

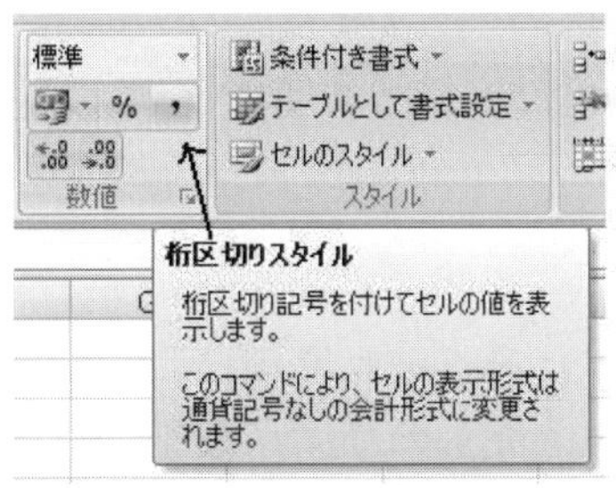

小数点以下表示桁数の変更

手順 1 対象範囲 G3 から I8 のセルを反転表示させ，リボンの「数値」グループの中にある小数点表示桁下げボタンをクリックします（図 1.11）．一回クリックするたびに小

[2]書式設定ダイアログボックスは，対象のセルをクリックして指定し，右クリックすることでプルダウンメニューから選択することもできます.

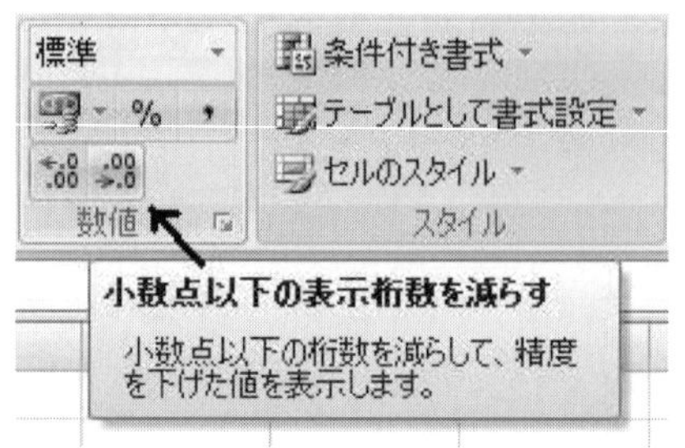

図 1.11　小数点表示桁下げのボタン

数点以下の桁数が1桁ずつ減ります．G列，I列を1桁に，H列を3桁に揃えます[3]．

パーセント (%) 記号の表示

表の構成比は計算したままの小数点表示になっていますが，われわれが構成比としてなじみがあるのは%表示ですから，%表示にしましょう．その上で，表示された値の小数点以下桁数を揃えます．

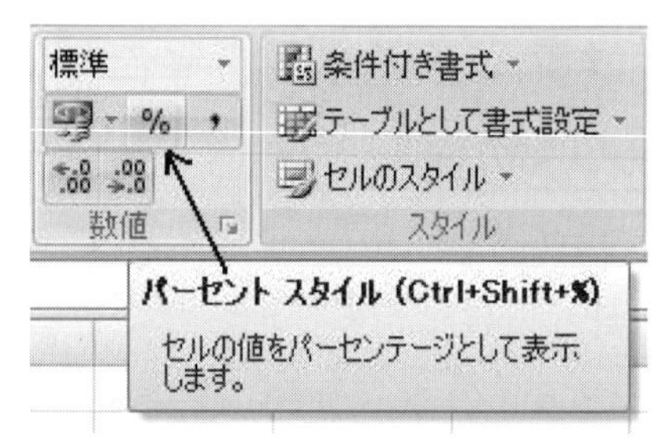

手順1 カンマ編集時と同様に，対象範囲セル J3 から L8 をドラッグし，**パーセントスタイル**ボタンを押します．対象セルの計算式はそのままで，小数点表示が自動的に百分率表示に変換され，末尾に記号%をつけて表示されます．パーセント表示のセルの小数点以下の表示を揃えましょう．

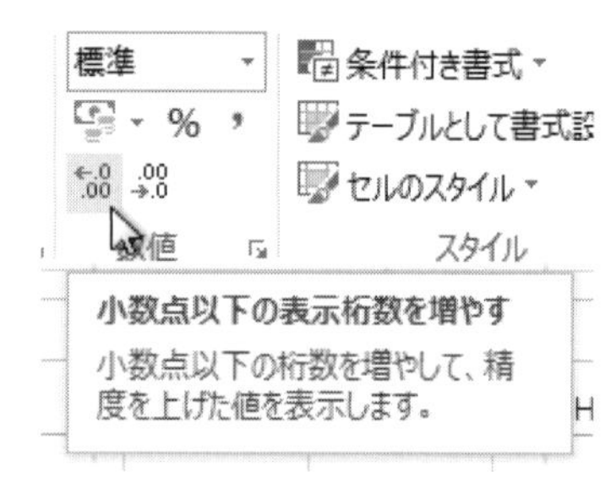

手順2 対象範囲セル J3 からセル L8 をドラッグして反転表示させ，リボンの「数値」グループの中に**小数点表示桁上げ**ボタンをクリックします．ボタンを一回クリックするたびに小数点以下の桁数が一桁ずつ増えます．

罫線をつける

画面を見ると，シート上のセルはそれぞれ罫線によって区切られているように見えますが，これはコンピュータ上の仮想的なものです．表を印刷する場合など，罫線が必要であれば別途，編集機能によって付加してやらねばなりません．

手順1 罫線をひく範囲セル B2 からセル L8 をドラッグして指定します．

手順2 リボンの「フォント」グループの中にある**罫線**ボタンの▼ (図 1.12 参照) をクリックし，外枠，横線，縦線などを選択します．

[3] 小数点以下桁数を何桁にするのかは，厳密には有効数字（有効桁数）を考慮する必要があります．

図 1.12　罫線ボタン

＊リボンの「セル」グループの書式ボタンの▼をクリックして，プルダウンメニューのなかから「セルの書式設定」をクリックすることで，線の種類の指定などの詳細な罫線設定をすることも可能です．思ったとおりの罫線が引けなかった場合，罫線ボタンの「罫線なしボタン」を押して罫線を消去して，もう一度引き直してください．

おもな国・地域の人口、経済規模と二酸化炭素排出量、エネルギー消費量(2018年)

国名	総人口(1000人)	国内総生産(100万USドル)	二酸化炭素排出量(100万トン)	エネルギー消費量(ペタジュール)	1人当たりGDP(US＄)	1人当たりCO_2排出量(t)	エネルギー強度	構成比(人口)	構成比(GDP)	構成比(CO_2排出量)
日本	126,443	5,197,069.42	1,080.72	18,116	41,102.1	8.547	3,485.8	1.7%	4.1%	3.2%
アメリカ	327,167	20,090,748.76	4,921.13	90,228	61,408.2	15.042	4,491.0	4.3%	15.9%	14.7%
EU	513,179	19,551,328.86	3,150.88	67,606	38,098.5	6.140	3,457.9	6.7%	15.5%	9.4%
中国	1,415,046	21,229,363.69	9,528.21	123,598	15,002.6	6.733	5,822.0	18.5%	16.8%	28.4%
インド	1,354,052	8,787,694.41	2,307.78	38,083	6,489.9	1.704	4,333.7	17.7%	7.0%	6.9%
世界合計	7,632,819	126,288,644.53	33,513.25	563,397	16,545.5	4.391	4,461.2	100.0%	100.0%	100.0%

図 1.13　修飾を施したここまでの表のイメージ

1.3.3　シートをまたぐ計算

例題 1-2　伸び率（成長率）の計算

別のシートに 2019 年の人口と GDP を追加して，伸び率（成長率）を計算します.

表 1.2　おもな国・地域の人口と GDP　(2019 年)

国名	総人口（1000 人）	国内総生産（百万 US ドル）
日本	126,860	5,231,066.13
アメリカ	329,065	20,524,945.25
EU	512,517	19,885,625.36
中国	1,433,784	22.526,502.93
インド	1,366,418	9,155,083.98
世界合計	7,713,468	129,789,461.88

出典:GDP は表 1.1 と同じ．人口は国連人口統計 World Population Prospects 2019 の推計値.
https://population.un.org/wpp/Download/Standard/Population/

手順 1 セル A1 からセル D8 をドラッグして範囲指定し，コピー機能でコピー対象とします.

手順 2 シートタブ Sheet1 の右にある ⊕ のボタンを押します．新しいシート Sheet2 が開きます.

手順 3 Sheet2 のセル A1 をアクティブにしてコピーした Sheet1 の範囲 (A1:D8) を貼り付けます (「貼り付けのオプション」は「貼り付け (P)」にします).

手順 4 Sheet2 の 1 行目のタイトルの年を 2019 に変えます.

手順 5 各国の人口と GDP の値を表 1.2 の値に修正します.

手順 6 Sheet2 の F2 のセルに「人口伸び率」，G2 のセルに「経済成長率」と入力します.

手順 7 人口伸び率は（2019 年の人口 − 2018 年の人口）÷2018 年の人口 ×100 となりますので，Sheet1 と Sheet2 をまたいだ計算式を作ります．別のシートのセルを指定するときには，セル番地の前にシート名と!を付けます．Sheet2 のセル F3 に =(C3-Sheet1!C3)/Sheet1!C3 と入力します．

手順 8 Sheet2 の F3 に入力した式をフィルハンドルでセル F4 からセル F8 にコピーします．計算結果をセルの書式設定で%表記にします．

手順 9 同様に，セル G3 に経済成長率の式を入力します．経済成長率（%）＝（ある年 (t) の実質 GDP－その前年 (t−1) の実質 GDP）÷その前年 (t−1) の実質 GDP×100 ですので，2018-2019 年の成長率は=(D3-Sheet1!D3)/Sheet1!D3 となります．ただし，相対参照が使えますので，F 列の式を G 列にコピーすればよいのです．

	A	B	C	D	E	F	G
1	おもな国・地域の人口、経済規模と二酸化炭素排出量、エネルギー消費量(2019年)						
2		国名	総人口（1000人）	国内総生産（100万USドル）		人口伸び率	経済成長率
3		日本	126,860	5,231,066.13		0.33%	0.65%
4		アメリカ	329,065	20,524,945.25		0.58%	2.16%
5		EU	512,517	19,885,625.36		-0.13%	1.71%
6		中国	1,433,784	22,526,502.93		1.32%	6.11%
7		インド	1,366,418	9,155,083.98		0.91%	4.18%
8		世界合計	7,713,468	129,789,461.88		1.06%	2.77%

注）人口伸び率は，2018 年 (OECD) と 2019 年 (国連推計) の出典が異なるので，比較には注意が必要．

2018 年の国連推計では，日本:127,202 アメリカ:327,096 EU:511,679 中国:1,427,648 インド:1,352,642 世界合計:7,631,091 (千人) となっている．

図 1.14 人口伸び率と経済成長率

1.3.4 グラフ作成と印刷

表計算ソフトウェアで便利な機能の一つは，作成したデータ表から簡単にさまざまなグラフを作成できることです．しかし，データをグラフで表現する場合には，データの性格を踏まえて表現したい内容にふさわしい種類のグラフを選択することが重要です．たとえば，例題 1-1 の GDP や人口当たりの CO2 排出量のグラフと世界に占める構成比グラフでは，表現する内容が異なるので当然グラフの種類も異なります．構成比は円グラフや積み重ねの棒グラフを用います．それに対し GDP や人口当たりの CO2 排出量は棒グラフに表すのがよいでしょう．前節までに作成した表をもとに，グラフを作成してみましょう．

例題 1-3 GDP の構成比を示すグラフの作成

円グラフの作成

手順 1 Sheet 1 に戻り，行番号 8（世界合計）をクリックして，編集対象とします．次に，マウスを右クリックし，プルダウンメニューから「挿入 (I)」をクリックします（世界合計が9行目になり，7行目（インド）との間に新たに空白行として8行目が設定されます）.

手順2 セルB8に「その他の国々」と入力します．セルK8に世界合計から記載された国々の構成比の差分を計算します．具体的には，`=K9-(K3+K4+K5+K6+K7)`となります（K3からK7の合計はSUM関数を用いると容易ですが，関数については第3章以降で説明します）.

手順3 グラフにするデータの範囲セルK2:K8をドラッグします.

グラフにする数値データはセルK3:K8にありますが，グラフ表題も合わせて表示させたいので範囲指定では数値データだけでなく項目名の範囲も指定します．セルK2:K8が反転表示になります.

手順4 リボンの［**挿入**］タブをクリックします．テーブル，図，グラフなどのグループが表示されます.

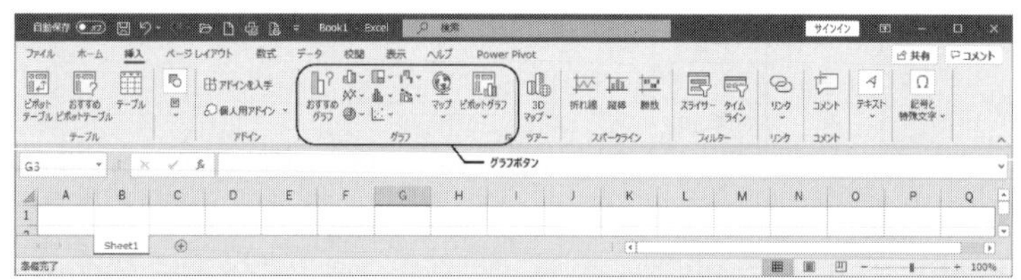

手順5 グラフグループから作りたいグラフを選択し▼ボタンをクリックします．プルダウンメニューが表示され，3Dなどより詳細なグラフが選択できます．ここでは，「円グラフ」から「2 - D円」を選択し，表示された円グラフから任意のグラフを選びます（ワークシート上にグラフが表示されます）.

作成されたグラフを見ると，国名が表示されておらず，数字になっています．一般に，Excelは簡単な操作でグラフを作成できますが，そのままで使えるものばかりではありません．グラフの編集や修正の仕方を知っておくことが大切です.

手順6 グラフの右にある「グラフフィルター」ボタンをクリックし，右下の「データの選択」をクリックし，「データソースの選択」ボックスを開きます.

[**横（項目）軸ラベル(C)**]の編集ボタンを押し，国名が入っているセルB3からB8をドラッグして指定し，**OK** ボタンを押します（マウスをドラッグして範囲指定すれば`=Sheet1!$B$3:$B$8`がセットされます）.

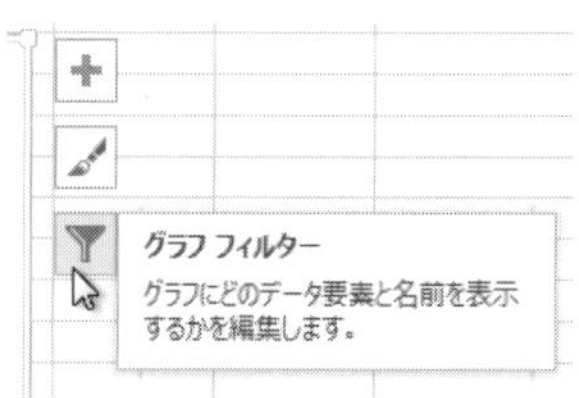

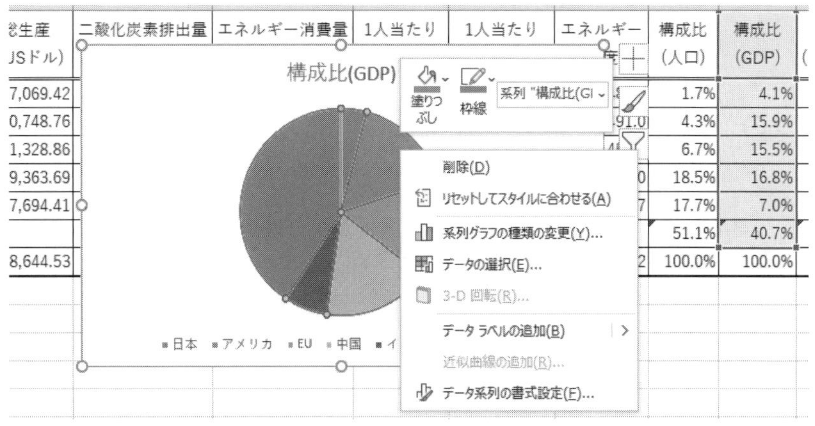

手順 7 表示されているグラフはカラーですが，プリンタなどの関係でモノクロにしたい場合もあります．グラフの円の文字のないところでマウスを右クリックし，データ系列の書式を設定する画面を表示させます．「塗りつぶしと線」をクリックし，「塗りつぶし (パターン)」で塗り分けたいパターンを，「前景」で色（モノクロの場合は黒）を指定します．

手順 8 グラフに表示されている「国名」と「構成比（%）」はデータラベルと呼ばれます．データラベルもグラフ表示に合わせて変更します．任意のデータラベルをクリックし，編集対象として指定し，右クリックで「データラベルの書式設定」を表示し必要な変更を指定します．また，表示されているデータラベルをドラッグし，右クリックすることで文字の位置やフォントなどを変更することができます．

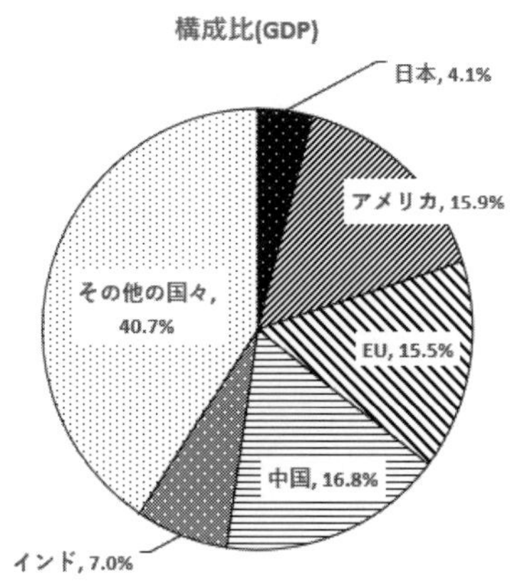

図 1.15　円グラフの作成例

例題 1-4　国・地域別の比較グラフの作成

バブルグラフの作成

手順 1 グラフにするデータの範囲としてセル G2:I7 とセル G9:I9 を指定します．離れたセルを同時に指定するには，まずセル G2:I7 をドラッグした後に CTRL キーを押しながらセル G9:I9 をドラッグします．

手順 2 ［挿入］タブをクリックし，グラフグループの「散布図」から「バブル」を選択します．

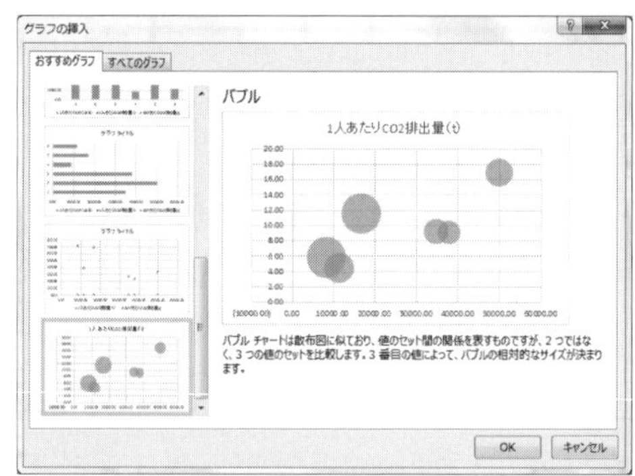

図 1.16　グラフの挿入—バブルグラフの選択

手順 3 OK ボタンをクリックするとグラフが表示されます．

手順 4 X 軸 (横軸）に 1 人当たり GDP を，Y 軸 (縦軸）に 1 人当たり CO2 排出量を，バブルの大きさでエネルギー強度を表示させます．まず，グラフ右に表示される「グラフ要素」ボタンを押して，「データラベル」にチェックを入れます．次に，グラフに表示されたバブル上のデータラベルをクリックし，編集対象としてから右ボタンでプルダウンメニューを表示し，「データラベルの書式設定」をクリックします．

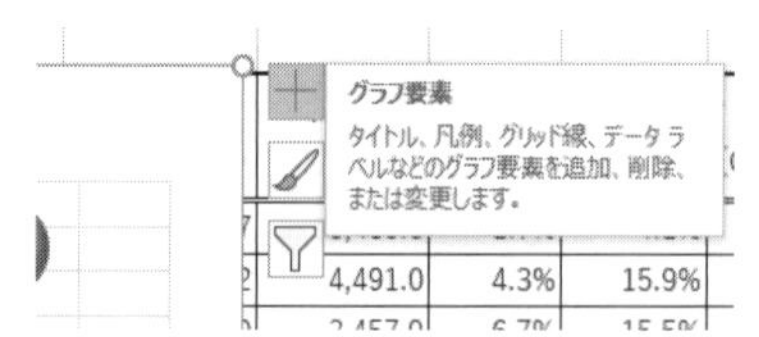

手順 5 「データラベルの書式設定」を開き，「ラベルオプション」の「ラベルの内容」のうち「バブルサイズ」と「セルの値」にチェックを入れて選択します（「セルの値」と「バブルサイズ」，「引き出し線を表示する」以外のチェックははずしてください）．

手順 6 「セルの値」のチェックを入れると，「データ ラベル範囲」ボックスが開くので，ボックスに国名であるセル B3 からセル B7 とセル B9 を指定します（マウスをドラッグして範囲指定すれば`=Sheet1!$B$3:$B$7,Sheet1!$B$9`がセットされます）．

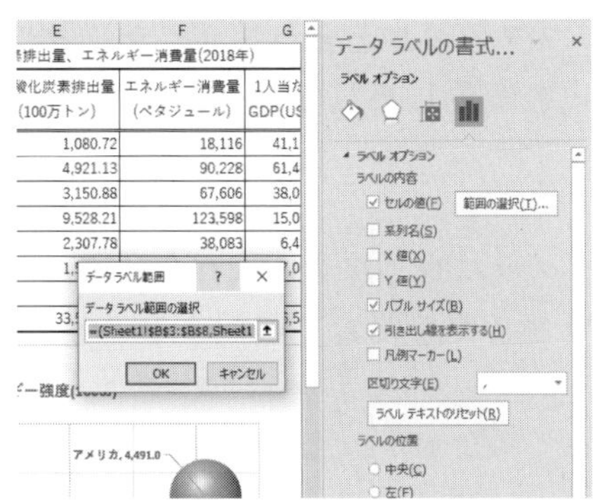

図 1.17　データラベルの書式設定

手順 7 グラフタイトルをダブルクリックして編集対象にして,「エネルギー強度 (1000J)」と変更します．X 軸と Y 軸の軸ラベルをダブルクリックして, それぞれに「1 人当たり GDP(US$)」,「1 人当たり CO2 排出量 (t)」と入力します．

手順 8 X 軸をダブルクリックして「軸の書式設定」を開き,「境界値」(最大値, 最小値) や「表示形式」(カテゴリ, 小数点以下桁数) などを変更します．Y 軸も同様に変更します．

グラフの編集

手順 1 編集したいグラフをクリックします．

グラフのシートが二重線に囲まれ編集状態になります．角と各辺の中央に白い四角が表示されています (表示されていない場合はグラフのエリアでクリックすると表示されます)．この点のマークを**サイズ変更ハンドル**と呼びます．

手順 2 グラフの大きさを変えます．

サイズ変更ハンドルにマウスポインタを合わせるとポインタがさまざまな両向き矢印 (←→) になります．この状態で，矢印の方向にドラッグすることで，グラフの大きさを縮小・拡大できます．

手順 3 グラフ位置を移動させます．

編集状態のグラフのグラフエリアにマウスを移動すると，上下左右に矢印が向いたポインタに変わります．この状態でドラッグするとグラフを移動できます．マウスのボタンを離すとそこで位置が固定されます．

手順 4 グラフの細部のパーツを編集します．軸ラベルなど修正が必要な個所をクリックし，設定を行います

棒グラフの模様や色を変えたり，表示文字列の向きや大きさを変更したりすることもできます．グラフの中で編集したいところにマウスのポインタを当て，ダブルクリックします．編集個所の**書式設定ダイアログボックス**が開きますので，この中から必要な変更を行います．

バブルを3D表示に，グラフタイトルと軸ラベル，データラベルを追加，修正し，X軸，Y軸のデータ範囲と表示形式を変更しました．

＊グラフの編集は，タブの「グラフレイアウト」から「グラフ要素を追加」を開き，「軸ラベル」や「データラベル」など必要な要素を選択することでも可能です．

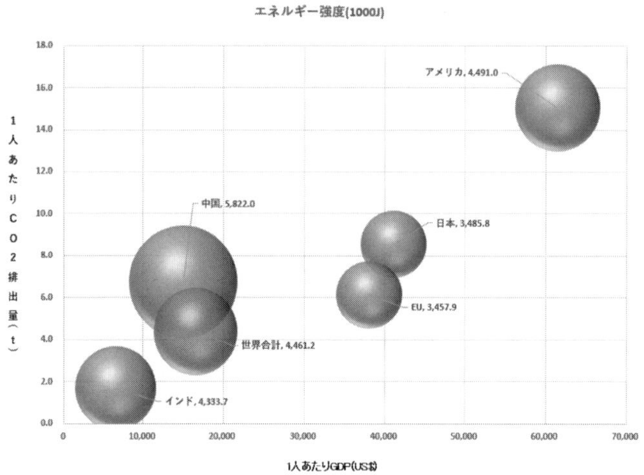

図 **1.18**　変更後のグラフ

表とグラフの印刷: 印刷ボタンの使用

クイックアクセスツールバーにクイック印刷が設定されている場合は**印刷**ボタン(プリンタのアイコンです)をクリックすると，あらかじめ設定されているプリンタに現在のシートの内容が印刷されます．

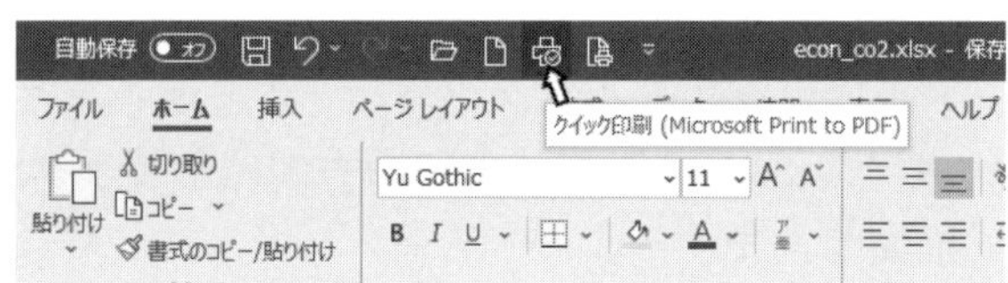

表とグラフの印刷: メニューの使用

手順1　[ファイル]タブをクリックし，左のメニューから[印刷]にマウスカーソルを移動させます．「印刷」画面が表示されます．

手順2　プリンターを選び，印刷部数や範囲などを指定し，左上の[印刷]ボタンをクリックすると指定したプリンターに印刷を開始します．

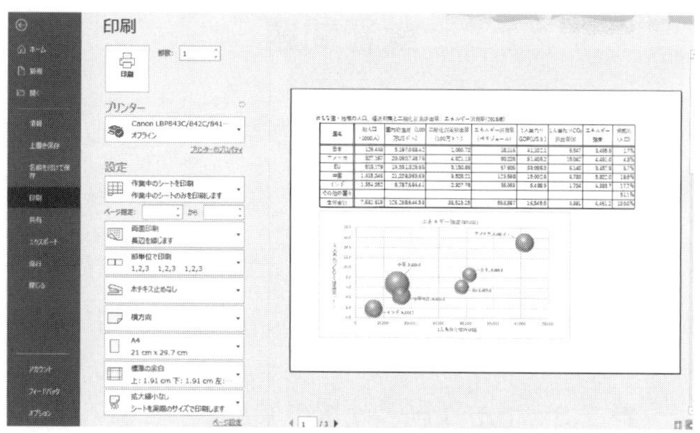

図 **1.19** 印刷の設定画面

＊無駄な印刷を避けるためにも，プリンタに出力する前に，印刷イメージを画面でプレビューする習慣をもちましょう．(シート表示画面上のフォントとプリンタがサポートしている印刷用のフォントの関係からシート上の表示と印刷上の表示が異なる場合があります）クイックアクセスツールバーに印刷プレビューが設定されている場合は**プレビュー**ボタンをクリックすると画面に印刷イメージが表示されます．

練習問題

問 1. 作成した表から「1 人当たりエネルギー消費量」,「エネルギー消費量当たり CO2 排出量」を計算しなさい.

問 2. 本章で作成した表に下記のデータを追加して，2017〜2019 年の成長率の推移がわかるグラフを作成しなさい.

表 1.3 おもな国・地域の GDP (2017 年)

国名	国内総生産（百万 US ドル）
日本	5,180,326.22
アメリカ	19,519,353.69
EU	19,115,988.63
中国	19,887,033.88
インド	8,280,935.38
世界合計	122,032,888.11

問 3. 本章で作成した表に下記のデータを追加して，バブルグラフにロシアを加えなさい.

ロシア:人口 (2018)144,491(千人), 国内総生産 (2018)3,915,637.49（百万 US ドル), 二酸化炭素排出量 (2018)1587.02(100 万トン), エネルギー消費量 (2017)31,182(ペタジュール).

問 4. 行と列にそれぞれ 1 から 10 の値を入れて九九を計算する表を作成しなさい．その際，混合参照を利用し，なるべく式の複写で作成すること.

問 5. 総務省統計局のホームページ，もしくはそこにリンクがはられている国内外の統計機関のホームページから適当なデータを取り出し，そのデータの意味するところが最も伝わるグラフを作成しなさい.

第2章

Excelによるデータベース操作

本章ではExcelのデータベース機能を利用してまとまったデータを操作・分析する手法を習得します．Excelは，ワークシート上に一定の形式で集積した文字データ，数値データなどを一つのまとまったデータベースとして，並べ替え（ソート），検索・置換，抽出（フィルタ），集計などの処理を行う機能を有しています．

2.1　データベースの作成

データベースとは，一般に大量のデータをその使用目的を考慮して検索や集計などの処理が効率的に行われるように何らかの構造を与えて整理し格納するための仕組み，または格納されたデータの集合，ということができます．論理的，物理的にさまざまな構造のデータベースがありますが，現在主流となっているのはデータの集合を表の形で表現する関係型（リレーショナル）データベースです．データベースを管理・操作するためには専用のソフトウェア（DBMS）が用いられることが多い[1]のですが，Excelのデータベース機能でも簡便にある程度の操作を行うことができます．

			C	D	E	F
1						
2	氏名	性別	生年月日	出身	血液型	
3	中居 正広	男	1972.8.18	神奈川県	A	
4	木村 拓哉	男	1972.11.13	東京都	O	
5	稲垣 吾郎	男	1973.12.8	東京都	O	
6	草彅 剛	男	1974.7.9	埼玉県	A	
7	香取 慎吾	男	1977.1.31	神奈川県	A	
8	森 且行	男	1974.2.19	東京都	B	
9	小嶋 陽菜	女	1988.4.19	埼[illegible]	[illegible]	
10	指原 莉乃	女	1992.11.21	大	[illegible]	
11	篠田 麻里子	女	1986.3.11	福岡県	A	
12	前田 敦子	女	1991.7.10	千葉県	A	
13	大島 優子	女	1988.10.17	栃木県	B	
14						
15						
16						

フィールド名（列見出し）
レコード（1件分のデータ）
フィールド（1列分のデータ）

Excelの表をデータベースとして扱うにはリスト形式のデータを作成します．リスト形式とは，表の各列に見出しがあり，それぞれの列の見出しの下には同じ形式のデータが格納されている表の形式をいいます．データベースでは，表計算ソフトで行にあたるものをレコード(record)，列にあたるものをフィールド（field）とよびます．

[1]Microsoft 365のシリーズとしてAccessが提供されています．

Excel では特に指定しない限り，データベースとして扱うリストの範囲を自動的に認識する機能が働きます．ワークシート上にデータベースとしてリスト形式の表を作成する際には，下記のようにいくつか注意しなければならない点があります．

- リストの第1行（先頭行）には列見出し（フィールド名）をつけます．その際，フィールド名は重複させないようにします．
- 同じフィールド（同一の列）にあるすべてのセルには，同じ書式（形式）のデータを入力します．たとえば，数値データのフィールドに，文字列のデータや日付データを混ぜて入れないようにします．
- リストの途中に，すべてのフィールドが空白の行や空白の列を入れないようにします．同様に，範囲として設定したリスト（表）のすぐ外側は，空白行，空白列にして，ぐるりとひとまわりのセルには何も入っていないようにします．そうしておかないと Excel はデータベースとしてリストの範囲を正確に把握できないことがあります．
- 一つのシート上には二つ以上のデータベースのリストを作成しないほうがよいです．

2.2　データベースの利用

例題 2-1　世界の 100 大企業

この章で用いるデータベースは，アメリカの経済誌フォーチュン誌が年1回発表している世界企業の売上上位500社のリスト Fortune Global 500 から総収入（売上高）上位100社を抜粋し編集したものです[2]．この表を用いて Excel によるデータベース操作を解説します．

2.2.1　並べ替え (ソーティング)

一つのキーによる並べ替え

「世界企業の上位100社」は，レコードが総収入の多いものから少ないものへと順に並んでいます（図2.1）．そこで，利益額の大きいものから順番に並べ替えてみましょう．

手順1　並べ替える範囲（A2:I102）をドラッグして指定します．

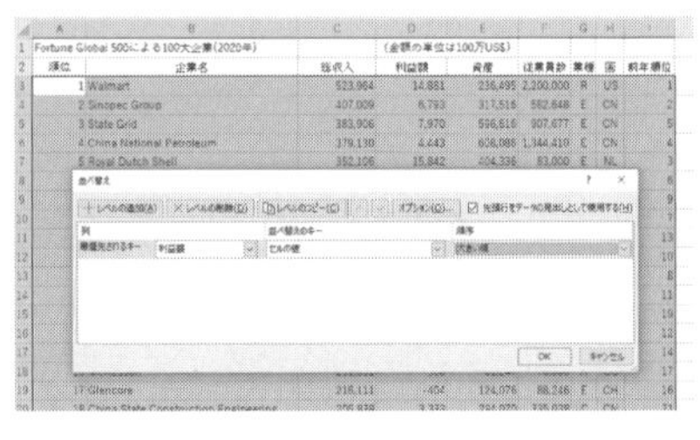

並べ替えの基準を「キー」といいます．

手順2　**[データ]** タブを開き，**[並べ替えとフィルタ]** グループを選び，［並べ替え］ボタンをクリックします．

[2]出典：FORTUNE GLOBAL 500 2020（https://fortune.com/global500/）による．

	A	B	C	D	E	F	G	H	I
1	Fortune Global 500による100大企業(2020年)			(金額の単位は100万US$)					
2	順位	企業名	総収入	利益額	資産	従業員数	業種	国	前年順位
3	1	Walmart	523,964	14,881	236,495	2,200,000	R	US	1
4	2	Sinopec Group	407,009	6,793	317,516	582,648	E	CN	2
5	3	State Grid	383,906	7,970	596,616	907,677	E	CN	5
6	4	China National Petroleum	379,130	4,443	608,086	1,344,410	E	CN	4
7	5	Royal Dutch Shell	352,106	15,842	404,336	83,000	E	NL	3
8	6	Saudi Aramco	329,784	88,211	398,349	79,000	E	SA	6
9	7	Volkswagen	282,760	15,542	547,811	671,205	M	DE	9
10	8	BP	282,616	4,026	295,194	72,500	E	GB	7
11	9	Amazon	280,522	11,588	225,248	798,000	R	US	13
12	10	Toyota Motor	275,288	19,096	487,466	359,542	M	JP	10
13	11	Exxon Mobil	264,938	14,340	362,597	74,900	E	US	8
14	12	Apple	260,174	55,256	338,516	137,000	T	US	11
15	13	CVS Health	256,776	6,634	222,449	290,000	H	US	19
16	14	Berkshire Hathaway	254,616	81,417	817,729	391,500	F	US	12
17	15	UnitedHealth Group	242,155	13,839	173,889	325,000	H	US	14
18	16	McKesson	231,051	900	61,247	70,000	H	US	17
19	17	Glencore	215,111	-404	124,076	88,246	E	CH	16
20	18	China State Construction Engineering	205,839	3,333	294,070	335,038	C	CN	21
21	19	Samsung Electronics	197,705	18,453	304,908	287,439	T	KR	15
22	20	Daimler	193,346	2,661	339,456	298,655	M	DE	18
23	21	Ping An Insurance	184,280	21,627	1,180,489	372,194	F	CN	29
24	22	AT&T	181,193	13,903	551,669	247,800	L	US	25
25	23	AmerisourceBergen	179,589	855	39,172	21,500	H	US	27
26	24	Industrial & Commercial Bank of China	177,069	45,195	4,322,528	445,106	F	CN	26
27	25	Total	176,249	11,267	273,294	107,776	E	FR	20
28	26	Hon Hai Precision Industry	172,869	3,731	110,790	757,404	T	TW	23
29	27	Trafigura Group	171,474	872	54,151	5,106	W	SG	22
30	28	EXOR Group	162,754	3,417	193,739	268,979	F	NL	24
31	29	Alphabet	161,857	34,343	275,909	118,899	T	US	37
32	30	China Construction Bank	158,884	38,610	3,651,645	370,169	F	CN	31
33	31	Ford Motor	155,900	47	258,537	190,000	M	US	30
34	32	Cigna	153,566	5,104	155,774	73,700	H	US	229
35	33	Costco Wholesale	152,703	3,659	45,400	201,500	R	US	35
36	34	AXA	148,984	4,317	876,458	99,843	F	FR	46
37	35	Agricultural Bank of China	147,313	30,701	3,571,542	467,631	F	CN	36
38	36	Chevron	146,516	2,924	237,428	48,200	E	US	28
39	37	Cardinal Health	145,534	1,363	40,963	49,500	H	US	38
40	38	JPMorgan Chase	142,422	36,431	2,687,379	256,981	F	US	41
41	39	Honda Motor	137,332	4,192	189,335	218,674	M	JP	34
42	40	General Motors	137,237	6,732	228,037	164,000	M	US	32
43	41	Walgreens Boots Alliance	136,866	3,982	67,598	287,000	D	US	40
44	42	Mitsubishi	135,940	4,924	167,018	86,098	W	JP	33
45	43	Bank of China	135,091	27,127	3,268,838	309,384	F	CN	44
46	44	Verizon Communications	131,868	19,265	291,727	135,000	L	US	43
47	45	China Life Insurance	131,244	4,660	648,393	180,401	F	CN	51
48	46	Allianz	130,359	8,858	1,134,954	147,268	F	DE	45
49	47	Microsoft	125,843	39,240	286,556	144,000	T	US	60
50	48	Marathon Petroleum	124,813	2,637	98,556	60,910	E	US	72
51	49	Huawei Investment & Holding	124,316	9,062	123,270	194,000	T	CN	61
52	50	China Railway Engineering Group	123,324	1,535	152,983	302,394	C	CN	55
53	51	Kroger	122,286	1,659	45,256	435,000	D	US	47
54	52	SAIC Motor	122,071	3,706	121,931	151,785	M	CN	39
55	53	Fannie Mae	120,304	14,160	3,503,319	7,500	F	US	49
56	54	China Railway Construction	120,302	1,359	155,598	364,907	C	CN	59
57	55	Gazprom	118,009	18,593	352,398	473,800	E	RU	42
58	56	BMW Group	116,638	5,501	255,945	133,778	M	DE	53
59	57	Lukoil	114,621	9,895	95,773	101,000	E	RU	50
60	58	Bank of America	113,589	27,430	2,434,079	208,131	F	US	58
61	59	Home Depot	110,225	11,242	51,236	415,700	R	US	62
62	60	Japan Post Holdings	109,915	4,449	2,647,344	245,472	F	JP	52
63	61	Phillips 66	109,559	3,076	58,720	14,500	E	US	54
64	62	Nippon Telegraph and Telephone	109,448	7,867	212,956	319,039	L	JP	64
65	63	Comcast	108,942	13,057	263,414	190,000	L	US	75
66	64	China National Offshore Oil	108,687	6,957	184,922	92,080	E	CN	63
67	65	China Mobile Communications	108,527	12,145	266,190	457,565	L	CN	56
68	66	Assicurazioni Generali	105,921	2,988	577,558	71,936	F	IT	92
69	67	Crédit Agricole	104,972	5,422	1,984,003	73,037	F	FR	91
70	68	Anthem	104,213	4,807	77,453	70,600	H	US	79
71	69	Wells Fargo	103,915	19,549	1,927,555	259,800	F	US	69
72	70	Citigroup	103,449	19,401	1,951,158	200,000	F	US	71
73	71	Valero Energy	102,729	2,422	53,864	10,222	E	US	57
74	72	Itochu	100,522	4,611	101,042	151,430	W	JP	65
75	73	HSBC Holdings	98,673	7,383	2,715,152	235,351	F	GB	99
76	74	Siemens	97,937	5,835	163,785	385,000	I	DE	70
77	75	Pacific Construction Group	97,536	3,455	63,695	453,635	C	CN	97
78	76	Rosneft Oil	96,313	10,944	208,549	335,000	E	RU	86
79	77	General Electric	95,214	-4,979	266,048	205,000	I	US	48
80	78	China Communications Construction	95,096	1,333	232,053	197,309	C	CN	93
81	79	China Resources	94,758	3,572	232,277	396,456	H	CN	80
82	80	Prudential	93,736	783	454,214	18,125	F	GB	372
83	81	Dell Technologies	92,154	4,616	118,861	165,000	T	US	84
84	82	Nestlé	92,107	12,546	123,859	291,000	B	CH	76
85	83	Nissan Motor	90,863	-6,174	157,090	144,933	M	JP	66
86	84	Hyundai Motor	90,740	2,557	168,220	114,032	M	KR	94
87	85	Legal & General Group	90,615	2,340	742,524	8,542	F	GB	-
88	86	Deutsche Telekom	90,135	4,328	191,562	210,533	L	DE	90
89	87	Enel	89,907	2,433	192,409	68,253	E	IT	89
90	88	Aviva	89,647	3,251	609,327	31,181	F	GB	-
91	89	China FAW Group	89,417	2,848	70,354	129,580	M	CN	87
92	90	China Post Group	89,347	4,441	1,518,543	927,171	P	CN	101
93	91	Amer International Group	88,862	1,807	23,171	18,103	A	CN	119
94	92	China Minmetals	88,357	230	133,442	199,486	A	CN	112
95	93	Banco Santander	88,257	7,292	1,709,073	189,769	F	ES	85
96	94	SoftBank Group	87,440	-8,844	344,752	80,909	L	JP	98
97	95	Bosch Group	86,990	1,781	99,927	398,150	M	DE	77
98	96	Reliance Industries	86,270	5,625	154,196	195,618	E	IN	106
99	97	SK Holdings	86,163	616	114,175	108,911	E	KR	73
100	98	Carrefour	85,905	1,264	57,020	321,383	D	FR	81
101	99	BNP Paribas	85,058	9,148	2,429,674	194,001	F	FR	104
102	100	Dongfeng Motor	84,049	1,328	71,423	154,641	M	CN	82

図 **2.1**　世界企業の上位 100 社

手順3 [並べ替えのボックス] が表示されるので，最優先されるキーに「利益額」，並べ替えのキーに「セルの値」，順序に「大きい順」を指定します．

手順4 **OK** ボタンをクリックすると利益額の多い順に並べ替えられます．

これで，利益額が大きい順番 (降順) に並べ替えることができました．

＊小さい値から大きな値へと並べ替えることを「昇順」，大きな値から小さな値へと並べ替えることを「降順」といいます．文字にも文字コードが割り振られていますので，昇順または降順に並べ替えることができます（アルファベットはaからzの順で大きなコードが割り当てられています．ひらがな，カタカナは五十音の順で大きくなります）．漢字はおおむね音読みの五十音順ですが例外もありますので漢字のフィールドをキーにする際には注意が必要です．文字コードはかな漢字変換FEPならばIMEパッドの「文字一覧」で確認することができます．

複数のキーを設定した並べ替え

キーを複数設定して並べ替えることが必要な場合もあります．上記の手順3［並べ替えのボックス］が表示されたときに，[レベルの追加 (A)] ボタンをクリックすると，指定するキーが追加されます．

Excelでは，1回の並べ替えで最大64個までキーを指定することができます．また，並べ替えのキーには，セルやフォントの色，セルに使ったアイコンなどを使うこともできます．これによって，たとえば，文字や数値の色別にレコードを並べ替えることができます．

なお，データベース範囲をさまざまなキーで並べ替えていると，「元にもどす」キーなどの操作で戻す機能を用いても元に戻せなくなる場合がありますので，もとのデータ・ファイルを保存しておくか，あらかじめデータベースのレコードにナンバーリングをしておくとよいでしょう．レコードにナンバーがふってあればいつでも番号順にデータを戻すことができます．

ユーザー設定リストによる並べ替え

文字列などで並べ替えを行う場合，必ずしも文字コードの順だけで並べ替えたくない場合があります（たとえば，リストを設定せずに「国」をキーに昇順に並べ替えると，CN, DE, ES, FR, GB, IN, IT, JP, …となります）．そのような場合には，特定の順番を定義してそれを優先させることができます．まず準備作業として，そのためのユーザー設定リストを登録します．

手順1 通常のキーを指定する並べ替えと同様に，[データ] から [並べ替えとフィルタ] グループを選び，［並べ替え］ボタンをクリックします．

手順 2 並べ替えのボックスが表示されるので,「順序」のドロップダウンから [ユーザー設定リスト] を選択します.

手順 3 [**ユーザー設定リスト (L)**] ダイアログボックスが表示されるので,「新しいリスト」を選択し, [**リスト項目 (E)**] に定義したい項目を優先する順番に沿って入力します. ここでは,「国」を日本, アメリカ, 英国, ドイツ, フランス, 中国, その他, の順に並べなおすため,「リスト項目 (E)」に JP, US, GB, DE, FR, CN と入力し, 追加ボタンをクリックします. リスト項目を確認して, よければ **OK** ボタンをクリックしてリストを登録します.

手順 4 並べ替えのボックスの「順序」にさきほど [ユーザー設定リスト] で登録したデータ列が表示されるので, 選択し, **OK** ボタンをクリックします. リストに登録した順に並べ替えられ, リストに指定しなかったリスト項目 (上記例では CH, KR, RU, IT 等の国々) は末尾に表示されます.

2.2.2 抽出—フィルター機能の利用

データベースのなかから, 特定の条件に合致したデータ (レコードやフィールド) を抜き出すことを抽出といいます. Excel ではフィルター機能を使うことで簡便に条件を満たすレコードを抽出することができます. ここでは例として「利益額」が 10000 百万 US ドルより多い企業を抽出します.

手順 1 フィールド名が記載されている見出し行の行番号をクリックします. 具体的には, ここでは行番号ゲージの 2 をクリックします.

手順 2 [データ] のタブをクリックし, 表示されたリボンから [並べ替えとフィルター] グループを選び, [フィルター] ボタンをクリックします. フィールド名に▼が表示されます.

手順 3 「利益額」の▼をクリックし, [**数値フィルタ (F)**] のドロップダウン矢印から [**指定の値より大きい (G)**] をクリックします.

手順4 [オートフィルターオプション] の画面が表示されるので，「10000」を入力し，「より大きい」を選択します．

オートフィルター オプション
抽出条件の指定：
利益額
10000　より大きい
AND(A)　OR(O)
? を使って、任意の 1 文字を表すことができます。
* を使って、任意の文字列を表すことができます。
OK　キャンセル

手順5 **OK** ボタンをクリックすると利益額が10000百万USドルより大きい32社が表示されます．

＊［数値フィルタ］のドロップダウン矢印から［トップテン（T）］を選択すると［トップテンオートフィルタ］が表示されて，そのフィールドにあるデータの上位（下位）から指定した順位（あるいは指定したパーセント）までのレコードを抽出することができます．

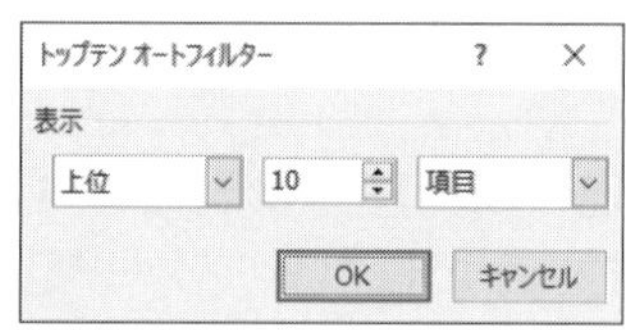

一つのフィールドに二つの条件を設定する抽出

同じフィールドに二つの異なる条件を指定してその条件を満たすレコードだけを抽出することができます．たとえば，前述の事例で，利益額が10000百万USドルより大きく，かつ20000百万USドル以下の企業を抽出するとします．前述のオートフィルタオプションで，10000を入力し，「より大きい」を選択したのに加えて，下段のボックスに20000と「以下」を入力します．二つの条件入力の間はANDをチェックします（20社が抽出されます）．

＊二つの条件を同時に満たすものだけを求める場合にはANDを，どちらか片方（両方満たすものも含む）を満たしていればよい場合にはORを用います．ANDは「かつ」，OR

オートフィルター オプション ? ×
抽出条件の指定：
利益額
10000 より大きい
◉ AND(A) ○ OR(O)
20000 以下
? を使って、任意の 1 文字を表すことができます。
* を使って、任意の文字列を表すことができます。
OK キャンセル

は「または」となります．

任意の文字を含むレコードの抽出

検索や抽出で条件を指定する際に，条件が完全に表現できなかったり曖昧な形でしか指定できない場合があります．そうした場合には，ワイルドカードの利用が有効です．例として「Motor」のつく企業名をもつレコードを抽出してみましょう．

手順 1 （フィルタの起動までは前の事例と同様です）「企業名」の▼をクリックし，［テキストフィルタ］のドロップダウン矢印から［指定の値を含む］をクリックします．

手順 2 ［オートフィルタオプション］の画面が表示されるので，「Motor」を入力し，［を含む］を選択します．

手順 3 **OK** ボタンをクリックすると会社名に Motor を含む 8 社が表示されます．

同じことをオートフィルタオプションの条件指定画面で，「*Motor*」と入力し，「と等しい」を選択することでも実行できます．ワイルドカードの「*」は文字数に関係ない（0文字を含む）任意の文字列を表します．また，ワイルドカードの「?」は 1 つが文字数 1 つに対応した任意の文字を表します．都道府県名からある条件で抽出する例を考えると下記のようになります．

- 「山*」＝「山」で始まる都道府県名 ⇒ 山形県 山梨県 山口県
- 「*山* 」＝「山」が含まれる都道府県名 ⇒ 山形県 富山県 山梨県 和歌山県 岡山県 山口県
- 「?山? 」＝ 前 1 文字が任意で 2 文字目に「山」が含まれる都道府県名 ⇒ 富山県 岡山県
- 「??山?」＝ 前 2 文字が任意で 3 文字目に「山」が含まれる都道府県名 ⇒ 和歌山県

2.2.3　フォーム

データベースから指定した条件のデータを検索するもう一つのやり方がフォーム機能の利用です．フォーム機能では，条件を満たす個々のレコードを順次表示します．また，フォーム機能を用いることで，レコードの追加，編集（更新），削除を行うこともできます[3]．

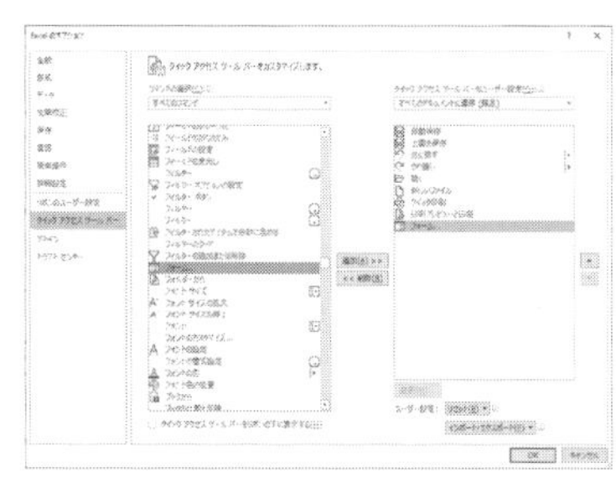

手順1　レコードを検索するセルの範囲（ここではセルA2：I102）を指定します．

手順2　［クイックアクセスツールバー］の［フォーム］のボタンをクリックします．

手順3　**［データフォームダイアログボックス］**が表示されます．［検索条件］ボタンをクリックすると，ダイアログボックスが変わりますので条件を入力します．（たとえば，［業種］に「=M」，［総収入］に「>=200000」と入力します）

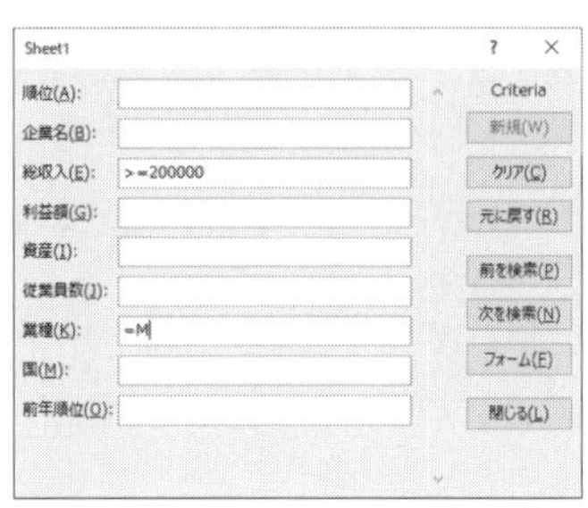

手順4　［次を検索（N）］ボタンをクリックすると，入力した検索条件を満たすレコードが順次表示されます（上記の例では，「Volkswagen」と「Toyota Motor」のレコードが表示されます）．

フォームに表示されたレコードを削除，編集（更新）することも可能です．削除の場合は「削除」ボタンをクリックします．編集の際には，直接，それぞれのフィールドの値を上書きします．また，［追加］ボタンをクリックするとフィールドの各値が空白のフォームが表示され，データを入力することで新たにレコードを追加することができます．

2.2.4　集計

Excelには，グループ別にデータを集計する機能があります．この機能を利用するためには，あらかじめ集計するグループごとにレコードを並べかえておく必要があります．ここでは事例として業種ごとに資産額の平均を求めますので，「業種」をキーにしてレコードを並べ替えておきます．（昇順，降順いずれでもかまいません）

手順1　グループ別にデータを集計するセルの範囲（ここではA2：I102）を指定します．

手順2　［データ］のタブをクリックし，表示されたリボンの［アウトライン］グループの［小計］をクリックします．

[3]通常のExcelの設定では，フォーム機能がリボン等に画面表示されていません．フォームを使用するためには，クイックアクセスツールバーの「▼」（クイックアクセスツールバーのユーザー設定）をクリックし，表示された一覧から「その他のコマンド」をクリックし，「コマンドの選択」ボックスで“すべてのコマンド”（または“リボンにないコマンド”）を選択すると，そのなかに［フォーム］コマンドがありますので，クリックして追加してください．クイックアクセスツールバーに「フォーム」のアイコンが追加されます．

手順 3 ［集計の設定］ダイアログボックスが表示されるので，［**グループの基準（<u>A</u>）**］のプルダウンから「業種」，［**集計の方法（<u>U</u>）**］のプルダウンから「平均」を選び，［**集計するフィールド（<u>D</u>）**］の「資産」のボックスをチェックします．現在の表に集計行を加えて表示させたいので，［**現在の小計をすべて置き換える（<u>C</u>）**］と［**集計行をデータの下に挿入する（<u>S</u>）**］をチェックし，**OK** ボタンをクリックします．

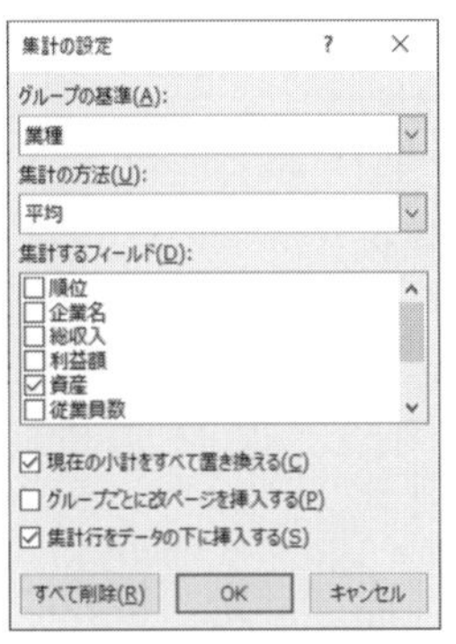

業種が変わるごとに平均を計算した行が挿入されます（図 2.2）．行番号のゲージの左側に線（アウトライン）が表示されます．アウトラインの一番上にある番号（事例では 2）を押すとそれぞれの集計行のみが表示されます．＋－ボタンを押すことで各グループごとまとめて表示するか各レコードを表示するかの選択ができます．

Fortune Global 500による100大企業(2020年)　（金額の単位は100万US$）

順位	企業名	総収入	利益額	資産	従業員数	業種	国	前年順位
91	Amer International Group	88,862	1,807	23,171	18,103	A	CN	119
92	China Minmetals	88,357	230	133,442	199,486	A	CN	112
				78,306		A 平均		
82	Nestlé	92,107	12,546	123,859	291,000	B	CH	76
				123,859		B 平均		
18	China State Construction Engineering	205,839	3,333	294,070	335,038	C	CN	21
50	China Railway Engineering Group	123,324	1,535	152,983	302,394	C	CN	55
54	China Railway Construction	120,302	1,359	155,598	364,907	C	CN	59
75	Pacific Construction Group	97,536	3,455	63,695	453,635	C	CN	97
78	China Communications Construction	95,096	1,333	232,053	197,309	C	CN	93
				179,680		C 平均		
41	Walgreens Boots Alliance	136,866	3,982	67,598	287,000	D	US	40
51	Kroger	122,286	1,659	45,256	435,000	D	US	47
98	Carrefour	85,905	1,264	57,020	321,383	D	FR	81
				56,625		D 平均		
2	Sinopec Group	407,009	6,793	317,516	582,648	E	CN	2

図 **2.2**　集計の行が挿入された画面

2.2.5　Excel テーブルの利用

Excel ではリスト形式の表を「Excel テーブル」として定義することでさまざまな操作をさらに簡便にできます．上記と同様に，関連データが含まれている連続した行および列をセル範囲として指定し，「ホーム」タブのリボンを開き，「スタイル」グループの「テーブルとして書式設定」をクリックします．さまざまなスタイルが表示されるので任意のスタイルを選択し，「テーブルとして書式設定」ダイアログボックスで範囲を確認の上で **OK** ボタンをクリックします (図 2.3．範囲指定の後で，「挿入」タブのリボンを開き，「テーブル」グループの「テーブル」をクリックしても同様に設定することができます)．

特定のセル範囲をテーブルに変換することで，

- 自動的にフィルタが起動，有効になります．

順位	企業名	総収入	利益額	資産	従業員数		
1	Walmart	523,964	14,881	236,495	2,200,000	R	US
2	Sinopec Group	407,009	6,793	317,516	582,648	E	CN
3	State Grid	383,906	7,970	596,616	907,677	E	CN
4	China National Petroleum	379,130	4,443	608,086	1,344,410	E	CN
5	Royal Dutch Shell	352,106	15,842	404,336	83,000	E	NL
6	Saudi Aramco	329,784	88,211	398,349	79,000	E	SA
7	Volkswagen	282,760	15,542	547,811	671,205	M	DE
8	BP	282,616	4,026	295,194	72,500	E	GB
9	Amazon	280,522	11,588	225,248	798,000	R	US
10	Toyota Motor	275,288	19,096	487,466	359,542	M	JP
11	Exxon Mobil	264,938	14,340	362,597	74,900	E	US
12	Apple	260,174	55,256	338,516	137,000	T	US
13	CVS Health	256,776	6,634	222,449	290,000	H	US
14	Berkshire Hathaway	254,616	81,417	817,729	391,500	F	US

図 2.3　テーブルへの変換

- 指定範囲を自動的に1行おきの色違いにすることができます．
- 集計行を簡単に追加できます．
- 表を下にスクロールしていく際に，先頭行のフィールド（項目）名が見えなくなっても，そのまま列番号の部分に表示されます（「表示」タブのリボンから「ウィンドウ枠の固定」で設定していた操作が必要なくなりました）．

2.2.6　オートカルク

データの集計をさらに簡便に行う方法として，オートカルクを利用するやりかたがあります (図 2.4)．オートカルクは指定した複数のセルの平均，データの個数，数値の個数，最小値，最大値，合計をステータスバーに表示します（どの項目を表示するかは，ステータスバーのユーザー設定で選択できます）．CTRLキーを使って離れたセルを指定してもこの機能を使うことができます．

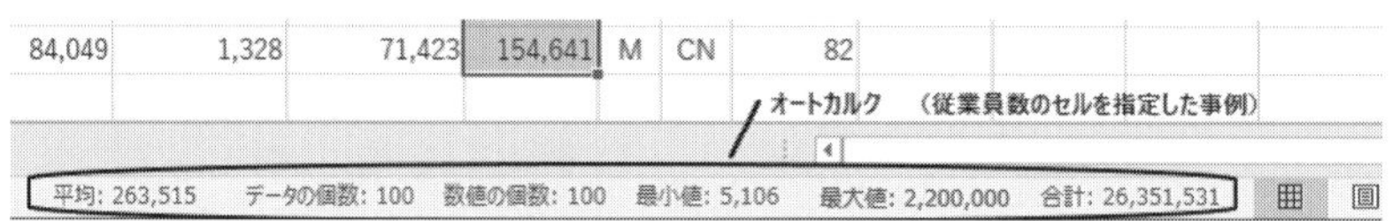

図 2.4　オートカルク

2.3　LOOKUP関数による項目の取り付け

データベースでは名称などを数字やアルファベットでコード化し，対応表から名称をとりつけるということがよく行われます．ここでは，会社 (本社) の所在国名と業種をコード対応テーブルから取り付けてJ列とK列に表示させます．

手順 1 まず，値と取り付ける項目を並べた対応テーブルを作成します．セル L2 に「国コード」，セル M2 に「国名」，セル L3 からセル L18 に CH から US のコードを，セル M3 からセル M18 に対応する国名を入力します．

	K	L	M	N
1				
2		国コード	国名	
3		CH	スイス	
4		CN	中国	
5		DE	ドイツ	
6		ES	スペイン	
7		FR	フランス	
8		GB	英国	
9		IN	インド	
10		IT	イタリア	
11		JP	日本	
12		KR	韓国	
13		NL	オランダ	
14		RU	ロシア	
15		SA	サウジアラビア	
16		SG	シンガポール	
17		TW	台湾	
18		US	米国	
19				

手順 2 セル J2 に「国名」を，セル J3 に `=LOOKUP(H3,L$3:L$18,M$3:M$18)` と入力します．Walmart の所在国であるコード US に対応した「米国」がセル J3 に表示されます (図 2.5).

	A	B	C	D	E	F	G	H	I	J	K	L	M	N
1	Fortune Global 500による100大企業(2020年)			(金額の単位は100万US$)										
2	順位	企業名	総収入	利益額	資産	従業員数	業種	国	前年順位	国名		国コード	国名	
3	1	Walmart	523,964	14,881	236,495	2,200,000	R	US	1	米国		CH	スイス	
4	2	Sinopec Group	407,009	6,793	317,516	582,648	E	CN	2	中国		CN	中国	
5	3	State Grid	383,906	7,970	596,616	907,677	E	CN	5	中国		DE	ドイツ	
6	4	China National Petroleum	379,130	4,443	608,086	1,344,410	E	CN	4	中国		ES	スペイン	
7	5	Royal Dutch Shell	352,106	15,842	404,336	83,000	E	NL	3	オランダ		FR	フランス	
8	6	Saudi Aramco	329,784	88,211	398,349	79,000	E	SA	6	サウジアラビア		GB	英国	
9	7	Volkswagen	282,760	15,542	547,811	671,205	M	DE	9	ドイツ		IN	インド	
10	8	BP	282,616	4,026	295,194	72,500	E	GB	7	英国		IT	イタリア	
11	9	Amazon	280,522	11,588	225,248	798,000	R	US	13	米国		JP	日本	
12	10	Toyota Motor	275,288	19,096	487,466	359,542	M	JP	10	日本		KR	韓国	
13	11	Exxon Mobil	264,938	14,340	362,597	74,900	E	US	8	米国		NL	オランダ	
14	12	Apple	260,174	55,256	338,516	137,000	T	US	11	米国		RU	ロシア	
15	13	CVS Health	256,776	6,634	222,449	290,000	H	US	19	米国		SA	サウジアラビア	
16	14	Berkshire Hathaway	254,616	81,417	817,729	391,500	F	US	12	米国		SG	シンガポール	
17	15	UnitedHealth Group	242,155	13,839	173,889	325,000	H	US	14	米国		TW	台湾	
18	16	McKesson	231,051	900	61,247	70,000	H	US	17	米国		US	米国	
19	17	Glencore	215,111	-404	124,076	88,246	E	CH	16	スイス				
20	18	China State Construction Engineering	205,839	3,333	294,070	335,038	C	CN	21	中国				

図 2.5　対応表の入力（国名）

同様に，O 列 P 列に業種コードと業種名の対応表を作成し (図 2.6)，LOOKUP 関数を用いて K 列に業種名を取り付けます．

手順 3 セル J3 に入力した式をセル J4 からセル J102 にフィルハンドルでコピーします．

手順 4 業種コードと業種名の対応テーブルを作成します．セル O2 に「業種コード」，セル P2 に「業種名」，セル O3 からセル O16 に A から W のコードを，セル P3 からセル P16 に対応する業種名を入力します．

	N	O	P	Q
1				
2		業種コード	業種名	
3		A	素材・原材料	
4		B	食品・飲料・タバコ	
5		C	建設	
6		D	食品・医薬品	
7		E	エネルギー	
8		F	金融	
9		H	健康・保健	
10		I	工業（電機）	
11		L	通信	
12		M	自動車・部品	
13		P	運輸・交通	
14		R	小売	
15	ビア	T	IT	
16	ル	W	卸・商社	
17				

図 2.6　対応表の入力（業種名）

手順 5 セル K2 に「業種名」，セル K3 に=LOOKUP(G3,O$3:O$16,P$3:P$16) と入力します．Walmart の業種コード R に対応した業種名「小売」がセル K3 に表示されます (図 2.7).

手順 6 セル K3 に入力した式をセル K4 からセル K102 にフィルハンドルでコピーします．

	A	B	C	D	E	F	G	H	I	J	K	L	M	N	O	P	Q
1	Fortune Global 500による100大企業(2020年)			(金額の単位は100万US$)													
2	順位	企業名	総収入	利益額	資産	従業員数	業種	国	前年順位	国名	業種名	国コード	国名		業種コード	業種名	
3	1	Walmart	523,964	14,881	236,495	2,200,000	R	US	1	米国	小売	CH	スイス		A	素材・原材料	
4	2	Sinopec Group	407,009	6,793	317,516	582,648	E	CN	2	中国	エネルギー	CN	中国		B	食品・飲料・タバコ	
5	3	State Grid	383,906	7,970	596,616	907,677	E	CN	5	中国	エネルギー	DE	ドイツ		C	建設	
6	4	China National Petroleum	379,130	4,443	608,086	1,344,410	E	CN	4	中国	エネルギー	ES	スペイン		D	食品・医薬品	
7	5	Royal Dutch Shell	352,106	15,842	404,336	83,000	E	NL	3	オランダ	エネルギー	FR	フランス		E	エネルギー	
8	6	Saudi Aramco	329,784	88,211	398,349	79,000	E	SA	6	サウジアラビア	エネルギー	GB	英国		F	金融	
9	7	Volkswagen	282,760	15,542	547,811	671,205	M	DE	9	ドイツ	自動車・部品	IN	インド		H	健康・保健	
10	8	BP	282,616	4,026	295,194	72,500	E	GB	7	英国	エネルギー	IT	イタリア		I	工業（電機）	
11	9	Amazon	280,522	11,588	225,248	798,000	R	US	13	米国	小売	JP	日本		L	通信	
12	10	Toyota Motor	275,288	19,096	487,466	359,542	M	JP	10	日本	自動車・部品	KR	韓国		M	自動車・部品	
13	11	Exxon Mobil	264,938	14,340	362,597	74,900	E	US	8	米国	エネルギー	NL	オランダ		P	運輸・交通	
14	12	Apple	260,174	55,256	338,516	137,000	T	US	11	米国	IT	RU	ロシア		R	小売	
15	13	CVS Health	256,776	6,634	222,449	290,000	H	US	19	米国	健康・保健	SA	サウジアラビア		T	IT	
16	14	Berkshire Hathaway	254,616	81,417	817,729	391,500	F	US	12	米国	金融	SG	シンガポール		W	卸・商社	
17	15	UnitedHealth Group	242,155	13,839	173,889	325,000	H	US	14	米国	健康・保健	TW	台湾				
18	16	McKesson	231,051	900	61,247	70,000	H	US	17	米国	健康・保健	US	米国				
19	17	Glencore	215,111	-404	124,076	88,246	E	CH	16	スイス	エネルギー						
20	18	China State Construction Engineering	205,839	3,333	294,070	335,038	C	CN	21	中国	建設						
21	19	Samsung Electronics	197,705	18,453	304,908	287,439	T	KR	15	韓国	IT						
22	20	Daimler	193,346	2,661	339,456	298,655	M	DE	18	ドイツ	自動車・部品						

図 **2.7**　名称取り付け後の表イメージ

＊ LOOKUP 関数は，=LOOKUP(検査値，検査範囲，対応範囲) という記述で使います[4]．検査範囲は，1 行または 1 列のみでセル範囲を指定します．**検査範囲の値は，昇順に並べておく必要があります．**対応範囲は，検査範囲と同様に 1 行または 1 列のみのセル範囲を指定し，検査範囲と同じ行や列の大きさにする必要があります．LOOKUP 関数と似た機能を持った関数として VLOOKUP 関数，HLOOKUP 関数があります．

2.4　クロス集計表の作成　ピボットテーブルの利用

時間の流れに沿ったデータを「時系列（time series）データ」といいますが，時間をある一時点で固定し，その時点で区切ってセクションに対して同じ基準で調査されたデータをクロスセクションデータ（cross-section data）といいます．ここでいうセクション（部門）とは，同じ場所や同種の集団（グループ）をいいます．経済では企業・家計・政府といった経済主体や国・都道府県・市区町村といった地域など，比較分析の対象と目的に応じてさまざまなセクションが設定されます．政府が作成している各種統計の多くもクロスセクションデータといえます[5]．

クロス集計表とは，2つ以上のフィールドに着目して，双方の条件を満たす度数などを示した表のことをいいます．Excel でクロス集計表を作成するには，ピボットテーブルの機能が便利です[6]．ここでは，業種別，国別に会社数を集計してみましょう．

[4]この記述形式はベクトル形式といいます．もう一つ，=LOOKUP(検査値，配列) という配列形式があります．

[5]ある一定範囲のセクションに対して時系列データを集めたものは，パネル・データ（panel data）と呼ばれています．

[6]アドインソフトである PowerPivot を使うことで，階層定義や Data Analysis Expressions (DAX) 言語による計算式記述など高度なデータモデル作成ができます．

手順 1 「挿入」タブのリボンを開き，［テーブル］グループの［ピボットテーブル］ボタンをクリックします．［ピボットテーブルの作成］ダイアログボックスが表示されます．

手順 2 ピボットテーブルとして集計操作する範囲を指定します．ここでは，A2：K102 を指定します．

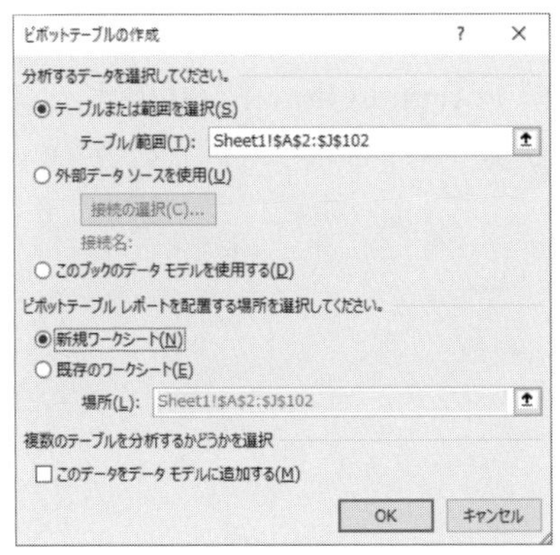

手順 3 データ範囲と配置する場所（出力先）を確認し **OK** ボタンをクリックします．

手順 4 ［ピボットテーブルのフィールド］リストが表示されます．レポートに追加するフィールドを選択（チェックボックスをクリック）します．

手順 5 行ボックスと列ボックスにフィールド名をドラッグします．ここでは，［行］に「業種名」を，［列］に「国名」をドラッグします．［∑ 値］には「会社名」など任意のフィールド名をドラッグしてセットしておきます．［∑ 値］の表示項目は「データの個数」にします．シート上にクロス集計表が作成されます (図 **2.8**)．

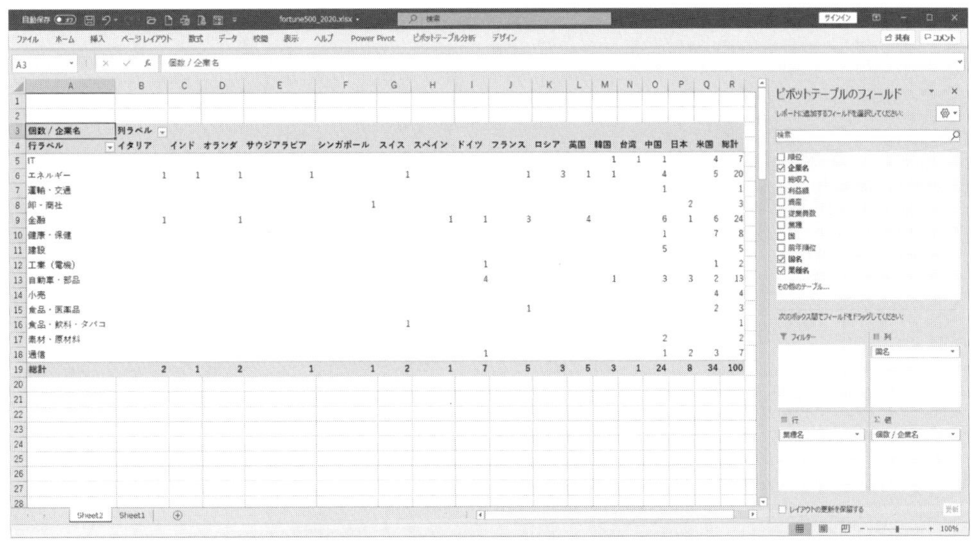

個数 / 企業名	列ラベル																
行ラベル	イタリア	インド	オランダ	サウジアラビア	シンガポール	スイス	スペイン	ドイツ	フランス	ロシア	英国	韓国	台湾	中国	日本	米国	総計
IT												1	1	1		4	7
エネルギー	1	1	1	1		1			1	3	1	1		4		5	20
運輸・交通														1			1
卸・商社					1										2		3
金融	1		1				1	1	3		4			6	1	6	24
健康・保健														1		7	8
建設														5			5
工業（電機）								1								1	2
自動車・部品								4				1		3	3	2	13
小売																4	4
食品・医薬品									1							2	3
食品・飲料・タバコ						1											1
素材・原材料														2			2
通信								1						1	2	3	7
総計	2	1	2	1	1	2	1	7	5	3	5	3	1	24	8	34	100

図 **2.8** 作成されたクロス集計表

練習問題

問1. 例題2-1「世界企業の上位100社」のデータを業種別に資産が大きい順に並べ換えなさい．なお，業種はユーザー設定リストを用いて，任意の順に並べること．

問2. ピボットテーブルを使って，業種別国別の利益の平均をクロス表にまとめなさい．

問3. ホームページから過去のFortune Global 500のデータを探し，国別や業種別にどのような変化が見られるか分析し，コメントしなさい．必要に応じてデータを補足してもかまわない．

第3章

データの記述と要約

医学が人間の心身の病を発見し，その病理を掘り下げ，解決のための処方箋を書くように経済学は人々が織りなしている社会の病（貧困，不況，環境などの社会問題）を取り上げ，その原因やメカニズムを経済理論や歴史的考察によって掘り下げ，解決のための処方箋である経済政策や経済思想を研究しています．

この営みの中で，現実を量的に把握する統計データや統計手法は，問題を発見したり，経済理論の妥当性や処方箋である政策の有効性を検証したりするうえで，大切な役割を果たしています．本章（第３章）では１変数，第４章では２変数を対象として，経済学の学習に必要な情報処理の基礎的知識という範囲に限定した統計的知識とデータの記述及び要約の方法を扱います．

3.1　比率

経済指標の多くは日，月，四半期，年といった時間に対応して観察されるものです．時間の経過とともに観測されたデータのことを時系列データといいます．毎日の株価，月ごとの失業率，四半期ごとの輸出入，年度ごとの国内総生産（GDP，一定期間（１年間）に国内で生産された付加価値の合計）など多くの経済指標は時系列データです．時系列データの数値を眺めるだけでもいろいろなことが読み取れます．それに加えてこれらのデータを使って，指数，変化率，寄与度などさまざまな比率を計算することによって，難しい統計的分析手法を使わなくても，観測値の変化の様子や変化の要因をより効率的に把握することができます．

指数

観測値の変化傾向や変化の様子をわかりやすく示す手法の１つが指数化です．**指数化**とはある時点を基準として，その基準時の数値に対する比較時の数値の相対比率を求めることです．一般には基準時の値を 100 としての比較時の相対的な大きさを計算します．

いま，基準時の GDP を Y_0，t 時点の比較時の GDP を Y_t とします．**指数**は次のように求めます．

$$\text{指数} = \frac{Y_t}{Y_0} \times 100$$

GDPのように1つのデータ系列を指数化したものを個別指数（または単純指数）といいます．指数には個別指数のほか，複数のデータ系列を指数化した総合指数（複合指数ともいいます）があります．たとえば，消費者物価指数，また名目GDPを実質化するときに使われるGDPデフレータなどは総合指数の例です．

名目値：金額ベースで表示される時系列データに対して，各時点の価格（時価）でそのまま表示された数値です．物価変化の影響を受けます．
実質値：名目値から物価の影響を排除した数値です．基準時点を決めて，その時点での価格に換算して表示されたものです．

名目GDPを実質GDPに変換する場合は，物価指数の1つであるデフレータを用いて，次のように換算します．

$$\text{実質値} = \frac{\text{名目値}}{\text{デフレータ}} \times 100$$

変化率

観測値の変化の勢いをみるための指標の1つとして変化率があります．**変化率**は基準時の数値に対する比較時の数値の変化分の割合です．**増加率**，**伸び率**ともいいます．とくに実質GDPの対前期増加率は経済成長率といいます．

t 期のGDPを Y_t，$t-1$ 期のGDPを Y_{t-1} とします．$t-1$ 期から t 期にかけてのGDP（Y）の変化率の計算式は，

$$\text{変化率} = \frac{Y_t - Y_{t-1}}{Y_{t-1}} \times 100 \qquad t = 1, 2, \ldots, n$$

となります．四半期データや月次データを利用して対前期変化率を計算する場合，季節性の影響を受けるので，変化率を計算しても指標の真の変動を把握できない恐れがあります．この場合は季節変動を除去した季節調整後のデータを利用する必要があります．ただし，前期同期比を計算する場合は同じ期間（四半期，月）の比較なので季節性による影響を受けません．

また，変化率を計算する場合，対前期変化率だけではなく数期間にわたっての**平均変化率**を計算することも意義があります．平均変化率を計算する場合は，**算術平均**ではなく**幾何平均**を利用します．

以下，平均変化率の計算について説明します．

t 期のGDPを Y_t，$t-1$ 期のGDPを Y_{t-1}，$t-1$ 期から t 期にかけてのGDPの変化率を r_t とします．Y_t は次の（1）式のように求めることができます．

$$
\begin{aligned}
Y_1 &= (1+r_1)Y_0 \\
Y_2 &= (1+r_2)Y_1 = (1+r_1)(1+r_2)Y_0 \\
&\vdots \\
Y_t &= (1+r_t)Y_{t-1} = (1+r_1)(1+r_2)\cdots(1+r_t)Y_0 \qquad (1)
\end{aligned}
$$

ここで，仮に各期間の GDP の変化率が同じ比率 r（$r_1 = r_2 = \cdots = r_t = r$）で推移したとします．この場合は，

$$Y_t = (1+r)(1+r)\cdots(1+r)Y_0 = (1+r)^t Y_0 \qquad (2)$$

となります．（1）式と（2）式の両辺をそれぞれ Y_0 で割ることによって，

$$\frac{Y_t}{Y_0} = (1+r_1)(1+r_2)\cdots(1+r_t) = (1+r)^t$$

が得られます．これを r について解くと，

$$r = \left(\frac{Y_t}{Y_0}\right)^{\frac{1}{t}} - 1$$

が求められます．この r が 0 期から t 期にわたっての平均変化率になります．式の右辺に 100 をかければ，パーセント表示の平均変化率が得られます．

例題 3-1　いろいろな比率の計算

データ入手

手順 1 内閣府経済社会総合研究所のホームページ（https://www.esri.cao.go.jp/）にアクセスし，「国民経済計算（GDP 統計）」をクリックします．

手順 2 画面右側の「国民経済計算年次推計」をクリックします．新しい画面が表示されたら，統計データ一覧（過去に公表した結果や概要等を含めて掲載します）という項目を探してクリック，次に，「2015 年基準（平成 27 年）基準」の一覧から「2019 年（令和元年度）国民経済計算年次推計」をクリックします．

手順 3 「IV. 主要系列表」の「 (1) 国内総生産（支出側）」を探し，その中から「名目」の「暦年（Excel 形式）」をクリックすると，ファイルが自動的にダウンロードされます．

手順 4 ダウンロードしたファイルを開いて，「編集を有効にする（E)」をクリックします．

データの準備

必要な項目（年次，民間最終消費支出，政府最終消費支出，総資本形成，純輸出，国内総生産）のデータをコピーし，新規ブックの `Sheet1` に行列を入れ替えて貼り付けます．

手順 1 第7行を選択した後に，Ctrlキーを押しながら，第8行，第18行，第22行，第40行と第48行の各行番号を順次クリックします（図3.1）．選択された状態で右クリックし，メニューの中から［**コピー(C)**］をクリックします．

	A	B	C
1	1．国内総生産（支出側、名目）		
2			
3			
4	（単位：１０億円）	実数	
5		平成6暦年	平成7暦年
6	項　　　目		
7		1994	1995
8	1．　民間最終消費支出	269,405.2	275,118.9
9	（1）家計最終消費支出	264,738.5	270,234.8
18	2．　政府最終消費支出	75,351.5	78,657.9
22	3．　総資本形成	156,608.6	161,354.0
40	4．　財貨・サービスの純輸出	9,550.9	6,482.7
47			
48	5．　国内総生産（支出側）(1+2+3+4)	510,916.1	521,613.5
49			

図 3.1　データのコピー

手順 2 新規ブックを開きます．［**ファイル**］タブをクリックし，表示される画面の中から［**新規**］の［**空白のブック**］をクリックします．

手順 3 データを貼り付けます．このとき，行と列を入れ替えましょう．

3.1 セルA1を右クリックし，［**形式を選択し張り付け(S)**］をクリックします．

3.2 ダイアログボックスで［**行/列を入れ替え(E)**］のチェックボックスにチェックを入れて，**OK** ボタンをクリックします（図3.2）．

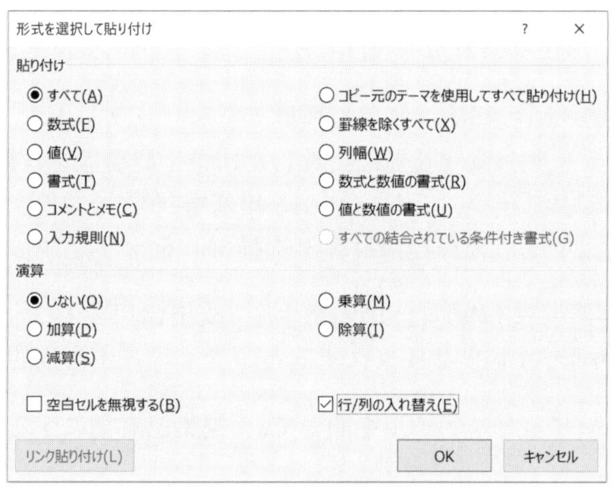

図 3.2　データの貼り付け

手順 4 セルA1に「年」と入力し，セルB1〜F1には各項目の対応記号に変更します．民間最終消費支出はC，政府最終消費支出はG，総資本形成はI，純輸出はE，国内総生産はYに置き換えます．

手順5 ［**Sheet1**］の見出し部分を右クリック，［名前の変更(R)］で「データ」に変更します（図3.3）．最後に，適宜表の編集を行い，「名目GDP」という名前で保存しましょう．

	A	B	C	D	E	F
1	年	C	G	I	X	Y
2	1994	269,405.2	75,351.5	156,608.6	9,550.9	510,916.1
3	1995	275,118.9	78,657.9	161,354.0	6,482.7	521,613.5
4	1996	280,899.7	81,115.9	171,524.2	2,022.4	535,562.1
5	1997	285,925.6	83,173.0	169,099.0	5,347.8	543,545.4
6	1998	284,340.0	84,044.5	158,754.0	9,358.8	536,497.4
7	1999	285,671.9	85,635.9	148,918.0	7,844.2	528,069.9
8	2000	287,352.1	88,607.3	152,152.0	7,306.4	535,417.7
9	2001	289,337.0	91,598.6	147,560.3	3,158.0	531,653.9
10	2002	288,790.9	93,225.6	135,834.0	6,628.2	524,478.7
11	2003	287,643.7	93,457.5	134,455.4	8,412.2	523,968.6
12	2004	289,742.5	93,827.6	135,728.9	10,101.9	529,400.9
13	2005	291,828.9	94,489.0	138,732.7	7,465.0	532,515.6
14	2006	294,498.9	94,163.6	139,559.3	6,948.4	535,170.2
15	2007	295,716.7	95,098.6	138,966.1	9,500.3	539,281.7
16	2008	294,334.6	95,140.4	136,545.8	1,803.1	527,823.8
17	2009	285,154.4	95,690.1	111,871.8	2,222.1	494,938.4
18	2010	287,488.0	97,075.0	114,200.9	6,766.7	505,530.6
19	2011	284,640.6	98,919.7	117,102.3	-3,213.7	497,448.9
20	2012	288,669.4	99,881.4	120,138.6	-8,214.6	500,474.7
21	2013	295,750.7	100,999.3	124,212.6	-12,262.0	508,700.6
22	2014	298,999.0	103,379.2	129,891.4	-13,458.6	518,811.0
23	2015	300,064.9	105,549.8	135,397.7	-2,980.1	538,032.3
24	2016	297,775.6	107,007.1	135,196.2	4,385.8	544,364.6
25	2017	302,053.6	107,361.4	139,456.4	4,201.5	553,073.0
26	2018	305,032.7	108,905.2	142,140.6	111.1	556,189.6
27	2019	305,618.8	111,268.1	144,554.7	-174.7	561,267.0

データ

図3.3　名目GDP

指数，変化率，平均変化率の計算

名目GDPの系列データを用いて，実際Excelでいろいろな比率を計算してみましょう．

データの準備

手順1 「名目GDP.xlsx」というファイルを開きます．

手順 2 シートのコピーをし，新しいシートの名前を「比率」に変更します（以下同）．

2.1 ［**データ**］シートの見出し部分を右クリックし，［**移動またはコピー (M)**］をクリックすると，ダイアログボックスが表示されます．

2.2 ［**挿入先 (B)**］の［**(末尾に移動)**］を選択し，［**コピーを作成する (C)**］の前にチェックを入れて，**OK** ボタンをクリックします．

2.3 ［**データ (2)**］シートが作成され，そのシート見出しを右クリックし，［**名前の変更 (R)**］で「比率」に変更します．

手順 3 ［**比率**］シートを選択し，使う予定の国内総生産（Y）の列を残し，その他のデータを削除します．B〜E 列の列番号をドラッグした後に，右クリックし，メニューの中から［**削除 (D)**］をクリックすれば，選択した列が削除されます．

手順 4 セル C1 に「指数」，セル D1 に「変化率」と入力します．

手順 5 セル範囲 E1:F1 をドラッグし，［**ホーム**］タブをクリック，［**配置**］グループの［**セルを結合して中央揃え**］ボタンを押し，セルの結合をした後に，「平均変化率」と入力します．

手順 6 行番号 2 を右クリックし，［**挿入 (I)**］をクリックすると新しい行が挿入されます．

手順 7 セル B2 に「10 億円」，セル C2 に「基準年:2015」，セル D2 に「%」，セル E2 に「期間」，セル F2 に「%」と入力します．

(1) 指数の計算

手順 1 セル C3 に `=B3/$B$24*100` と入力します．実際の操作は以下のようにマウスを使ってセルを指定して入力します（以下同）．

1.1 セル C3 をアクティブにし，`=`と入力，セル B3 をクリックします．

1.2 次に，`/` と入力し，セル B24 をクリックします．F4キーを 1 回押します．

1.3 最後に，`*100` と入力し，Enterキーを押します．

手順 2 セル C3 をフィルハンドルでセル C28 までドラッグしてコピーします．

(2) 変化率の計算

手順 1 セル D4 に `=(B4-B3)/B3*100` と入力し，Enterキーを押します．

手順 2 セル D4 をフィルハンドルでセル D28 までドラッグしてコピーします．

(3) 平均変化率の計算

まず，5年間の平均変化率を計算してみましょう．ここでは1994〜1999年，1999〜2004年，2004〜2009年，2009〜2014年，2014〜2019年の各5年間の平均変化率を求めます．

手順1 セルE8に「1994〜1999」，セルE13に「1999〜2004」，セルE18に「2004〜2009」，セルE23に「2009〜2014」，セルE28に「2014〜2019」と入力します．

手順2 セルF8に `=((B8/B3)^(1/5)-1)*100` と入力し，Enterキーを押します．

手順3 セルF8をセルF13，セルF18，セルF23とセルF28にコピーします．

次に，セルF29に1994〜2019年の25年間の平均変化率を各自で計算してみましょう．最後に，小数点の桁数を2桁に変更し，形式を整えてから適当な名前で保存しましょう（図3.4）．

	A	B	C	D	E	F
1	年	Y	指数	変化率	平均変化率	
2		10億円	基準年：2015	%	期間	%
3	1994	510,916.1	94.96			
4	1995	521,613.5	96.95	2.09		
5	1996	535,562.1	99.54	2.67		
6	1997	543,545.4	101.02	1.49		
7	1998	536,497.4	99.71	-1.30		
8	1999	528,069.9	98.15	-1.57	1994〜1999	0.66
9	2000	535,417.7	99.51	1.39		
10	2001	531,653.9	98.81	-0.70		
11	2002	524,478.7	97.48	-1.35		
12	2003	523,968.6	97.39	-0.10		
13	2004	529,400.9	98.40	1.04	1999〜2004	0.05
14	2005	532,515.6	98.97	0.59		
15	2006	535,170.2	99.47	0.50		
16	2007	539,281.7	100.23	0.77		
17	2008	527,823.8	98.10	-2.12		
18	2009	494,938.4	91.99	-6.23	2004〜2009	-1.34
19	2010	505,530.6	93.96	2.14		
20	2011	497,448.9	92.46	-1.60		
21	2012	500,474.7	93.02	0.61		
22	2013	508,700.6	94.55	1.64		
23	2014	518,811.0	96.43	1.99	2009〜2014	0.95
24	2015	538,032.3	100.00	3.70		
25	2016	544,364.6	101.18	1.18		
26	2017	553,073.0	102.80	1.60		
27	2018	556,189.6	103.37	0.56		
28	2019	561,267.0	104.32	0.91	2014〜2019	1.59
29					1994〜2019	0.38

図3.4 指数，変化率，平均変化率

図3.4を見ればわかるように，国内総生産（Y）の時系列データを眺めるだけでも，GDPの変化傾向を読み取ることができます．しかし，指数や対前年変化率を計算することによって，GDPの変化の様子がよりわかりやすく把握できます．

寄与度

ある経済変数の観測値の変化をみる場合，どのような要因によって変化が起きたのかを分析する手法として寄与度分析があります．**寄与度**とはある観測値が前年（前四半期あるいは前月）に比べて増減した場合，その経済変数を構成する項目の増減が変数全体の増減にどの程度影響をあたえたか，すなわちどの程度寄与したかをみるものです．

たとえば，GDPを支出面からみて，その支出項目が民間最終消費支出，政府最終消費支出，総資本形成，純輸出（＝輸出－輸入）から構成されます．ここで，t 期のGDPを Y_t，民間最終消費支出を C_t，政府最終消費支出を G_t，総資本形成を I_t，純輸出を X_t とします．

$$Y_t = C_t + G_t + I_t + X_t$$

変化分を Δ（デルタ）で表し，GDPの変化分を $\Delta Y_t = Y_t - Y_{t-1}$ で表すと，

$$\Delta Y_t = \Delta C_t + \Delta G_t + \Delta I_t + \Delta X_t$$

となり，両辺を Y_{t-1} で割ると，

$$\frac{\Delta Y_t}{Y_{t-1}} = \frac{\Delta C_t}{Y_{t-1}} + \frac{\Delta G_t}{Y_{t-1}} + \frac{\Delta I_t}{Y_{t-1}} + \frac{\Delta X_t}{Y_{t-1}}$$

となります．左辺はGDPの変化率，右辺の各項目はGDPの変化率に対する各支出項目の寄与度を表しています．たとえば，右辺第1項目（$\frac{\Delta C_t}{Y_{t-1}}$）は民間最終消費支出のGDPの変化率に対する寄与度を表します．式からもわかるように各支出項目の寄与度の合計はGDPの変化率と等しくなっています．また，寄与度の計算は各支出項目の対前年変化率と前年のGDPに占める支出シェア（前年の構成比）の積で求めることもできます．

民間最終消費支出の寄与度を以下の式で書き直すことができます．

$$\frac{\Delta C_t}{Y_{t-1}} = \frac{\Delta C_t}{C_{t-1}} \times \frac{C_{t-1}}{Y_{t-1}}$$

左辺は民間最終消費支出のGDPの変化率に対する寄与度，右辺最1項目（$\frac{\Delta C_t}{C_{t-1}}$）は民間最終消費支出の対前年変化率，右辺第2項目（$\frac{C_{t-1}}{Y_{t-1}}$）は前年の構成比を表しています．すなわち，寄与度は対前年変化率を前年の構成比で掛けたものに等しくなります．これによって，GDPの変化率の寄与度は以下のような式で表すことができます．

$$\frac{\Delta Y_t}{Y_{t-1}} = \frac{\Delta C_t}{C_{t-1}} \times \frac{C_{t-1}}{Y_{t-1}} + \frac{\Delta G_t}{G_{t-1}} \times \frac{G_{t-1}}{Y_{t-1}} + \frac{\Delta I_t}{I_{t-1}} \times \frac{I_{t-1}}{Y_{t-1}} + \frac{\Delta X_t}{X_{t-1}} \times \frac{X_{t-1}}{Y_{t-1}}$$

左辺はGDPの変化率，右辺は各支出項目の寄与度の合計を表しています．すなわち，GDPの変化率は，各支出項目の対前年変化率を前年の構成比で加重和したものに等しくなります．これにより，各支出項目の対前年変化率と前年の構成比がわかれば，寄与度の計算が簡単にできます（練習問題の問1）．

例題 3-2　寄与度分析

寄与度の計算

手順1「名目GDP.xlsx」というファイルを開いて，［**データ**］シートをコピーし，新しいシートの名前を「寄与度」に変更します．

手順2［**寄与度**］シートの行番号1を右クリックし，［**挿入(I)**］をクリックすれば，新しい行が挿入されます．

手順3 セル範囲`B1:F1`を選択し，セルの書式設定でセル結合をした後に，「実数(10億円)」と入力します．同じように，セル範囲`G1:K1`をセル結合し，「寄与度（%）」と入力し，セル範囲`L1:L2`をセル結合し，「GDPの変化率（%）」と入力します．

手順4 セルB2～E2の項目をコピーし，セルG2～J2に貼り付けます．セルK2には「合計」と入力します．

手順5 セルG4に`=(B4-B3)/$F3*100`と入力し，Enterキーを押します．

手順6 セルG4をフィルハンドルでセルJ28までコピーします．

手順7 セルK4に`=SUM(G4:J4)`と入力し，Enterキーを押します．

手順8 セルL4に`=(F4-F3)/F3*100`と入力し，Enterキーを押します．

手順9 セル範囲`K4:L4`を選択し，フィルハンドルでセルL28までコピーします．

手順10 最後に，小数点以下の桁数を2桁に変更し，適宜書式の編集を行い，形式を整えておきましょう．

計算結果を見てみましょう（図3.5）．たとえば，2015年のGDPの伸び率（3.70%）に対する寄与度を見ると，純輸出（X）2.02%，次いで，総資本形成（I）1.06%，政府最終消費支出（G）0.42%，民間最終消費支出（C）0.21%の順となっています．純輸出が最も大きく貢献していることが読み取れます．

また，寄与度の合計欄とGDPの変化率の欄の結果を比較すると，GDPの変化率と各支出項目の寄与度の合計とが等しくなっていることが確認できます．

	A	B	C	D	E	F	G	H	I	J	K	L
1	年	実数（10億円）					寄与度（%）					GDPの変化率（%）
2		C	G	I	X	Y	C	G	I	X	合計	
3	1994	269,405.2	75,351.5	156,608.6	9,550.9	510,916.1						
4	1995	275,118.9	78,657.9	161,354.0	6,482.7	521,613.5	1.12	0.65	0.93	-0.60	2.09	2.09
5	1996	280,899.7	81,115.9	171,524.2	2,022.4	535,562.1	1.11	0.47	1.95	-0.86	2.67	2.67
6	1997	285,925.6	83,173.0	169,099.0	5,347.8	543,545.4	0.94	0.38	-0.45	0.62	1.49	1.49
7	1998	284,340.0	84,044.5	158,754.0	9,358.8	536,497.4	-0.29	0.16	-1.90	0.74	-1.30	-1.30
8	1999	285,671.9	85,635.9	148,918.0	7,844.2	528,069.9	0.25	0.30	-1.83	-0.28	-1.57	-1.57
9	2000	287,352.1	88,607.3	152,152.0	7,306.4	535,417.7	0.32	0.56	0.61	-0.10	1.39	1.39
10	2001	289,337.0	91,598.6	147,560.3	3,158.0	531,653.9	0.37	0.56	-0.86	-0.77	-0.70	-0.70
11	2002	288,790.9	93,225.6	135,834.0	6,628.2	524,478.7	-0.10	0.31	-2.21	0.65	-1.35	-1.35
12	2003	287,643.7	93,457.5	134,455.4	8,412.2	523,968.6	-0.22	0.04	-0.26	0.34	-0.10	-0.10
13	2004	289,742.5	93,827.6	135,728.9	10,101.9	529,400.9	0.40	0.07	0.24	0.32	1.04	1.04
14	2005	291,828.9	94,489.0	138,732.7	7,465.0	532,515.6	0.39	0.12	0.57	-0.50	0.59	0.59
15	2006	294,498.9	94,163.6	139,559.3	6,948.4	535,170.2	0.50	-0.06	0.16	-0.10	0.50	0.50
16	2007	295,716.7	95,098.6	138,966.1	9,500.3	539,281.7	0.23	0.17	-0.11	0.48	0.77	0.77
17	2008	294,334.6	95,140.4	136,545.8	1,803.1	527,823.8	-0.26	0.01	-0.45	-1.43	-2.12	-2.12
18	2009	285,154.4	95,690.1	111,871.8	2,222.1	494,938.4	-1.74	0.10	-4.67	0.08	-6.23	-6.23
19	2010	287,488.0	97,075.0	114,200.9	6,766.7	505,530.6	0.47	0.28	0.47	0.92	2.14	2.14
20	2011	284,640.6	98,919.7	117,102.3	-3,213.7	497,448.9	-0.56	0.36	0.57	-1.97	-1.60	-1.60
21	2012	288,669.4	99,881.4	120,138.6	-8,214.6	500,474.7	0.81	0.19	0.61	-1.01	0.61	0.61
22	2013	295,750.7	100,999.3	124,212.6	-12,262.0	508,700.6	1.41	0.22	0.81	-0.81	1.64	1.64
23	2014	298,999.0	103,379.2	129,891.4	-13,458.6	518,811.0	0.64	0.47	1.12	-0.24	1.99	1.99
24	2015	300,064.9	105,549.8	135,397.7	-2,980.1	538,032.3	0.21	0.42	1.06	2.02	3.70	3.70
25	2016	297,775.6	107,007.1	135,196.2	4,385.8	544,364.6	-0.43	0.27	-0.04	1.37	1.18	1.18
26	2017	302,053.6	107,361.4	139,456.4	4,201.5	553,073.0	0.79	0.07	0.78	-0.03	1.60	1.60
27	2018	305,032.7	108,905.2	142,140.6	111.1	556,189.6	0.54	0.28	0.49	-0.74	0.56	0.56
28	2019	305,618.8	111,268.1	144,554.7	-174.7	561,267.0	0.11	0.42	0.43	-0.05	0.91	0.91

図 3.5　GDPの変化率と寄与度

寄与度グラフの作成

手順 1　［寄与度］シートのセル範囲 G2:J2 をドラッグした後に，Ctrlキーを押しながらセル範囲 G4:J28 をドラッグして指定 します．

手順 2　［挿入］タブをクリックし，［グラフ］グループの［縦棒/横棒グラフの挿入］ボタンをクリックします．[2-D 縦棒] の [積み上げ縦棒] を選択し，**OK** ボタンを押すとグラフが表示されます．

手順 3 横（項目）軸ラベルを編集します.

3.1 グラフの横軸を右クリックし，［**データの選択 (E)**］をクリックすると，「データソースの選択」のボックスが表示されます.

3.2 ［**横（項目）軸ラベル (C)**］の［**編集 (T)**］ボタンを押して，セル範囲 A4:A28 をドラッグして指定し，**OK** ボタンをクリックします．画面が表示されたら，**OK** ボタンを押すと，横（項目）軸ラベルは年次データに変更されます.

3.3 横（項目）軸ラベルをダブルクリックし，「軸の書式設定」メニューが表示されたら，まず，［**ラベル**］を探してクリックし，［**ラベルの位置 (L)**］を［**下端/左端**］に変更します．次に，［**サイズとプロパティ**］ボタンを押して，文字の角度の変更など配置の編集を行い，［**塗りつぶしと線**］ボタンを押して，［**線（単色）(S)**］を選び，線の色や幅の変更など適宜編集を行ってください.

手順 4 表示されているグラフはカラーですが，白黒印刷でもみやすいように，塗りつぶしの色やパターンの設定の仕方を知っておくことが大切です.

4.1 編集したいグラフ要素の縦棒をダブルクリックし，「データ系列の書式設定」画面が表示されたら，［**塗りつぶしと線**］ボタンをクリックします.

4.2 ［**塗りつぶし**］の中から［**塗りつぶし（パターン）(A)**］を選択します．次に，「前景」の色を「黒，テキスト 1」に変更し，適当なパターンを選択しましょう（図 3.6).

4.3 このままでは枠線がないので，次に「枠線」の書式を設定します．［枠線］の［**線（単色）(S)**］を選択し，枠線の色や幅など適宜編集を行ってください.

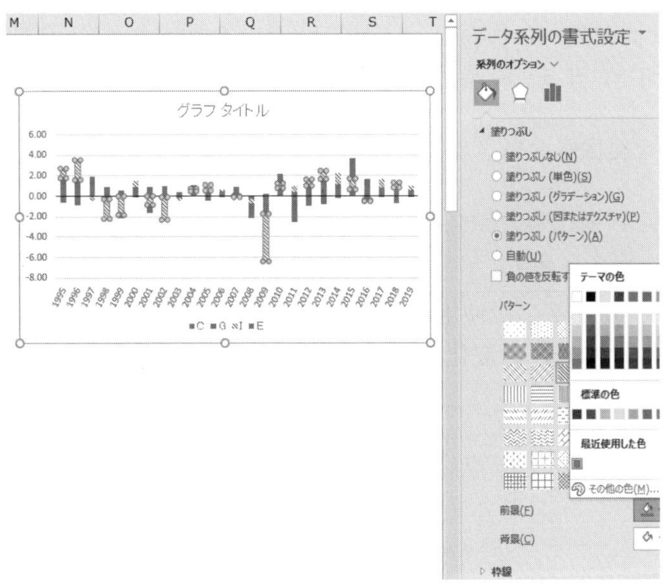

図 3.6　データ系列の書式設定

手順 5 最後に，図 3.7 を参照し，軸の線や文字の色・サイズなど適宜編集を行い，グラフをみやすいように完成させてください．

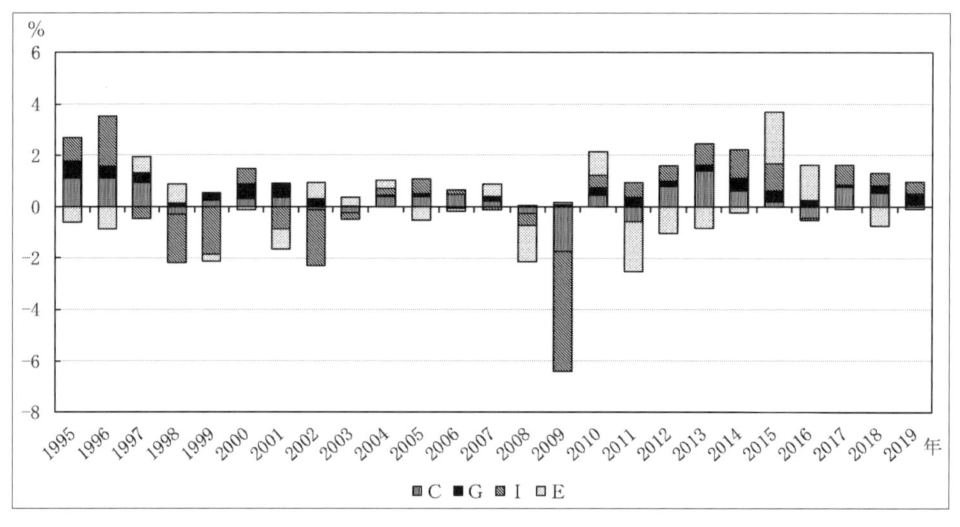

図 3.7　寄与度のグラフ

手順 6 GDP の変化率をグラフに追加します．

6.1 グラフエリアを右クリックし，［データの選択 (E)］をクリックします．

6.2 次に，［凡例項目 (系列 (S))］の［追加 (A)］ボタンをクリックします．

6.3 ［系列名 (N)］には，セル L1 を指定し，［系列値 (V)］には，セル範囲 L4:L28 をドラッグして指定し，**OK** ボタンを押します．

6.4 画面が表示されたら，**OK** ボタンを押すと，GDP の変化率の棒グラフが追加されます．

手順 7 GDP の変化率の棒グラフを折れ線グラフに変更します．

7.1 GDP 変化率の棒グラフを右クリックし，［系列グラフの種類の変更 (Y)］をクリックします．

7.2 「データ系列に使用するグラフの種類と軸を選択してください」という枠内から，［**GDP の変化率**］の右側の［積み上げ縦棒］をクリックします（図 3.8）．

7.3 表示されるメニューの中から［マーカー付き積み上げ折れ線］を選択し，**OK** ボタンを押すと，GDP の変化率のグラフが折れ線に変更されます．

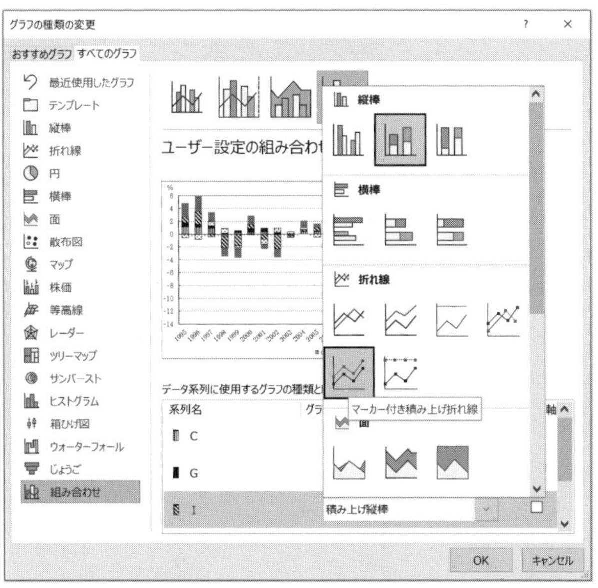

図 3.8　グラフの種類の変更

7.4 GDP 変化率の折れ線を右クリックし，メニューの中から［**データ系列の書式設定 (O)**］を選択し，折れ線とマーカーの色や種類などをみやすいように適宜編集を行い，図 3.9 のように出来上がれば，寄与度のグラフの完成です．

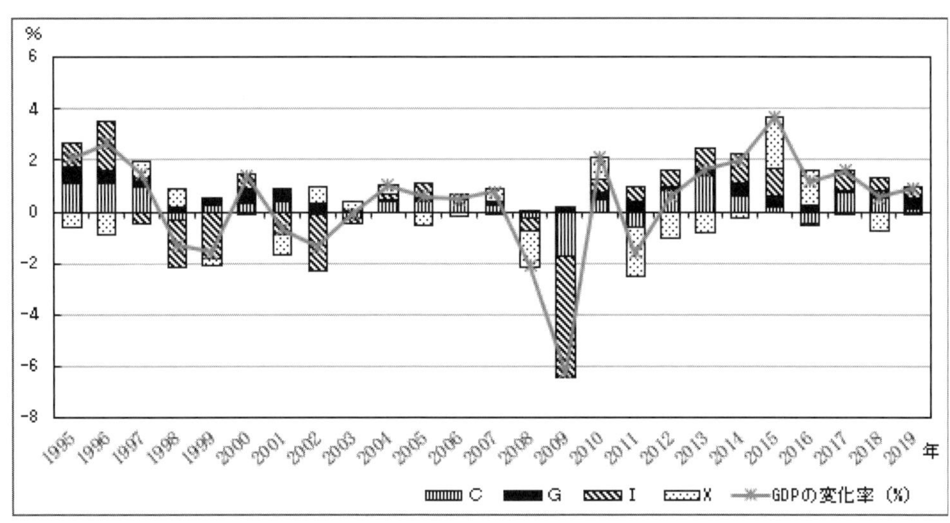

図 3.9　GDP の変化率と寄与度

図 3.9 を見れば，たとえば，2009 年の GDP の変化率が一番大きく下落し，その最大の要因が総資本形成（I）であることがわかります．一方，2015 年の GDP の伸び率に一番寄与しているのが純輸出（X）であることが読みとれます．

3.2　度数分布表とヒストグラム

統計データを分析する上で，最初に行うことはデータの整理と基本的な特性値の計算です．データの整理は度数分布表やヒストグラムを作成することに当てられます．すなわち，データを大きい順に並べ替えたり，階級（クラス）に分類したり，表やグラフなどを作成します．こうした整理は直観的にあるいは視覚的にデータの**分布特性**を理解するためのものですが，代表値，散布度と呼ばれる特性値を計算することによっても理解されます．特性値の計算に入る前に直観的にデータの分布を見てみましょう．

度数分布表

ある大学における「統計学」の期末試験の受験者数50人の成績の得点が表3.1のようになっているとしましょう．

表 3.1　統計学の成績（50人）

学生番号	得点	学生番号	得点	学生番号	得点	学生番号	得点	学生番号	得点
1	81	11	55	21	68	31	63	41	76
2	60	12	48	22	84	32	54	42	98
3	44	13	49	23	87	33	65	43	95
4	79	14	62	24	80	34	73	44	71
5	78	15	61	25	83	35	94	45	67
6	75	16	64	26	82	36	57	46	78
7	85	17	86	27	75	37	77	47	90
8	60	18	89	28	50	38	53	48	35
9	72	19	56	29	70	39	65	49	58
10	97	20	75	30	66	40	37	50	52

この表の数値（データ）を見ただけでは100点満点のうち60点以上の合格者数が何人いるのか，成績の最上位や最下位の点数は何点なのかなどを見出すことがそう簡単ではないでしょう．受験者数が100人以上あるいは200人，300人以上の場合はなおさら困難なことでしょう．

このような場合，データをわかりやすく整理する方法として度数分布表を用いることがよくあります．**度数分布表**はデータ（観測値）のとりうる値をいくつかの**階級**（クラス：class）にわけ，それぞれの階級でデータの個数（**度数**：frequency）がいくつあるかを数えて表にしたものです．表3.1のデータを7つの階級にわけて整理して作った度数分布表は図3.10に示しました．この度数分布表を見れば，どのあたりにデータが集中しているのかわかるようになります．

G	H	I	J	K	L
階　級 （点）	階級値 （点）	度　数 （人）	相対度数	累積度数 （人）	累積 相対度数
30～40	35	2	4%	2	4%
40～50	45	3	6%	5	10%
50～60	55	8	16%	13	26%
60～70	65	11	22%	24	48%
70～80	75	12	24%	36	72%
80～90	85	9	18%	45	90%
90～100	95	5	10%	50	100%
合計	—	50	100%	—	

図 3.10　統計学の成績の度数分布表

以下，度数分布表の作り方（手順）について説明します．

まず，データ全体をいくつかの階級（クラス）に分類します．

階級数（階級の数）は多すぎても少なすぎても分布状況がわかりにくくなります．階級数をどのようにとるかを決める統一的なルールはありませんが，目安として，以下のスタージェス（Sturges）の公式が参考になります．

$$k = 1 + \log_2 n = 1 + \frac{\log_{10} n}{\log_{10} 2}$$

k が階級数，n がデータ（観測値）の数を表しています．表 3.1 の例では $n = 50$ なので，Excel の関数を利用して計算すると $k = 6.6$ が得られます．実際はキリの良い数値 7 と設定しています．

また，階級の上限値と下限値の差は**階級幅**と呼ばれ，階級を代表する値のことを**階級値**といいます．通常，階級幅と階級値は下記のような式で求められます．

$$\text{階級幅} = \frac{\text{データ範囲}}{\text{階級数}} = \frac{\text{最大値} - \text{最小値}}{\text{階級数}}$$

$$\text{階級値} = \frac{\text{階級下限値} + \text{階級上限値}}{2}$$

表 3.1 の例では，Excel の関数を利用すれば，データの最大値が 98，最小値が 35 であると求められます．よって，データ範囲が 63（= 98-35）となります．これを階級数 6.6 で割りますと階級幅が 9.5 となり，実際はキリの良い数値 10 と設定しています．

したがって，図 3.10 の度数分布表では「30～40」(30 点以上 40 点未満の階級)，「40～50」のように，元のデータを 10 点（階級幅）刻みで 7 つの階級に分割して表を作っています．

次に，各階級にいくつのデータが属するのかを数えて度数で表します．

データ数が少ないときはそのまま数えることもできますが，データ数が多いときは数える手間や数えミスなどを考慮すると，Excelの関数機能を利用するのが一般的です．

最後に，度数分布表に相対度数，累積度数，累積相対度数を追加します．

度数分布表をみると，たとえば「60〜70」という階級に何人が属しているのか，どの階級に人数が最も集中しているのかがわかるようになります．しかし，「60〜70」に属する人数が全受験者数に占める割合あるいは60点未満の不合格者の人数や不合格者の割合などを直接知ることはできません．度数分布表に相対度数，累積度数，累積相対度数を追加することによって，これらの情報を知ることができます．**相対度数**は全度数（全データ数）に占める各階級の度数の割合を表します．これはとくにデータの大きさが異なる複数のデータの分布の比較に有効です．**累積度数**はその階級以下の各階級の度数を累積したものです．**累積相対度数**は各累積度数の全度数に占める割合を表しています．

ヒストグラム

度数分布表をグラフに描いたものを**ヒストグラム**といいます．データがどのように分布しているか（ばらつき）を視覚的に捉えることができ，分布の型や特徴がより一層明瞭になります．階級を横軸，度数を縦軸にして棒グラフを作成します．階級幅が均等な場合は棒の高さが度数と比例しますが，階級によって階級幅が異なる場合は棒の面積が度数を反映するように高さが調整されます．たとえば，階級幅が2倍になった場合，その階級の棒の高さは度数の2分の1にとります．このようにヒストグラムは棒の高さではなくその面積が度数を表しています．また累積度数や累積相対度数をグラフにするときは折れ線グラフが用いられます．

では，表3.1のデータを使って，度数分布表とヒストグラムを作成してみましょう．ここでは（1）関数の利用と（2）分析ツールの利用という2つの方法について紹介します．

例題 3-3　度数分布表とヒストグラムの作成

(1) 関数の利用

データの準備

手順1 新規ブックを開いて，セルA1に「学生番号」，セルB1に「得点」と入力します．

手順2 セルA2に1と入力した後に，Ctrlキーを押しながら，フィルハンドルでセルA51までドラッグして通し番号をふります．

手順3 セル範囲`B2:B51`には表3.1の得点を入力します．最後に`Sheet1`の見出し名を「表3.1」に変更した後に，「例題3-3」というファイル名で保存しましょう．

度数分布表の作成

手順 1 ファイル「例題 3-3.xlsx」を開き，［**表 3.1**］シートをコピーし，新しいシートの名前を「度数分布表」に変更します．

手順 2 階級数，階級幅を決めます．

2.1 ［**度数分布表**］シートのセル A53 に「階級数」，セル B53 に `=1+LOG(50,2)` と入力し（図 3.11），Enterキーを押すと，階級数は約 6.6 と計算されます．

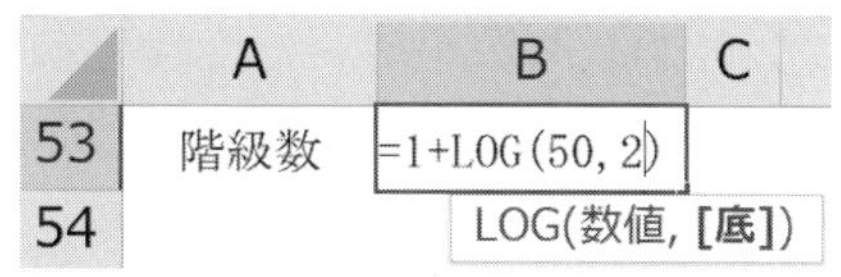

図 3.11　階級数の計算

2.2 セル A54 に「最大値」，セル B54 に `=MAX(B2:B51)` と入力し，Enterキーを押します．同じように，セル A55 に「最小値」，セル B55 に `=MIN(B2:B51)` と入力し，Enterキーを押します．セル A56 に「階級幅」，セル B56 に `=(B54-B55)/B53` と入力し，Enterキーを押します．

手順 2 で計算した結果（階級数約 6.6，階級幅約 9.5）を参考にして，実際には求められた値に近い整数の値をとります．ここでは，階級数は 7，階級幅は 10 と設定し，最初の階級にデータの最小値を，最後の階級にデータの最大値を含むように，第 1 階級は「30〜40」，…，第 7 階級は「90〜100」と 10 点刻みに 7 つの階級を設定しています．また，Excel 関数で度数を計算するとき，階級下限値と上限値は別々のセルで入力する必要があります．以下の手順 3 で説明します．

手順 3 計算用の階級下限値と上限値のデータを作ります．

3.1 セル D1 に「階級下限値」，セル E1 に「階級上限値」と入力します．

3.2 セル D2 に第 1 階級の下限値 30，セル E2 に同階級の上限値 40 と入力します．

3.3 同じように，セル D3 に 40，セル E3 に 50 と入力します．

3.4 セル範囲 `D2:E3` を選択し，フィルハンドルでセル E8 までドラッグします．

手順 4 度数分布表の階級欄の項目を入力します．

4.1 セル G1 に「階級（点）」と入力します．

4.2 セル範囲 `G2:G8` には図 3.10 の階級を入力します．

手順 5 階級値を求めます.

5.1 セル H1 に「階級値（点)」と入力します.

5.2 セル H2 に `=(D2+E2)/2` と入力し，Enterキーを押します.

5.3 セル H2 をフィルハンドルでセル H8 までコピーします.

手順 6 `COUNTIF` 関数を用いて各階級の度数を求めます.

6.1 セル I1 に「度数（人)」と入力します.

6.2 セル I2 に `COUNTIF` 関数を用いて度数を求めます.
`COUNTIF` 関数は `=COUNTIF`(データの範囲, 検索条件) となっています.
セル I2 に
`=COUNTIF($B$2:$B$51,">="&D2)-COUNTIF($B$2:$B$51,">="&E2)`
と入力します．この式はセル範囲`$B$2:$B$51`のデータから，セル D2 の値 (30) 以上の人数を数え，そこからセル E2 の値（40）以上の人数を数えて差し引くことを表しています．すなわち，30 以上 40 未満の人数を数えることになっています．なお，セル I2 の式をセル I8 までコピーするためにデータの範囲を絶対参照（`$B$2:$B$51`）にしています.

6.3 セル I2 をフィルハンドルでセル I8 までコピーすれば，度数が計算されます.

6.4 セル G9 に「合計」，セル I9 に `=SUM(I2:I8)` と入力し，Enterキーを押すと度数の合計が計算されます（図 3.12)．その値がデータ総数と等しくなっていることを確認してください.

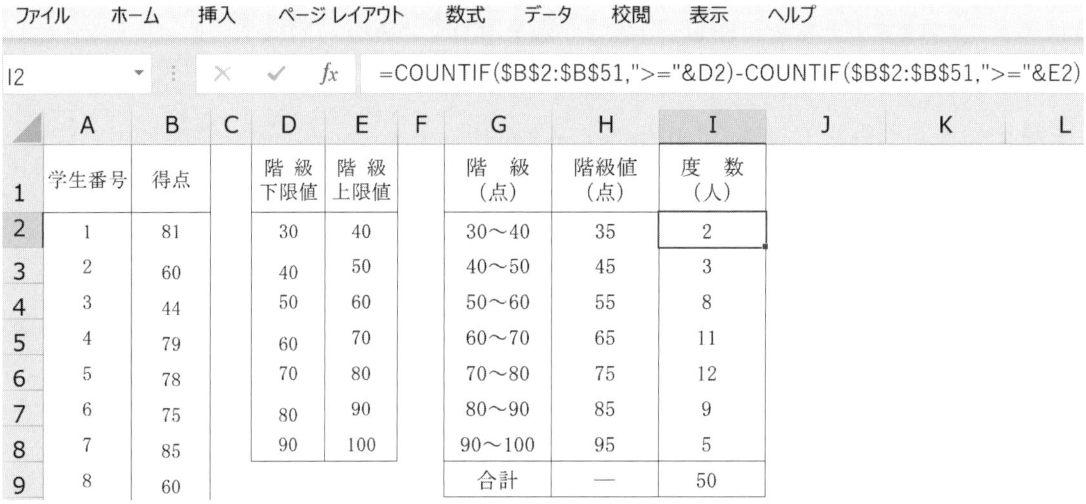

ファイル　ホーム　挿入　ページ レイアウト　数式　データ　校閲　表示　ヘルプ

I2　fx　=COUNTIF($B$2:$B$51,">="&D2)-COUNTIF($B$2:$B$51,">="&E2)

	A	B	C	D	E	F	G	H	I	J	K	L
1	学生番号	得点		階 級 下限値	階 級 上限値		階　級 (点)	階級値 (点)	度　数 (人)			
2	1	81		30	40		30〜40	35	2			
3	2	60		40	50		40〜50	45	3			
4	3	44		50	60		50〜60	55	8			
5	4	79		60	70		60〜70	65	11			
6	5	78		70	80		70〜80	75	12			
7	6	75		80	90		80〜90	85	9			
8	7	85		90	100		90〜100	95	5			
9	8	60					合計	—	50			

図 3.12　度数の計算

相対度数の計算

手順 1 セル J1 に「相対度数」と入力します.

手順 2 セル J2 に `=I2/$I$9` と入力し，Enterキーを押します．計算した結果をパーセント表示に変更します.

手順 3 セル J2 をフィルハンドルでセル J8 までコピーします.

手順 4 セル I9 をフィルハンドルでセル J9 にコピーし，相対度数の合計値を出します.

累積度数の計算

手順 1 セル K1 に「累積度数（人)」と入力します.

手順 2 セル K2 に `=I2`，セル K3 に `=K2+I3` と入力し，Enterキーを押します.

手順 3 セル K3 をフィルハンドルでセル K8 までコピーします.

累積相対度数の計算

手順 1 セル L1 に「累積相対度数」と入力します.

手順 2 セル L2 に `=K2/$K$8` と入力し，Enterキーを押します．計算した結果をパーセント表示に変更します.

手順 3 セル L2 をフィルハンドルでセル `L8` までコピーします.

最後に，タイトルを追加し，罫線を引き，表の形式を整えれば，図 3.10 の度数分布表が作成されます.

ヒストグラムの作成

手順 1 「例題 3.3.xlsx」というファイル」を開き，［度数分布表］シートをコピーし，新しいシートの名前を「ヒストグラム」に変更します.

手順 2 ［ヒストグラム］シートのセル範囲 G2:G8 をドラッグした後に，Ctrlキーを押しながらセル範囲 `I2:I8` をドラッグして選択します.

手順 3 ［挿入］タブをクリックし，［グラフ］グループの［おすすめグラフ］を選択します.

手順 4 「グラフの挿入」画面が現れたら，**OK** ボタンを押すとグラフが作成されます.

手順 5 グラフの編集を行います.

5.1 グラフの棒をダブルクリックすると,［**データ系列の書式設定**］のメニューが表示されます.［**要素の間隔 (W)**］を「0 %」に設定します（図 3.13）.

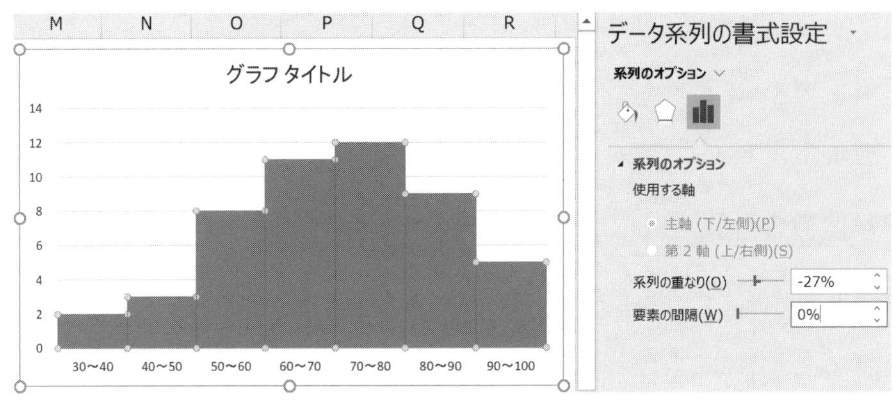

図 **3.13**　データ系列の書式設定

5.2 次に,［**塗りつぶしと線**］のボタン をクリックし, 塗りつぶしの色や枠線の色をみやすいように適宜編集を行い, 閉じるボタンを押します.

5.3 最後に, グラフの目盛り線をダブルクリックし,［**目盛線の書式設定**］の中から［**線なし**］を選択し, 閉じるボタンを押します.

累積相対度数のグラフへの追加

手順 1 累積相対度数のセル範囲 L2:L8 をコピーし, グラフエリアで右クリック, メニューの中から［**貼り付けのオプション**］の［**貼り付け (P)**］ボタンをクリックすると, 累積相対度数の棒グラフが追加されます.

手順 2 累積相対度数の棒グラフをダブルクリックし,［**データ系列の書式設定**］の中から,［**使用する軸**］を［**第 2 軸（上／右側）(S)**］を選択し, 閉じるボタンを押します.

手順 3 累積相対度数の棒グラフを右クリックし, メニューの中から［**系列グラフの種類の変更 (Y)**］を選択すると「グラフの種類の変更」画面が表示されます.

手順 4［**系列 2**］の［**集合縦棒**］をクリックし, 表示される画面の中から［**マーカー付き積み上げ折れ線**］を選択します.

手順 5 **OK** ボタンを押すと, 累積相対度数の折れ線がグラフに追加されます（図 3.14）.

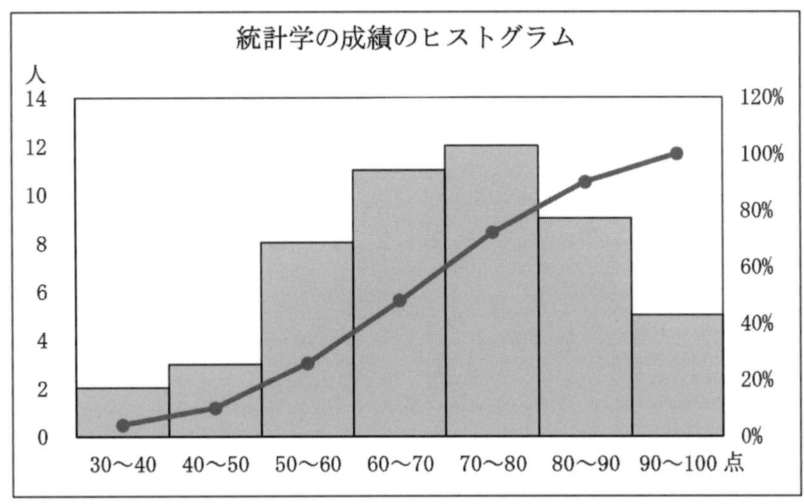

図 **3.14**　ヒストグラムの完成図

(2) 分析ツールの利用

分析ツールを利用して度数分布表とヒストグラムを作成するためには，データ区間を設定する必要があります．Excel の分析ツールでは，原則として階級の上限値を指定し，上限値がその階級に含まれるように階級幅を判断し，階級の度数をカウントすることになっています．たとえば，第 1 階級の上限値が 30，第 2 階級の上限値が 40 の場合，分析ツールでは「30 より大きく 40 以下」という条件で第 2 階級の度数をカウントすることになっています．

ところが，図 3.10 では階級「30〜40」は「30 以上 40 未満」となっています．分析ツールでデータ区間を 40 に設定すると度数を正しくカウントすることができなくなります．今回のケースでは統計学の得点が整数のデータであるため，データ区分を 40 ではなく 39 に設定すれば正しくカウントされます．また 39.9 のように小数点以下端数（桁数が 1）が発生した場合，割り切れる数値であれば同じようにデータ区分を 39.9 と設定することができますが，割り切れない数値の場合は分析ツールの方法をあきらめて，先ほど述べたように関数を利用するしかありません．

手順 1　データ区間を設定します．

1.1　セル M1 に「データ区分」，セル M2 に 39，セル M3 に 49 と入力します．

1.2　セル範囲 M2:M3 を選択し，フィルハンドルでセル M8 までドラッグします．

手順 2　［**データ**］タブをクリックし，［**分析**］グループの［**データ分析**］ボタンをクリックします．ボタンを見当たらない場合は，以下の手順を参照し，「分析ツール」のアドインをインストールしてください．

2.1 ［ファイル］タブをクリックし，左下の［**オプション**］をクリックします．

2.2 次に［**アドイン**］をクリックし，画面下側の［**設定 (G)**］をクリックします．

2.3 ダイアログボックスの［**有効なアドイン (A)**］の一覧から［**分析ツール**］のチェックボックスにチェックを入れ，**OK** ボタンをクリックします．

手順 3 ダイアログボックスの中から［**ヒストグラム**］を選択し，**OK** ボタンを押します（図 3.15）．

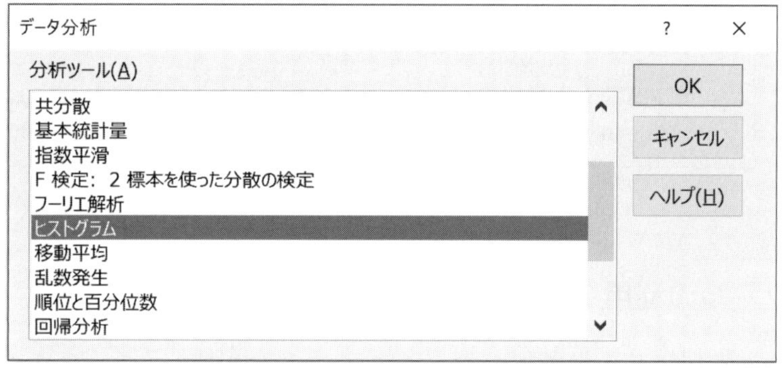

図 3.15　分析ツールの指定

手順 4 「ヒストグラム」ダイアログボックスが表示されたら，

4.1 ［入力元］の［**入力範囲 (I)**］には，セル範囲`$B$2:$B$51`を指定します．

4.2 ［**データ区分 (B)**］には，セル範囲`$M$2:$M$8`を指定します．

4.3 ［**出力オプション**］は［**新規ワークシート (P)**］を選びます

4.4 ［**累積度数分布の表示 (M)**］と［**グラフ作成 (C)**］の前にチェックを入れ，**OK** ボタンを押す（図 3.16）と，度数分布表とヒストグラムが同時に作成されます．

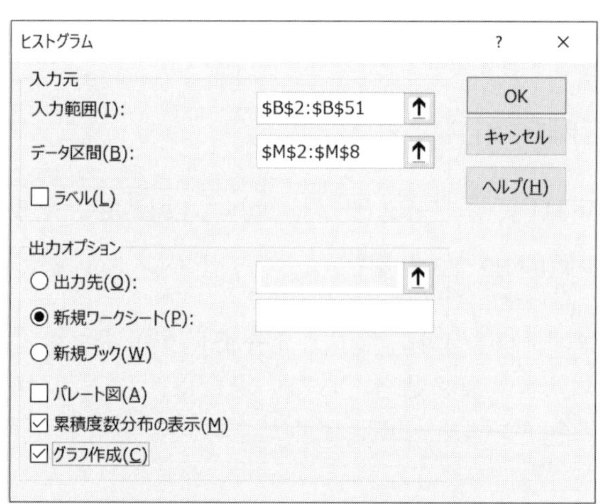

図 3.16　データ範囲の指定

4.5 第９行（次の級）のデータをデータ範囲から外してください（図 3.17）.

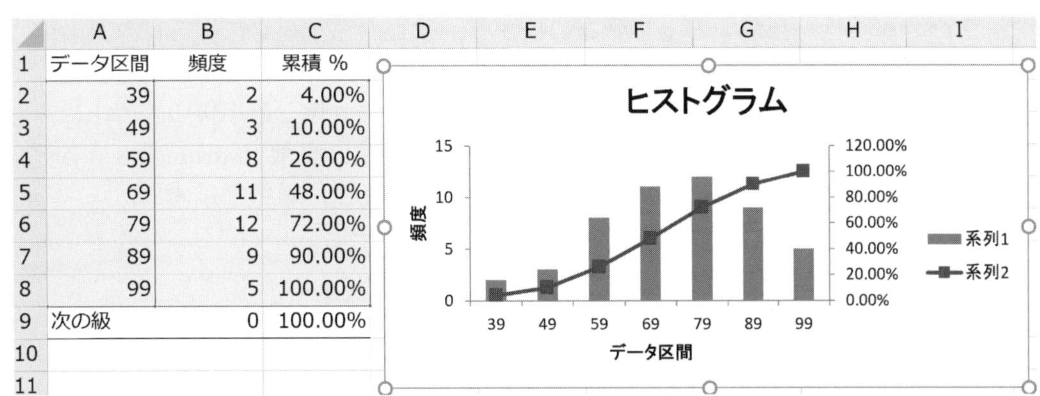

	A	B	C
1	データ区間	頻度	累積 %
2	39	2	4.00%
3	49	3	10.00%
4	59	8	26.00%
5	69	11	48.00%
6	79	12	72.00%
7	89	9	90.00%
8	99	5	100.00%
9	次の級	0	100.00%
10			
11			

図 **3.17**　度数分布表とヒストグラム

最後に，適宜編集を行い，度数分布表とヒストグラムを完成させてください.

3.3　分布の特性値

これまでデータの整理として，度数分布表やヒストグラムの作成によって，視覚的にデータの分布特性をとらえることができることについて述べてきました．図表だけでなく，データの分布特性を数値で表すこともできます．これらの数値を特性値といいます．**特性値**は (1) 分布の位置，(2) 分布の広がり，(3) 分布の形の３つに分類することができます.

(1) 分布の位置

分布の中心的位置を表す統計量を**代表値**といいます．代表値は**平均値**，**中央値**および**最頻値**の３種類があります．最も基本となる代表値が**平均値**（算術平均）です．データの総和をデータ数で割って得られます．一般に

$$\bar{x} = \frac{1}{n}\sum_{i=1}^{n} x_i$$

で示されます．$\bar{x}$ が平均値，n がデータ数を表します.

一部のデータの値が異常に大きかったり小さかったり（外れ値といいます）すると平均値がその値に影響されます．この場合は計算によらない代表値である中央値や最頻値がデータの代表値として利用されます.

中央値とはデータを小さいほうから順に並べたとき，ちょうど真ん中に位置するデータの値のことです．メディアン（median）とも呼ばれます．他方，**最頻値**は観測回数が最も多いデータの値のことです．モード（mode）ともいいます.

(2) 分布の広がり

データの分布特性を理解する上で分布の広がり，すなわちデータの散らばり具合（バラツキ）を求めることも重要です．分布の広がり具合を**散布度**といいます．最も簡単な散布度としては**範囲**（レンジ）があります．範囲はデータの**最大値**と**最小値**の差で求められます．統計学で最も利用される散布度は分散と標準偏差です．**分散**（variance）は各データが平均から乖離している度合いの平均値として定義されます．数式で示すと，

$$S^2 = \frac{1}{n}\sum_{i=1}^{n}(x_i - \bar{x})^2$$

となります．S^2 は分散を表します．

データ数が少ない場合（およそ30以下の場合）は，データ数 n ではなく，$n-1$ で割ります．この場合は**不偏分散**といいます．分散の場合は，平均からの偏差 $(x_i - \bar{x})$ を2乗しているので，データの単位もまた2乗されてしまい，元のデータや平均値と直接比較することができません．そこで分散の平方根を求めることにより，単位を揃えることができ，比較ができるようになります．こうして定義される散布度を**標準偏差**（standard deviation）といいます．数式で表すと，

$$S = \sqrt{\frac{1}{n}\sum_{i=1}^{n}(x_i - \bar{x})^2}$$

となります．S は標準偏差を表します．データ数が少ない場合は，不偏分散の平方根を計算し，**不偏標準偏差**を求めることになります．

(3) 分布の形

データの分布の形を記述する特性値として，分布の歪み方を数値で示す**歪度**（わいど），分布の尖り方を示す**尖度**（せんど）があります．

例題 3-4　基本統計量の計算

表3.1の得点データを使い，Excelで基本統計量の計算をしてみましょう．(1) 関数の利用，(2) 分析ツールの利用という2つの方法について説明します．

(1) 関数の利用

「例題3-3.xlsx」というファイルを開き，［**表 3.1**］シートをコピーし，新しいシートの名前を「基本統計量」に変更します．

平均値の計算

手順 1　［**基本統計量**］シートのセル A52 に「平均値」と入力します．

手順 2　セル B52 をアクティブにした後に，［**数式**］タブをクリックし，［**関数ライブラリ**］グループの［**関数の挿入**］をクリックするとダイアログボックスが表示されます．

手順 3　［**関数の分類 (C)**］の中から「統計」，［**関数名 (N)**］の中から `AVERAGE` を選び，**OK** ボタンを押します．

手順 4　すると，データ範囲が自動的に検索されます．ダイアログボックスの［**数値 1**］にはデータ範囲 `B2:B51` が入力されていることを確認し，**OK** ボタンを押します．

【補足】　Excel の関数で平均値を求める手順は上の手順以外にもあります．

まず，［**数式**］タブをクリックし，［**関数ライブラリ**］グループの［**オート** `SUM`］の右下にある▼をクリックするとメニューが表示され，［**平均 (A)**］を選択します（図 3.18）．

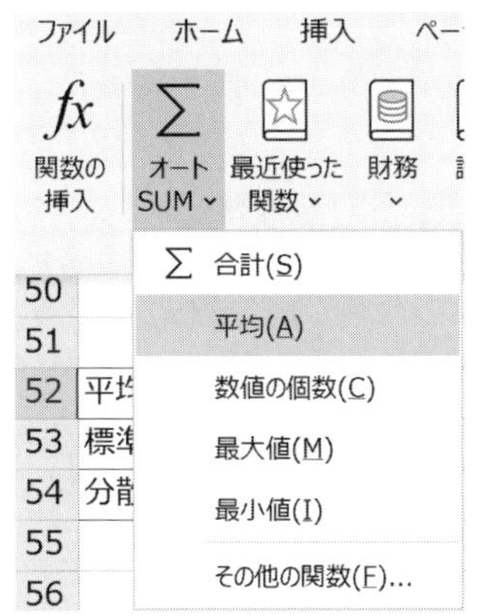

図 3.18　オート SUM の利用

Excel では算術平均を計算するデータ範囲を自動的に検索し，セル B52 には平均の関数式が自動的に入力されています．データ範囲が正しく選択されているかを確認したうえ，Enter キーを押すと平均値が計算されます．

また，平均値の関数名をわかっている場合はセル B52 に直接関数式を入力することで計算することもできます．そのため，Excel にはどのような関数が用意されているかについて学習しておく必要があります．［関数の挿入］ダイアログボックスの「関数分類」一覧から関数分類を選択し，「関数名」ボックスの一覧をみると関数分類ごとにどのような関数があるかを知ることができます．余裕があるときに調べてみてください．主要な基本統計量の関数を表 3.2 にまとめました．

表 3.2　基本統計量と Excel 関数の対応表

統計量	関数
平均値	=AVERAGE(データの範囲)
中央値	=MEDIAN(データの範囲)
最頻値	=MODE(データの範囲)
標準偏差	=STDEV.P(データの範囲)
不偏標準偏差	=STDEV.S(データの範囲)
分散	=VAR.P(データの範囲)
不偏分散	=VAR.S(データの範囲)
範囲	=MAX(データの範囲)−MIN(データの範囲)
尖度	=KURT(データの範囲)
歪度	=SKEW(データの範囲)
最大値	=MAX(データの範囲)
最小値	=MIN(データの範囲)
合計	=SUM(データの範囲)
標本数	=COUNT(データの範囲)

標準偏差の計算

手順1　セル A53 に「標準偏差」と入力します．

手順2　セル B53 をアクティブにした後に，［**数式**］タブをクリックし，［**関数ライブラリ**］グループの［**関数の挿入**］をクリックするとダイアログボックスが表示されます．

手順3　［**関数の分類(C)**］の中から「統計」，［**関数名(N)**］の中から STDEV.P を選び，［**OK**］ボタンを押します．関数名は STDEV.S ではないことに注意しましょう．STDEV.S は不偏標準偏差の関数名です．

手順4　ダイアログボックスの［**数値1**］には，B2:B52 と自動的に入力されていますが，正しいデータ範囲 B2:B51 に変更してから，［**OK**］ボタンを押します．

また，分散についても同様に計算できます．計算結果を表 3.3 にまとめました．

表 3.3　平均，標準偏差，分散

52	平均	69.58
53	標準偏差	15.346778
54	分散	235.5236

(2) 分析ツールの利用

手順 1 ［データ］タブをクリックし，［分析］グループの［データ分析］ボタンを押すと，画面が表示されます．

手順 2 ［基本統計量］を選択し，**OK** ボタンを押し，ダイアログボックスが表示されたら，

2.1 ［入力元］の［入力範囲 (I)］には，セル範囲$B$2:$B$51 をドラッグし，［先頭行をラベルとして使用 (L)］のチェックボックスにチェックを入れます．

2.2 ［出力オプション］は［新規ワークシート (P)］を選び，［統計情報 (S)］のチェックボックスにチェックを入れます．

2.3 **OK** ボタンを押すと結果表が出力されます（図 3.19）．

	A	B
1	得点	
2		
3	平均	69.58
4	標準誤差	2.1923969
5	中央値 （メジアン）	70.5
6	最頻値 （モード）	75
7	標準偏差	15.502587
8	分散	240.3302
9	尖度	-0.560245
10	歪度	-0.16227
11	範囲	63
12	最小	35
13	最大	98
14	合計	3479
15	標本数	50

図 3.19　基本統計量

関数を利用して計算した結果と比較すると，平均値は同じ値となっていますが，標準偏差と分散は少し値が大きいことがわかります．これは分析ツールで求めたのが不偏標準偏差と不偏分散となっているからです．分析ツールが対象としているのはデータ数が少ない場合の計算となっていることに注意してください．Excel の関数（表 3.2 を参照）を利用して不偏標準偏差と不偏分散を計算し，結果を比較してみてください．

練習問題

問 1. 例題 3-2 のデータを利用して，GDP の変化率の寄与度を各支出項目の対前年変化率と前年の構成比（前年の GDP に占める各支出項目の比率）との加重和で求めなさい.

問 2. 国立環境研究所で公表されている「エネルギー起源別 CO_2 排出量（燃料種別）」のデータを利用して，以下の問に答えなさい.（ヒント：温室効果ガスインベントリオフィスホームページ（http://www-gio.nies.go.jp/aboutghg/nir/nir-j.html）にアクセスし，「日本の温室効果ガス排出量データ」のファイルをダウンロード）.

(1) 日本の CO_2 排出量の指数（基準年：2015），変化率，平均変化率を計算しなさい.

(2) CO_2 排出量の変化率の燃料別寄与度を求めなさい.

問 3. 以下の数値は，ある会社の社員 (36 人) の月給とする（単位：万円）.

22.5	18.5	26.0	35.8	38.0	19.9	26.8	39.5	20.5	36.2	28.5	34.9
21.1	23.5	25.6	44.5	24.7	30.0	32.8	27.5	28.3	30.5	26.6	33.4
26.0	26.8	23.8	29.0	34.7	24.5	28.6	34.8	33.5	35.0	42.9	19.8

(1) 度数分布表とヒストグラムを作成しなさい.

(2) Excel 関数を用いて，基本統計量（平均値，標準偏差，分散）を求めなさい.

(3) 分析ツールを用いて，基本統計量（平均値，標準偏差，分散）を求めなさい.

第4章

相関と回帰

第3章では，1つの変数を対象として，データの記述と要約の方法について説明してきました．ここでは，2つの変数を対象として，2変数間の関係の有無や2変数間にどのような関係があるのか，また関係の程度はどのぐらいかについて説明します．経済社会には2つの事象に関係がある場合は少なくありません．たとえば，年次別の消費と所得の金額，為替レートと輸入物価指数の動きなどです．こういった2変数の関係を明らかにする分析手法として相関分析と回帰分析があります．

4.1　相関分析

相関分析は2つの変数の間に関係があるかどうか，あるとすればどの程度かを分析することが目的であり，因果関係を前提にするものではありません．しかし，相関分析は因果関係を考えていく手掛かりとなることもあります．

散布図

2変数の間に関係があるのかどうかについてみるために，データをグラフに描いてみるとおおよその見当をつけることができます．2つの変数のデータの各セット(x_i, y_i)をグラフに点描したものを**散布図**（scatter diagram）といいます．

2つの変数の間で，一方が増加すると他方が増加または減少するような関係を相関または相関関係といいます．一般に，相関関係は以下のような3つの場合に分けることができます．xとyとの順番を入れ替えても問題はありません．

(a) 正の相関：xが増加（減少）すればyも増加（減少）する．
(b) 負の相関：xが増加（減少）すればyが減少（増加）する．
(c) 無 相 関：xの増減がyの増減と直線的な対応をしない．

相関関係は2変数間の直線的関連性の強さを示しています．散布図で描くと各点が直線（があるとして）の近くに集まっていれば，相関関係が強いといいます．右上がりの直線の場合（図4.1(a)）は正の相関関係，右下がりの直線の場合（図4.1(b)）は負の相関関係があります．各点が直線のまわりに散らばっていて，明確な直線的関係がなければ，相関関係が弱いか無相関（図4.1(c)）といいます．

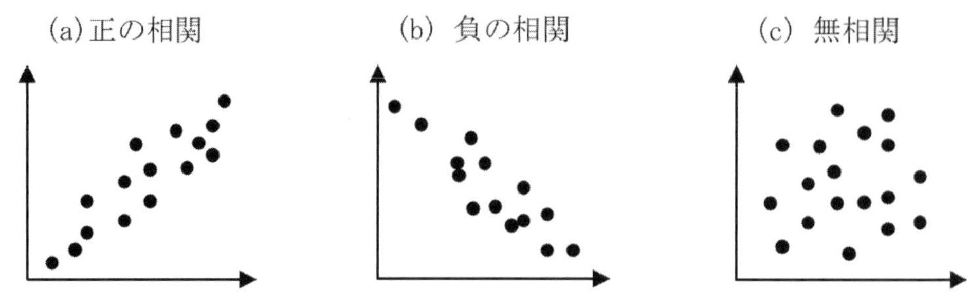

図 4.1　さまざまな相関関係

相関係数

散布図を描くと2変数の間に相関があるかどうかが一目でわかりますが，その相関の強さをみるために**相関係数** r（correlation coefficient）という統計量が用いられます．相関係数 r は以下の公式によって求められます．

$$r = \frac{S_{xy}}{S_x S_y} = \frac{\frac{1}{n}\sum_{i=1}^{n}(x_i - \bar{x})(y_i - \bar{y})}{\sqrt{\frac{1}{n}\sum_{i=1}^{n}(x_i - \bar{x})^2}\sqrt{\frac{1}{n}\sum_{i=1}^{n}(y_i - \bar{y})^2}} = \frac{\sum_{i=1}^{n}(x_i - \bar{x})(y_i - \bar{y})}{\sqrt{\sum_{i=1}^{n}(x_i - \bar{x})^2 \sum_{i=1}^{n}(y_i - \bar{y})^2}}$$

分子の S_{xy} は変数 x と変数 y の**共分散**（covariance）といいます．共分散は x, y のそれぞれの偏差の積の平均を表しています．S_x, S_y はそれぞれ x と y の標準偏差です．相関係数 r は x と y の相関の程度をみる尺度となりますが，この尺度は

$$-1 \leqq r \leqq 1$$

の値をとります．r が1に近いほど強い正の相関関係があります．r が -1 に近いほど強い負の相関関係があります．r が0に近いほど相関関係が弱いか無相関といいます．

例題 4-1　相関分析の実際

ここでは，国内総生産（GDP）と民間最終消費支出の2系列の実質値のデータを用いて，実際 Excel で相関分析を行ってみましょう．まず，第1ステップとして2変数の相関の有無を直感的にみるために散布図を作成します．

データの準備

手順 1　内閣府経済社会総合研究所のホームページ（https://www.esri.cao.go.jp/）にアクセスし，「国民経済計算（GDP 統計）」をクリックします．

手順 2　画面右側の「国民経済計算年次推計」を選択し，新しい画面が表示されたら，統計データ一覧（過去に公表した結果や概要等を含めて掲載します）という項目を探してクリック，次に，「2015 年基準（平成 27 年）基準」の一覧から「2019 年（令和元年度）国民経済計算年次推計」をクリックします．

手順 3 「IV. 主要系列表」の「(1) 国内総生産（支出側）」を探し，その中から「実質」の「暦年（Excel 形式)」をクリックするとファイルが自動的にダウンロードされます．

手順 4 ダウンロードしたファイルを開いて，「編集を有効にする（E)」をクリックします．

手順 5 国内総生産の系列データ（行）をコピーし，新しいブックの `Sheet1` に行列を入れ替えて貼り付けます．

5.1 国内総生産の行番号を右クリックし，［**コピー (C)**］をクリックします．

5.2 ［**ファイル**］タブをクリックし，［**新規**］の［**空白のブック**］をクリックします．

5.3 新しいブックの `Sheet1` の列番号 B を右クリックし，［**貼り付けのオプション**］の中から［**行列を入れ替える (T)**］ボタンをクリックします．

手順 6 同様に，民間最終消費支出のデータを C 列に，年次データを A 列にコピーした後に，セル B1 を「Y」，セル C1 を「C」と置き換えます．

手順 7 `Sheet1` の見出し部分を右クリックし，［**名前の変更 (R)**］で「データ」に変更します (図 4.2)．最後に，書式や表の形式等を適宜編集し，「実質 GDP」というファイル名で保存しましょう．

	A	B	C
1		Y	C
2	1994	446,522.3	249,412.3
3	1995	458,270.3	255,553.5
4	1996	472,631.9	260,557.9
5	1997	477,269.5	262,002.6
6	1998	471,206.6	260,307.9
7	1999	469,633.1	263,087.3
8	2000	482,616.8	267,138.8
9	2001	484,480.2	272,616.9
10	2002	484,683.5	276,130.0
11	2003	492,124.0	277,881.0
12	2004	502,882.4	281,553.4
13	2005	511,953.9	285,863.0
14	2006	518,979.7	288,516.9
15	2007	526,681.2	290,695.7
16	2008	520,233.1	287,401.6
17	2009	490,615.0	284,771.6
18	2010	510,720.0	291,408.1
19	2011	510,841.6	289,879.7
20	2012	517,864.4	295,760.1
21	2013	528,248.1	303,468.0
22	2014	529,812.8	300,716.8
23	2015	538,081.2	300,064.9
24	2016	542,137.4	298,784.6
25	2017	551,220.0	301,929.0
26	2018	554,300.5	302,750.1
27	2019	555,798.8	301,832.5

データ

図 4.2　GDP と消費支出

散布図の作成

手順 1 シートをコピーし，新しいシートの名前を「散布図」に変更します（以下同）.

1.1 ［**データ**］シートの見出し部分を右クリックし，［**移動またはコピー (M)**］をクリックすると，ダイアログボックスが表示されます.

1.2 ［**挿入先 (B)**］の［**(末尾に移動)**］を選択し，［**コピーを作成する (C)**］の前にチェックを入れ，**OK** ボタンをクリックします.

1.3 ［**データ (2)**］シートが作成され，その見出し部分を右クリックし，[**名前の変更 (R)**] で「散布図」に変更します.

手順 2 ［**散布図**］シートのセル範囲 B2:C27 をドラッグした後に，［**挿入**］タブをクリックし，［**グラフ**］グループの［**おすすめグラフ**］をクリックします．ダイアログボックスが表示されたら，散布図のグラフを選択し，**OK** ボタンを押すと，散布図のグラフが作成されます.

手順 3 グラフの編集を行います.

3.1 横（値）軸をダブルクリックし，［**軸の書式設定**］のメニューが表示されたら，まず，［**最小値 (N)**］を適宜（430000 に）変更します．次に，［**表示単位 (U)**］を「千」に変更（データの単位が 10 億円から兆円に変更されます）し，［**表示単位のラベルをグラフに表示する (S)**］の前のチェックを外します (図 4.3).
最後に，［**表示形式**］をクリックし，小数点以下の桁数を 0 に変更します.

3.2 縦（値）軸をクリックし，［**最小値 (N)**］を適宜（240000 に）変更し，表示単位や小数点桁数などは横軸と同様に編集を行い，閉じるボタンを押します.

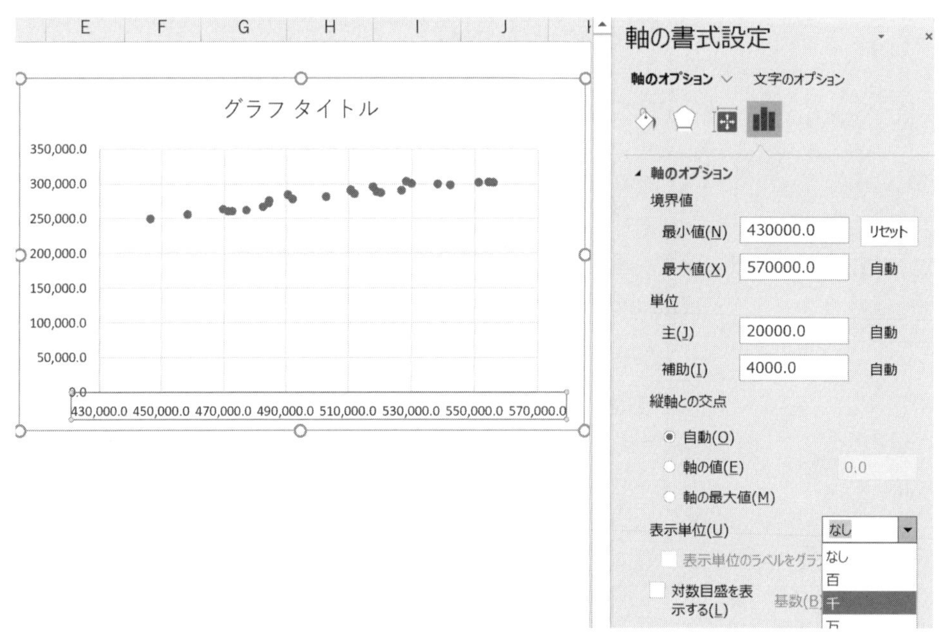

図 **4.3**　軸の書式設定

3.3 軸ラベルを追加します．グラフエリアをクリックし，「グラフ要素」ボタン＋をクリックし，［**目盛線**］と［**グラフタイトル**］の前のチェックを外し，［**軸ラベル**］の前のボックスにチェックを入れます (図 4.4).

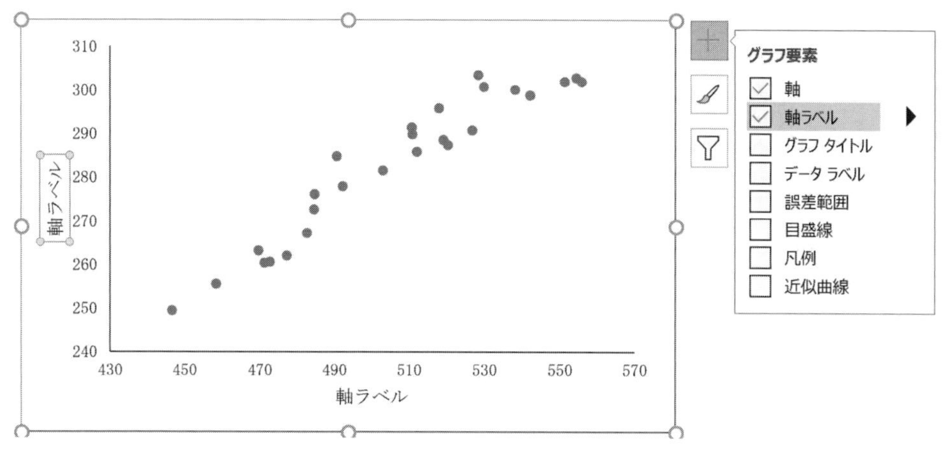

図 **4.4**　軸ラベルの追加

3.4 横軸の「軸ラベル」をクリックし，「国内総生産 (兆円)」に変更します．

3.5 縦軸の「軸ラベル」をクリックし，「民間最終消費支出（兆円)」に変更します．そのとき，文字を縦書きに変更します．

3.5.1 縦軸の「軸ラベル」をダブルクリックし，［**軸ラベルの書式設定**］のメニューが表示されたら，［**文字のオプション**］を選び，［**テキストボックス**］のボタン を押します．

3.5.2 ［**文字列の方向 (X)**］右側のボックスから［**縦書き**］を選びます (図 4.5).

3.5.3 「軸ラベル」の文字を「民間最終消費支出（兆円)」に変更します．

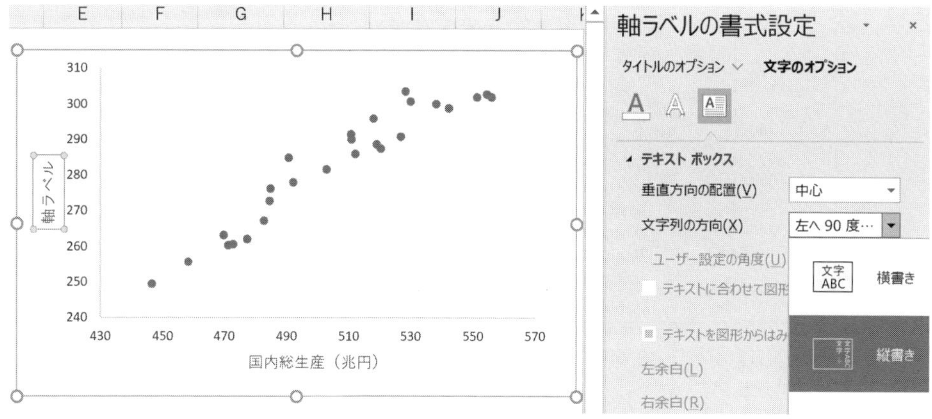

図 **4.5**　軸ラベルの書式設定

ここまでの編集でグラフが大分見やすくなりました．しかしグラフの文字や数字の色は少し灰色に見えませんか？　実はExcelの初期設定では薄い黒色になっています．ここで，フォントの編集を行い，もう一工夫を加えておきましょう．

3.6 グラフのフォントを一括で編集します．個別に編集したい場合は対象を選択してから編集しましょう．まず，グラフエリアをクリックし，［**ホーム**］タブをクリックします．次に，フォントの色を［**黒、テキスト 1**］を選択します (図 4.6)．文字のフォントも適宜編集を行ってください．

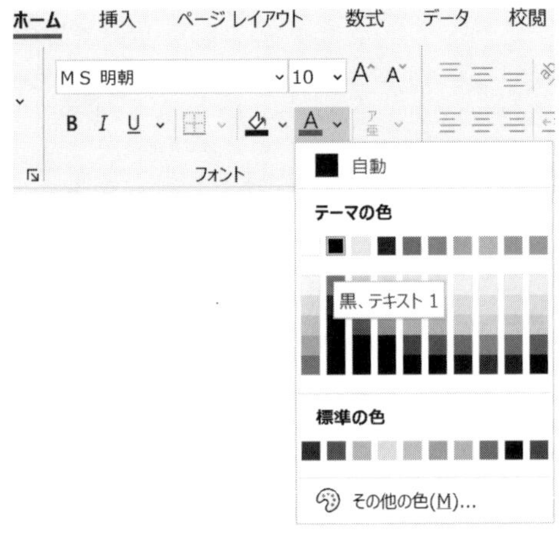

図 **4.6**　フォントの編集

最後に，適宜編集を行い，グラフの形を整えれば，図 4.7 のような散布図が作成されます．

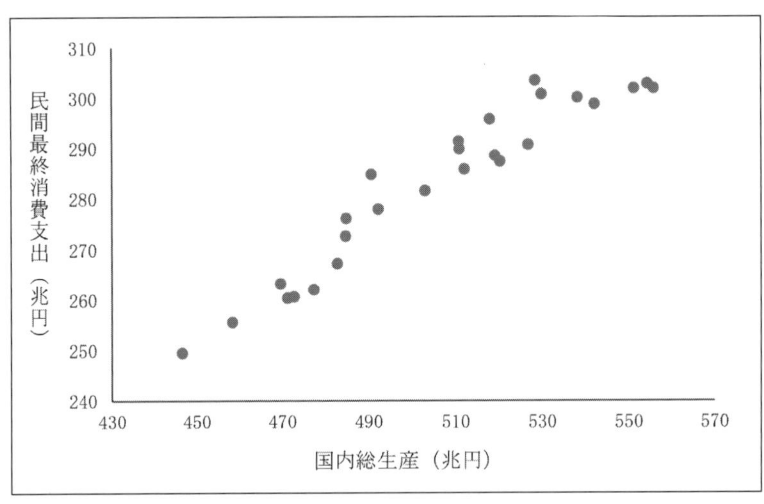

図 **4.7**　散布図

このように，散布図を描くことで両変数間の関係を視覚的に捉えることができるようになります．図 4.7 を見るとプロットされた点がほぼ右上がりの直線の周りに分布していて，両変数間には強い相関関係があるように見えます．ただし，一見すると強い相関関係が観察されても，そこには実質的な関係がなく単なる見せかけ上の相関関係にすぎないケースもしばしばあります．このような相関関係を見せかけの相関あるいは偽相関といい，注意する必要があります．

また，散布図は両変数間の関係の有無を確認するだけではなく，異常値の存在を発見するにも実に有用かつ有効な方法であります．異常値を確認するためにグラフにデータラベルを追加して示すことがあります．

以下，散布図のグラフにデータラベルを追加してみましょう．

手順 1 プロットされた点（プロットエリア）をクリック，右側の「グラフ要素」ボタン ＋ をクリックするとメニューが表示されます．［**データラベル**］のチェックボックスにチェックを入れれば，データラベルを簡単に追加することができます (図 4.8).

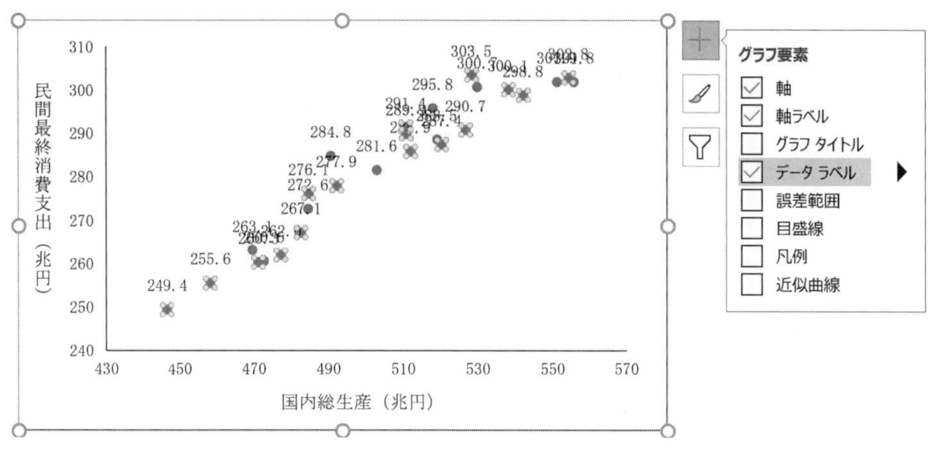

図 4.8　データラベルの追加

手順 2 もし異常値を発見した場合，異常値である特定の点にデータラベルを追加したいことがあります．その場合は対象点を選んでからデータラベルを追加します．

2.1 対象となる点を選んで，マウスで 1 回クリックするとすべての点が選択されますが，もう 1 回クリックすると対象点のみが選択されます．

2.2 次に，右側の「グラフ要素」ボタン ＋ をクリックし，［**データラベル**］の前にチェックを入れると，対象点の上にデータラベルの値が表示されます．

2.3 データを確認すれば，何年のデータであるかがわかるので，データラベルをクリックし，値を年次に変更しましょう．

図 4.9 には，2009 年から 2014 年のデータラベルをプロットしてみました．これらのデータは 2008 年のリーマンショックに加え，2011 年の東日本大震災の 2 つの外的ショック等の影響を受けていたと考えられます．第 4 版では外れ値として目立っていましたが，今回描いた散歩図を見る限りでは，外れ値として判断するのは難しいでしょう．分析対象の期間が長くなれば，外れ値も目立たなくなる傾向があるといえましょう．

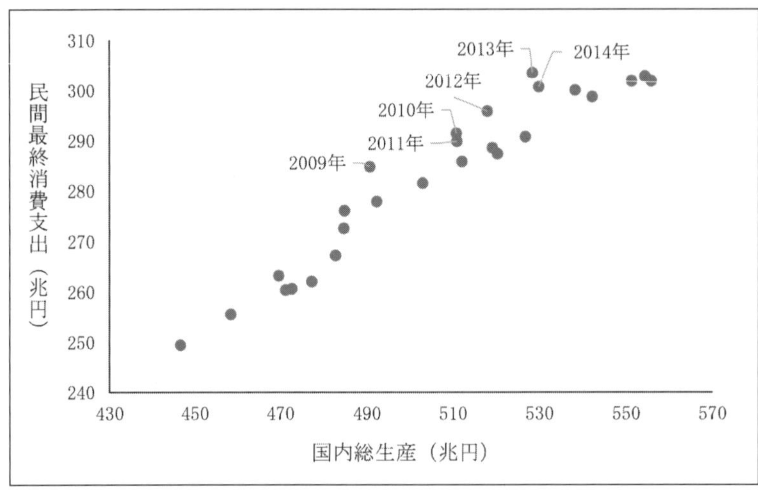

図 4.9　データラベルの年次表示

もし描いたグラフからはっきりと異常値だと確認できた場合は，相関分析や回帰分析をする際にはこれらのデータを除外すると良いでしょう．

作成したグラフを見れば2つの変数間の相関が強そうに見えます．果たしてその相関の強さはどのくらいあるのでしょうか．以下，第2ステップとして相関係数の値を求めて確認してみましょう．Excelによる相関係数の計算方法は二つあります．一つは関数を使う方法，もう一つは分析ツールを利用する方法です．

相関係数の計算・・・(1) 関数の利用

相関係数の計算は，Excelでは =CORREL という関数を利用します．以下のような書式に従います．変数1と変数2の順番は関係ありません．

=CORREL(変数1のデータ範囲，変数2のデータ範囲)

手順1　「実質GDP.xlsx」というファイルを開き，［**データ**］シートをコピーし，新しいシート「データ (2)」を作成し，そのシートの名前を「相関分析」に変更します．

手順2　［**相関分析**］シートのセルE1に「相関係数」と入力します．

手順3　セルF1をアクティブセルにしてから，［**数式**］タブをクリックし，［**関数ライブラリ**］グループの［**関数の挿入**］をクリックします．

手順4　ダイアログボックスが表示されたら，［**関数の分類 (C)**］の中から［**統計**］，［**関数名 (N)**］の中からCORRELを選び，**OK** ボタンを押します (図4.10).

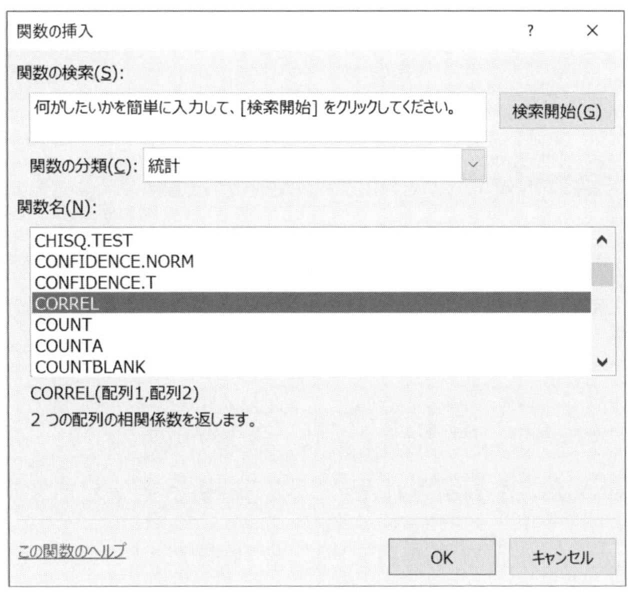

図 **4.10**　関数の挿入

手順 5　ダイアログボックスの［**配列 1**］には，セル範囲 B2:B27 を，［**配列 2**］には，セル範囲 C2:C27 をドラッグして指定し，**OK** ボタンを押します (図 4.11).

図 **4.11**　データ範囲の指定

また，マウスを使わずに，セル F2 に =CORREL(B2:B27,C2:C27) と直接入力しても同様に計算することができます.

相関係数の計算・・・(2) 分析ツールの利用

手順 1　［**データ**］タブをクリックし，［**分析**］グループの［**データ分析**］をクリックすると，ダイアログボックスが表示されます.

手順 2　［**分析ツール (A)**］の一覧から［**相関**］を選択し，**OK** ボタンを押します (図 4.12).

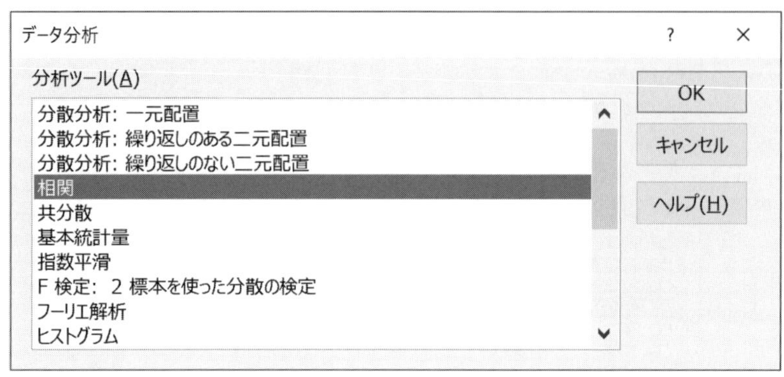

図 **4.12**　分析ツールの指定

手順 3 ダイアログボックスが表示されたら，以下の指示を与えます (図 4.13).

3.1 ［入力元］の［入力範囲 (**I**):］には，範囲$B$1:$C$27 を指定します.

3.2 ［先頭行をラベルとして使用 (**L**)］のチェックボックスにチェックをいれます.

3.3 ［出力オプション］は［出力先 (**O**)］を選び，出力先のセルを指定します．ここでは，セル E3 に指定しています.

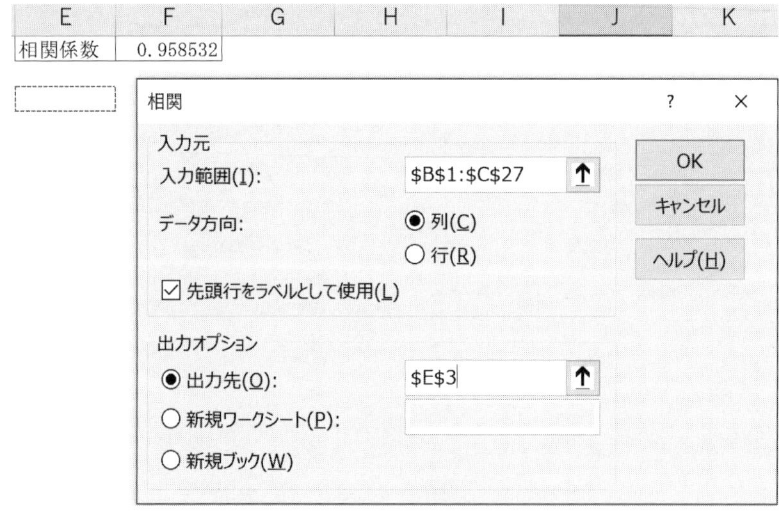

図 **4.13**　データ範囲の指定

手順 4 最後に，**OK** ボタンを押すと，計算結果が表示されます (図 4.14).

E	F	G
相関係数	0.95853	

	Y	C
Y	1	
C	0.95853	1

図 **4.14**　相関係数

結果表から相関係数の値が 0.95853 であることがわかります．また，関数を用いた計算結果と分析ツールを用いた計算結果は同じであることも確認できます．相関係数の値が 1 に近いので，民間最終消費支出（C）と国内総生産（Y）との間には強い正の相関があることがいえます．しかし，その関係は必ずしも因果関係が想定できるものとは限りません．

4.2 回帰分析

相関分析は 2 変数の関係の有無や強さを分析する手法でしたが，その場合は因果関係を前提にしていませんでした．これに対して**回帰分析**は，散布図を描いて 2 変数の対応をみるなど相関分析と共通する点もありますが，1 つの変数を原因，もう 1 つの変数を結果と考え，因果関係を前提にした回帰方程式（単に回帰式ともいいます）を用いる点が特徴です．回帰式は 2 変数の関係を定量的に表したものです．

回帰分析の目的は 2 変数間の関係を数式化（回帰式を求める）し，さまざまな現象の予測に利用することです．結果となる変数の動きを原因となる変数によって説明する回帰式が作成できれば，たとえばある政策をとった場合，その政策に影響される変数の影響度合いを定量的に分析したり，予測値を求めたりすることができます．

ここで，2 変数 x と y があるとします．原因となる変数を x とし，これを説明変数と呼びます．独立変数とも呼ばれます．結果となる変数を y とし，被説明変数といいます．従属変数ともいいます．

(1) 2 変数の関係（直観的）…散布図

被説明変数 y と説明変数 x との関係を表す散布図を描きます．散布図を作成する上で注意が必要です．相関分析とは異なり，因果関係を前提とする回帰分析では説明変数 x を横軸に，被説明変数 y を縦軸に描きます．

(2) 回帰式の求め方…最小 2 乗法

データから回帰式を求める際に，回帰式の形（関数形）は散布図が参考になります．各データが直線に近い形で並んでいる場合，次のような 1 次式（線形回帰式と呼ばれます）を用います[1]．

$$y = a + bx$$

x が説明変数，y が被説明変数，a，b がパラメーターです．a は直線の切片，b は直線の傾きを表しています．データから回帰式を求めるという場合は，データからパラメーターを決定することを意味します．

パラメーターの決定によく利用されるのは**最小 2 乗法**という統計手法です．回帰式はデータに最もよく当てはまる直線を表しています．しかし，実際のデータ (x_i, y_i) と回帰直線上の値 $(\hat{x}_i, \hat{y}_i)$ との間には誤差が存在します．最小 2 乗法は回帰直線上の値 $(\hat{x}_i, \hat{y}_i)$ と実際のデータ (x_i, y_i) との縦方向（y 軸方向）で測った残差 $(e_i = y_i - \hat{y}_i)$ の 2 乗和が最小になるようにパラメーター a と b の値を求める方法です (図 4.15)．

[1] 2 変数の関係が 2 次関数，指数関数などで近似できる場合，回帰式の形は 2 次曲線，指数曲線などの非線形回帰式の形になります．これらについては第 9 章を参照してください．

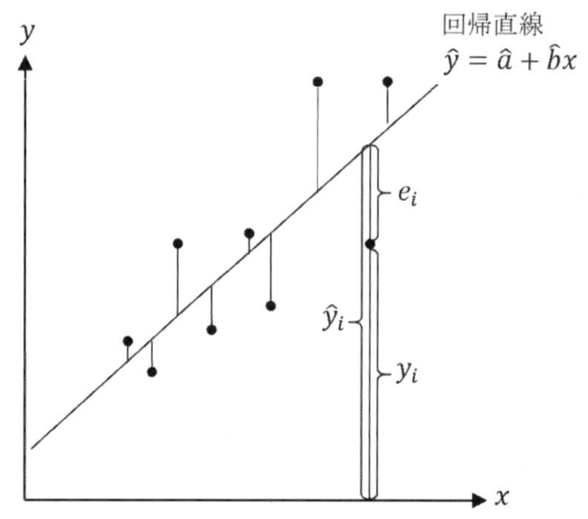

図 **4.15**　回帰直線

(3) 回帰式の当てはまりの良さ…決定係数

最小2乗法で求めた回帰式が実際のデータの散らばりにどの程度当てはまっているかを判断するためには，決定係数という統計量を用います．**決定係数** R^2 は回帰関係の強さを判定する尺度で，次の式で示されます．

$$R^2 = \frac{\sum_{i=1}^{n}(y_i - \bar{y})^2 - \sum_{i=1}^{n}(y_i - \hat{y}_i)^2}{\sum_{i=1}^{n}(y_i - \bar{y})^2} = \frac{全変動 - 説明されない変動}{全変動}$$

R^2（相関係数の2乗）が決定係数，$\hat{y}_i$ が変数 y_i の推計値，$\bar{y}$ が変数 y_i の平均値です．決定係数 R^2 は被説明変数 y の全変動のうち，回帰直線によって説明される変動の割合であり，回帰式の当てはまりの良さを表しています．逆に説明されない変動が小さければ，決定係数の値は大きくなり，その値の範囲は，

$$0 \leqq R^2 \leqq 1$$

となります．R^2 が1に近ければその回帰式の当てはまりがよく，被説明変数 y の全変動のうち回帰直線によって説明される変動の割合が大きく，回帰直線は説明変数 x に対する被説明変数 y の関係をより正確に示していて，回帰関係が強いと判断されます．

例題 4-2　回帰分析の実際・・・消費関数の推計

前節と同じデータについて，回帰分析を行ってみましょう．

マクロ経済学では，消費は所得（国民所得）に依存していると仮定されます．一般に，ケインズ型消費関数は，次の式で示されます．

$$C = C(Y) = C_0 + cY$$

C が消費，Y が所得，C_0 が基礎消費（直線の切片），c が限界消費性向（直線の傾き）を表しています．

以下では，国内総生産（Y）を原因（説明変数）とし，民間最終消費支出（C）を結果（被説明変数）として回帰分析を行い，消費関数の具体的な形（回帰式）を求めます．

回帰式の求め方

Excel で回帰式を求めるには，(1) 関数の利用，(2) グラフの利用，(3) 分析ツールの利用という 3 つの方法があります．中でも (3) 分析ツールの利用が最もよく利用されます．

(1) 関数の利用

表 4.1 は単回帰分析にかかわる関数をまとめたものです．

表 4.1 単回帰における関数

項　目	関　　数
係数	＝SLOPE(被説明変数のデータ範囲，説明変数のデータ範囲)
切片	＝INTERCEPT(被説明変数のデータ範囲，説明変数のデータ範囲)
決定係数	＝RSQ(被説明変数のデータ範囲，説明変数のデータ範囲)

まず，説明変数 Y の係数である c（限界消費性向）の値を求めます．

手順 1 「実質 GDP.xlsx」というファイルを開き，［**データ**］シートをコピーし，新しいシート「データ (2)」の見出し名を「回帰分析 (1)」に変更します．

手順 2 ［**回帰分析（1）**］シートのセル E2 に「係数」と入力します．

手順 3 セル F2 をアクティブにした後に，［**数式**］タブをクリックし，［**関数ライブラリ**］グループの［**関数の挿入**］をクリックします．

手順 4 ダイアログボックスが表示されたら，［**関数の分類 (C)**］の中から「統計」，［**関数名 (N)**］の中から SLOPE を選び，**OK** ボタンを押します．

手順 5 ダイアログボックスの［**既知の y**］には，被説明変数のデータ範囲 C2:C27 をドラッグして指定，［**既知の x**］には，説明変数のデータ範囲 B2:B27 を指定し，**OK** ボタンを押します (図 4.16)．

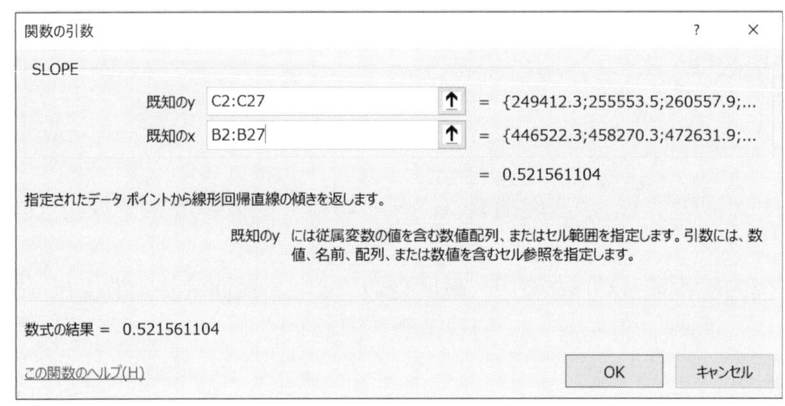

図 4.16　データ範囲の指定

また，セルF2に =SLOPE(C2:C27,B2:B27) と直接入力しても同様に計算することができます．次に，セルE3に「切片」と入力し，セルF3に切片の関数（=INTERCEPT）を使って切片の値を求めます．セルE4に「決定係数」と入力し，セルF4に決定係数の関数（=RSQ）を使って決定係数の値を求めます．方法は直線の傾きを求める方法と同じなので，読者の練習問題として説明を省略します．計算結果は表4.2にまとめました．

表 4.2　係数，切片，決定係数

E	F
係数	0.52156
切片	18910
決定係数	0.91878

(2) グラフの利用

散布図を作成し，近似曲線を追加します．散布図の作成方法は，相関分析のときと基本的には同じですが，回帰分析の際には，原因となる説明変数が横軸に，結果となる被説明変数は縦軸となるように作成する必要があります．そのために，データ配列の順番について，説明変数のデータ配列が被説明変数のデータ配列の左側になるように，あらかじめ作表しておきましょう．

今回は前節の例題4.1と同じデータを利用します．［**散布図**］シートのデータを確認してみると，説明変数が被説明変数の左側に配列されるようになっています．ここでは，前節で作成した散布図をコピーして，近似曲線を追加することにします．

手順1　「実質GDP.xlsx」というファイルを開き，［**散布図**］シートをコピーし，新しいシート「散布図（2）」の名前を「回帰分析（2）」に変更します．

手順 2 近似曲線を追加します.

2.1 散布図のデータ（点）のプロットエリアを右クリックし，メニューの中から［**近似曲線の追加 (R)**］をクリックします (図 4.17).

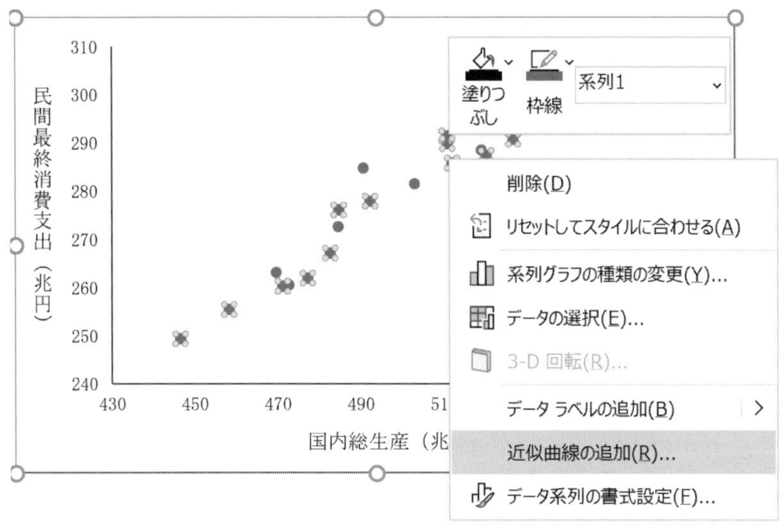

図 **4.17** 近似曲線の追加

2.2 「近似曲線の書式設定」の画面が表示されたら，［**近似曲線のオプション**］から［**線形近似 (L)**］を選び，［**グラフに数式を表示する (E)**］と［**グラフに R-2 乗値を表示する (R)**］の前にチェックを入れます．最後に，閉じるボタンを押すと，近似曲線とともに回帰式および決定係数 R^2 の値が追加されます (図 4.18).

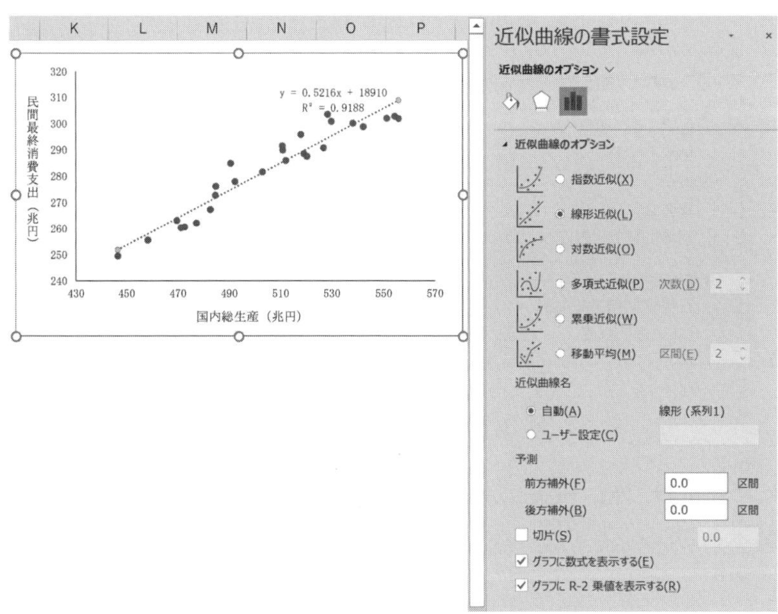

図 **4.18** 近似曲線の書式設定

(3) 分析ツールの利用

手順 1 「実質 GDP.xlsx」というファイルを開き，［**データ**］シートをコピーし，新しいシート「データ (2)」の見出し名を「回帰分析 (3)」に変更します．

手順 2 ［**データ**］タブをクリックし，［**分析**］グループの［**データ分析**］をクリックするとダイアログボックスが表示されます．

手順 3 「回帰分析」を選択し，**OK** ボタンを押します．

手順 4 ［**回帰分析**］ダイアログボックスが表示されたら，

4.1 ［**入力元**］の［**入力 Y 範囲 (Y):**］には，被説明変数のデータ範囲`$C$1:$C$27`をドラッグして指定，［**入力 X 範囲 (X):**］には，説明変数のデータ範囲`$B$1:$B$27`をドラッグして指定します．

4.2 ［**ラベル (L)**］のチェックボックスにチェックを入れます．

4.3 ［**出力オプション**］は［**新規ワークシート (P)**］を選びます．

4.4 ［**観測値グラフの作成 (I)**］のチェックボックスにチェックを入れ，**OK** ボタンを押すと結果が出力されます (図 4.19).

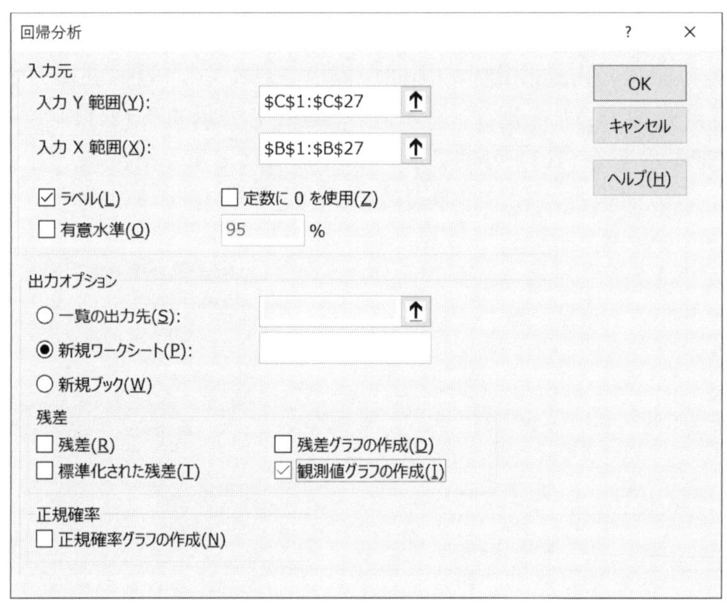

図 **4.19**　データ範囲の指定

手順 5 最後に，列幅の調整，小数点桁数の設定など適宜書式の編集を行うと，図 4.20 のような結果が得られます．

	A	B	C	D	E	F	G	H	I
1	概要								
2									
3	回帰統計								
4	重相関 R	0.95853							
5	重決定 R2	0.91878							
6	補正 R2	0.91540							
7	標準誤差	4848.73							
8	観測数	26							
9									
10	分散分析表								
11		自由度	変動	分散	観測された分散比	有意 F			
12	回帰	1	6383097426	6383097426	271.5040385	0.00000000000001			
13	残差	24	564243313	23510138					
14	合計	25	6947340739						
15									
16		係数	標準誤差	t	P-値	下限 95%	上限 95%	下限 95.0%	上限 95.0%
17	切片	18910	16037	1.17912	0.2499061	-14189.27280	52008.9	-14189.3	52008.9
18	Y	0.5216	0.03165	16.47738	0.00000000000001	0.45623	0.58689	0.45623	0.58689

図 4.20 回帰分析の結果

回帰分析の結果

三つの方法を利用して計算したパラメーター（回帰直線の傾き c と切片 C_0）と決定係数 R^2 の値はすべて同じであることが確認できます．

ここでは，図 4.20 から推計したパラメーターおよび決定係数の値を読みとってみましょう．一番下の枠の「係数」の列を見ていくと，パラメーターの値が読み取れます．基礎消費を表す切片 C_0 の値が 18910，限界消費性向を表す係数（傾き c）が 0.5216 であることがわかります．推定された回帰式（消費関数）は，

$$\hat{C} = 18910 + 0.5216Y$$

となります．$\hat{C}$ は回帰式によって計算される被説明変数（消費 C）の理論値です．

次に，一番上の回帰統計の枠の「重決定 R^2（Excel の出力では R2)」[2] の右側を見れば，回帰式の当てはまりの良さを示す決定係数 R^2 の値がわかります．その値は 0.91878 であり，消費 C(被説明変数) の総変動の 91.878%が所得 Y（説明変数）によって説明されることを表しています．決定係数の値が 1 に近いことから，所得と消費の回帰式の当てはまりがよく，両変数の回帰関係が強いと判断できます．

また，図 4.20 においては，上で述べた係数の値以外にも多くの情報が含まれています．たとえば，結果表の一番下の枠の中の t 値（Excel の出力では t）の列を見ると，回帰係数の t 値（セル D18）が 16.47738，回帰切片の t 値（セル D17）が 1.17912 であることが読みとれます．一般に，t 値の値（絶対値）は 2 以上であれば，統計的に有意であると考えられます．したがって，結果表によると，決定係数の値が非常に高く，回帰係数にも有意の差が認められますが，回帰切片については有意な差が認められませんでした．ここでは，結論しか述べておりませんが，詳細の説明については第 5 章を参照してください．

[2] 図 4.20 の「回帰統計欄」の「重相関 R」は相関係数を表し，「補正 R2」は説明変数が二つ以上の重回帰分析を行った場合の決定係数です．自由度調整済み決定係数とも呼ばれます．

結果表から回帰切片について有意な差が認められませんでしたので，消費関数の推計結果を改善する余地があります．

以下では，2002年から2019年の直近18年間のデータを利用して推計してみましょう．

手順1　「実質GDP.xlsx」のファイルを開き，［**データ**］シートをコピーし，新しいシート「データ（2)」の見出しの名前を「回帰分析（4)」に変更します．

手順2　1994年から2001年までのデータを削除します．行番号2〜9までドラッグしてから右クリックし，表示されるメニューから［**削除(D):**］をクリックします(図4.21)．

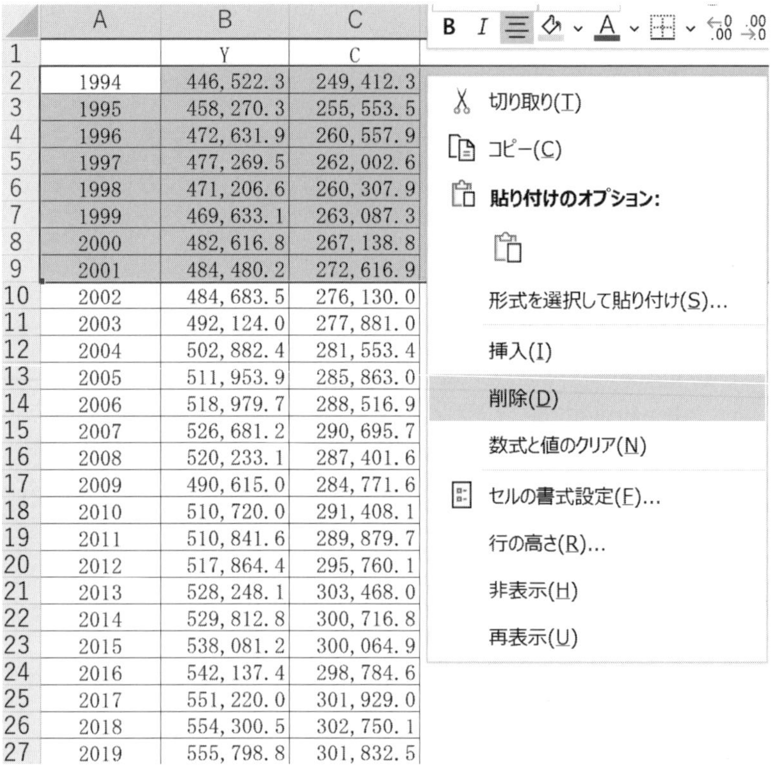

	A	B	C
1		Y	C
2	1994	446, 522. 3	249, 412. 3
3	1995	458, 270. 3	255, 553. 5
4	1996	472, 631. 9	260, 557. 9
5	1997	477, 269. 5	262, 002. 6
6	1998	471, 206. 6	260, 307. 9
7	1999	469, 633. 1	263, 087. 3
8	2000	482, 616. 8	267, 138. 8
9	2001	484, 480. 2	272, 616. 9
10	2002	484, 683. 5	276, 130. 0
11	2003	492, 124. 0	277, 881. 0
12	2004	502, 882. 4	281, 553. 4
13	2005	511, 953. 9	285, 863. 0
14	2006	518, 979. 7	288, 516. 9
15	2007	526, 681. 2	290, 695. 7
16	2008	520, 233. 1	287, 401. 6
17	2009	490, 615. 0	284, 771. 6
18	2010	510, 720. 0	291, 408. 1
19	2011	510, 841. 6	289, 879. 7
20	2012	517, 864. 4	295, 760. 1
21	2013	528, 248. 1	303, 468. 0
22	2014	529, 812. 8	300, 716. 8
23	2015	538, 081. 2	300, 064. 9
24	2016	542, 137. 4	298, 784. 6
25	2017	551, 220. 0	301, 929. 0
26	2018	554, 300. 5	302, 750. 1
27	2019	555, 798. 8	301, 832. 5

図 **4.21**　データの削除

手順3　［**データ**］タブをクリックし，［**分析**］グループの［**データ分析**］をクリックするとダイアログボックスが表示されます．

手順4　「回帰分析」を選択し，**OK** ボタンを押します．

手順 5 ダイアログボックスが表示されたら，

5.1 ［入力元］の［**入力 Y 範囲 (Y):**］には，被説明変数のデータ範囲`$C$1:$C$19`をドラッグして指定し，［**入力 X 範囲 (X):**］には，説明変数のデータ範囲`$B$1:$B$19`をドラッグして指定します.

5.2 ［**ラベル (L)**］のチェックボックスにチェックを入れます.

5.3 ［**出力オプション**］は［**新規ワークシート (P)**］を選びます.

5.4 ［**観測値グラフの作成 (I)**］のチェックボックスにチェックを入れ，**OK** ボタンを押すと結果が出力されます (図 4.22).

	A	B	C	D	E	F	G	H	I
1	概要								
2									
3	回帰統計								
4	重相関 R	0.89931							
5	重決定 R2	0.80876							
6	補正 R2	0.79681							
7	標準誤差	3991.48							
8	観測数	18							
9									
10	分散分析表								
11		自由度	変動	分散	観測された分散比	有意 F			
12	回帰	1	1078052673	1078052673	67.6661044	0.0000003857			
13	残差	16	254911125	15931945					
14	合計	17	1332963798						
15									
16		係数	標準誤差	t	P-値	下限 95%	上限 95%	下限 95.0%	上限 95.0%
17	切片	98790	23530	4.19851	0.0006806	48909.08609	148670.7	48909.1	148670.7
18	Y	0.3708	0.04508	8.22594	0.0000003857	0.27527	0.46642	0.27527	0.46642

図 4.22 回帰分析の結果

図 4.22 を見ると，回帰係数の t 値が 8.22594，回帰切片の t 値が 4.19851 であることから，回帰切片の t 値が改善され，回帰切片と回帰係数がともに有意の差が認められたことがわかります．新たに推定された回帰式（消費関数）は，以下の式で示されます.

$$\hat{C} = 98790 + 0.3708Y$$

消費関数の傾き（c=0.3708）は限界消費性向と呼ばれ，所得 Y が 1 単位増加すると，消費 C が 0.3708 単位だけ増加することを表しています．消費関数の切片（$C_0 = 98790$）は基礎消費と呼ばれ，所得 Y がゼロのときにも最低限必要な消費支出が 98790 であることがわかります．また，回帰式の当てはまりの良さを示す決定係数 R^2 の値が 0.80876 であることから，消費 C の総変動の 80.876%は所得 Y によって説明され，両変数の回帰関係は強いと判断することができます.

練習問題

問1. 家計調査で，15世帯について，ある月の月収と貯蓄額のデータが表4.3のように得られたとする．このデータを用いて，以下の問いに答えなさい．

(1) 基本統計量（平均値，標準偏差，分散）を求めなさい．

(2) 相関分析（相関係数の計算，散布図の作成）を行いなさい．

(3) 回帰分析（分析ツールの利用）を行いなさい．

(4) それぞれの分析結果でわかったことを簡単にまとめなさい．

表 4.3　月収と貯蓄額

世帯No.	月収（千円）	貯蓄額（千円）
1	275	115
2	326	128
3	344	138
4	358	145
5	432	152
6	450	167
7	482	157
8	484	188
9	492	169
10	502	156
11	517	181
12	520	185
13	526	178
14	539	201
15	598	203

問2. 政府統計の総合窓口（e-Stat）で公表されている「統計でみる都道府県のすがた」（最新年版）から適当なデータを二つ選び，以下の問いに答えなさい．

(1) 基本統計量（平均値，標準偏差，分散）を求めなさい．

(2) 相関分析（相関係数の計算，散布図の作成）を行いなさい．

(3) 回帰分析（データ分析の利用）を行いなさい．

(4) それぞれの分析結果でわかったことを簡単にまとめなさい．

第II部

発展編

第5章

データからの推測

第4章の最後で消費関数の推計として回帰分析を行いました．Excelの分析ツールを使って計算すると，パラメータや決定係数の値だけではなく，いくつかの数値も計算結果として表示されます．

改めてその結果表（図5.1）を見てみると，パラメータ（切片，Yの係数）に関する行には「t（Excelの出力ではt）」，「p値（Excelの出力ではP-値）」，「下限95％」，「上限95％」等の結果も表示されています．これらの数値を理解するには，推測統計学の考えを理解する必要があります．「t」，「p値」については**検定**の考えを，「下限95％」，「上限95％」については**区間推定**の考え方を理解しなければなりません．

推測統計学の基本的考えは，「**標本**（サンプル）を通して**母集団**を推測する」というものです．母集団とは，統計的調査や観察の対象となる集合全体を指します．たとえば，国勢調査は日本に住むすべての人と世帯を対象とした調査で，全数調査と呼ばれるものです．日本に住むすべての人と世帯といった母集団そのものに対する調査とその分析は，費用も時間もかかります．そこで母集団からサンプルを取り出し，そのサンプルから母集団の特徴や性質を推測することで費用や時間を節約することができるのです．多くの統計調査で標本調査が行われていますので，それを活用するためには分析道具である推測統計学の理解が必要となります．

本章ではまず，第4章で行った分析ツールによる回帰分析の結果表をどう利用するかについて解説します．それは**統計的推測**という分析で，標本と母集団の関係を前提にしています．5.2節ではこの標本と母集団の関係について解説することで，続く，5.3節の推定，5.4節の検定の基礎とします．

	A	B	C	D	E	F	G	H	I
1	概要								
2									
3	回帰統計								
4	重相関 R	0.89931							
5	重決定 R2	0.80876							
6	補正 R2	0.79681							
7	標準誤差	3991.48							
8	観測数	18							
9									
10	分散分析表								
11		自由度	変動	分散	観測された分散比	有意 F			
12	回帰	1	1078052673	1078052673	67.6661044	0.0000003857			
13	残差	16	254911125	15931945					
14	合計	17	1332963798						
15									
16		係数	標準誤差	t	P-値	下限 95%	上限 95%	下限 95.0%	上限 95.0%
17	切片	98790	23530	4.19851	0.0006806	48909.08609	148670.7	48909.1	148670.7
18	Y	0.3708	0.04508	8.22594	0.0000003857	0.27527	0.46642	0.27527	0.46642

図 5.1　第4章の回帰分析の結果

5.1　回帰分析と統計的推測

第4章の回帰分析の関心は，データから消費関数を推計するというものでした．推計された消費関数は，

$$\hat{C} = 98790 + 0.3708Y$$

でした．1次式で表現された消費関数の切片と所得 Y の係数は，結果表の係数の列にそれぞれ「切片」，「Y」の行に表示された数値であることがわかります．

分析は，消費関数の具体的な形を推計しただけでは終わりません．この推計された消費関数は，「真」の消費関数と判断してよいのでしょうか．計算された切片と所得 Y の係数の値は「真」の値なのでしょうか．

もし「真」の値でなかったとしたら，切片は98790ではないし，所得 Y の係数は0.3708ではないことになります．もしかしたら，切片は0であるかもしれないし，所得 Y の係数も0であるかもしれません．ここでは，「切片は0であるかもしれない」あるいは「所得 Y の係数は0であるかもしれない」という可能性が否定されることが期待されます．

こうした可能性を否定するために，あるいは検定するために，分析ツールの結果表には「t」の値が計算されています．この「t」の値の絶対値がある基準値よりも大きい場合，「切片は0であるかもしれない」あるいは「所得 Y の係数は0であるかもしれない」という可能性（帰無仮説という）は棄却されます．この検定方法を，推測統計学では **t 検定**と呼びます．

検定の作法として，まず仮説を設定しなければなりません．所得 Y の真の係数を β と表すとき，仮説は次のようになります．

$$H_0 : \beta = 0$$
$$H_1 : \beta > 0$$

H_0 を帰無仮説，H_1 を対立仮説と呼びます[1]．t 検定に用いる統計量は（Excelの結果表に対応させると）

$$t = \frac{b - \beta}{S_b}$$

と定義されます．ここで b の値はExcelの計算結果である0.3708，β の値は帰無仮説で与えた0，S_b は Y の係数の**標準誤差**[2] 0.04508を代入します．代入した結果が，「t」の値8.22594に（ほぼ）一致することを確認してください．ここで β の値に0を代入したのは，帰無仮説が成立する場合の t 値を求めていることによります．

次に，「t」の値8.22594と比較する基準値（推測統計学では**臨界値**と呼びます）を求めなければなりません．対立仮説の設定により，（右側検定の）臨界値はExcelの関数`=T.INV(1−`

[1]対立仮説が $\beta > 0$ となっているのは，経済理論上，マイナスの係数が考えられないからです．またこの仮説検定を片側検定といいます．$H_1 : \beta > 0, \beta < 0$ あるいは $H_1 : \beta \neq 0$ と設定した場合には，これを両側検定といいます．仮説の設定については，本章5.4節を参照してください．

[2]標準誤差とは，標本統計量の標準偏差のことです．ここでは，所得 Y の係数の標準偏差になります．

有意水準, 自由度) で求めることができます[3]．**有意水準**[4]は10%，5%，1%を設定する場合がありますが，ここでは5%とします．すなわち第1引数には $1-0.05(=0.95)$ を入力します．**自由度**は観測数（1変数のデータの数）マイナスパラメータの数で与えられ，第4章の回帰分析の場合，自由度 $= 18-2$（切片と Y の係数の2つのパラメータを求めている）となります．実際に，結果表を表示しているワークシートの任意の空白セルに`=T.INV(0.95, 16)`と入力して臨界値を求めると，1.74588という結果が得られます．「t」値（の絶対値）8.22594が臨界値1.74588よりも大きな値なので，帰無仮説が棄却されるということになります．臨界値は切片の「t」値にも適用でき，臨界値よりも大きな値（4.19851）なので，「切片が0である」という帰無仮説も棄却することができます．すなわち，「切片は0であるかもしれない」あるいは「所得 Y の係数は0であるかもしれない」という可能性を否定することができ，「真」の消費関数に近づけたことになります．帰無仮説を棄却することができるとき，この場合「切片ならびに Y の係数は5%有意水準で**統計的に有意**である」といいます．帰無仮説が何故棄却できるかについては本章5.4節を参照してください．

回帰分析の結果表には「p 値」の値も示されています．「p 値」は，結果表に示された「t」値の絶対値（以上の値）が生じる確率を意味します．「t」値は帰無仮説が成立する場合の値（帰無仮説が正しいとしたときの値）であるので，その「p 値」は帰無仮説が成立する確率を表します．所得 Y の係数の「p 値」は限りなく0に近いので，帰無仮説が成立するのはきわめてまれであるといえます．きわめてまれなことが起きたのであれば，それはそもそも帰無仮説が間違っているとして帰無仮説を棄却することになります．「p 値」が有意水準（たとえば5%）よりも小さければ，きわめてまれなことが起きたとして帰無仮説を棄却することになります．

「t」値を導出するに当たり，係数の標準誤差を利用しました．ここで標準誤差が計算されている意味を理解しなければなりません．たとえば，所得 Y の係数の標準誤差が意味するのは，「所得 Y の係数は散らばって存在する」ということです．これは，「真」の消費関数があるとして，その「真」の消費関数が生成するデータからたまたま無作為に抽出したサンプルを用いて推計した，と仮定しているのです．たまたま無作為に抽出しているサンプルですから，別のサンプルを使えば違った係数の値が得られる可能性があります．そこで100回サンプルの抽出を行ったとき，係数の「真」の値が95回は含まれる区間はどの範囲かを表しているのが，「下限95 %」と「上限95 %」です.これらの値を求めて分析することを区間推定といいます．

所得 Y の係数の「下限95 %」は0.27527,「上限95 %」は0.46642であり，仮にサンプルを100回抽出して所得 Y の係数を推計すると，95回は「真」の値がこの範囲に含まれると分析し，t 検定により所得 Y の「真」の係数が0である可能性を棄却したことに加え,「真」の消費関数に近づくことになります．

「下限95 %」と「上限95 %」の値を求めるに当たり，t 値の定義が利用されていますが,区間推定の詳細については本章5.3節を参照してください．

分析ツールを使った回帰分析の結果をより活用するためには，**検定**や**推定**の考えが不可欠であることを理解することができたでしょうか．検定や推定は推測統計学による分析方法であることは最初に示しました．そして「標本（サンプル）を通して母集団を推測する」

[3]あるいは,=T.INV(有意水準, 自由度) の計算結果の絶対値を臨界値とすることもできます．

[4]有意水準とは，帰無仮説が正しいときに間違って棄却する確率です．有意水準を5%にするとは，帰無仮説が正しいときに間違って棄却する確率を小さく（5%）なるようにコントロールしているということです．

という推測統計学の基本的考えは，回帰分析に対しても適用されているのです．

本節の最初に，推計された消費関数は「真」の消費関数であるかを問いました．これは，推計された消費関数が母集団の関係式として消費と所得の「真」の関係あるいは「真」の構造を推論できているかを問うたのです．そして推測統計学では，消費関数の推計に当たって用いたデータはサンプルすなわち標本と考えるのです．

回帰分析の結果を理解し活用するためには，まずは標本と母集団の関係について理解しなければなりません．

5.2　標本と母集団

「標本を通して母集団を推測する」ためには，**標本**と**母集団**の関係について理解することが必要です．

標本は母集団からいくつかのデータを抽出したものですが，ランダム（無作為）に抽出すると，事前にどのデータが抽出されるかはわからないことになります．ある X_i のデータが抽出されるかは確率的にしか考えられないことになります．

母集団から n 個の標本 $X_1, X_2, \ldots, X_n$ を無作為に抽出するとき，それぞれの X_i は確率的に実現するので，事前的には(実際に抽出を行う前には)**確率変数**とみることができます．

「標本を通して母集団を推測する」とき，推測の背後でこの確率変数の標本分布（確率分布）を母集団の分布に対応させているのです．

標本分布の特徴あるいは特性値としては，標本平均，標本分散，標本標準偏差等を挙げることができます．これらの特性値の公式は，統計学では**統計量**といいます．対応する母集団の特性値は**母数**あるいは**パラメータ**といい，それぞれ母平均，母分散，母集団標準偏差と呼びます．

標本と母集団の関係について平均を例にとり説明しましょう．

標本平均の公式（統計量）は，

$$\bar{X} = \frac{1}{n}\sum_{i=1}^{n} X_i \tag{5.1}$$

で与えられ，この標本平均 $\bar{X}$ により母平均 μ を推測することになります．統計学では，確率変数である標本平均 $\bar{X}$ の標本分布の平均は母平均 μ に等しい（$\mathrm{E}(\bar{X})=\mu$）ことを証明しています．

実際の計算は，標本として抽出されたデータ $x_1, x_2, \ldots, x_n$ を代入して，

$$\bar{x} = \frac{1}{n}\sum_{i=1}^{n} x_i \tag{5.2}$$

が計算されます．(5.1) 式と，(5.2) 式は同じ平均を求める公式でも意味が異なります．最初の式は，標本を実際に取り出す前の（事前的）平均値です．すなわち，ある母集団の母平均を推定するための統計量であり，**推定量**とも呼びます．推定量である標本平均は，確率変数であることに注意しなければなりません．これに対して，2番目の式は，抽出により実現したデータを代入して計算された値であり，推定量の実現値となります．推定量の

実現値を**推定値**と呼びますが，推定値は実現した値であるのでもはや確率変数ではありません．推定量と推定値の違いは，次節の区間推定では重要となります．

5.3　推定

前節で示したように，母平均 μ の推定値として，1組の標本からの実現値 $\bar{x}$ を用いることが考えられます．このように1つの値（実現値 $\bar{x}$）によって母集団の母数を推定することを**点推定**といいます．しかし，点推定には1つの問題があります．1組の標本から計算された推定値が母集団の母数に本当に等しいのか，という問題です．新たに標本を抽出し平均を計算すれば，最初の平均値とは微妙に（あるいは大きく）異なることは容易に想像できます．

点推定のこうした問題に対して，母集団の母数を区間で推定し，その区間に母数が含まれる可能性を数値で示す**区間推定**の方法が用意されています．

5.3.1　母平均の区間推定

ここでは，母平均 μ の区間推定の考え方と方法について説明します．考え方の説明のために，標本を抽出する母集団について仮定が必要となります．母集団のデータは，平均 μ，分散 σ^2 の正規分布にしたがって分布していると仮定します．ただし，これら母数の値はわかっていない（未知である）ことが仮定されています（だから推測するのですが）．

母平均の区間推定で用いるのは，標本平均と標本標準偏差（不偏標準偏差）です．

統計学では，標本平均 $\bar{X}$ と標本標準偏差 S を用いた統計量 $t_m = \sqrt{n}(\bar{X} - \mu)/S$ が，自由度 $m = n - 1$ の $\boldsymbol{t}$ **分布**に従う（統計量の公式によって計算された t_m の値が t 分布にしたがって分布しているという意味です）ことが証明されています．t 分布は，0を中心とした左右対称の形状で標準正規分布に似ていますが，データの個数 n によって，すなわち自由度によって形状が異なります．データ数が少ない（自由度が小さい）とき，標準正規分布に比べ山は低く，分布のすそ野は高くなります．データ数が多くなり自由度が30を超えると，標準正規分布にほぼ一致する特徴を持っています．

ここで，データ数が10個からなるサンプルの統計量 t_9 が，ある範囲（$-c$ から c）にある確率（たとえば，0.95）を定義しましょう．

$$P(-c < t_9 < c) = 0.95$$

図5.2は自由度9の t 分布で，灰色の部分は確率が0.95となる t_9 の範囲（$-c$ から c）を示しています．

区間推定で必要となるのは，$-c$ と c の値です．c の値は，Excelで求めることができます．任意のセルをアクティブにして，`=T.INV.2T(0.05, 9)` と入力すれば，c の値として2.262を返します．したがって，

$$P(-2.26 < t_9 < 2.26) = 0.95$$

となり，統計量 t_m の定義を使えば，

$$P(-2.26 < \sqrt{n}(\bar{X} - \mu)/S < 2.26) = 0.95$$

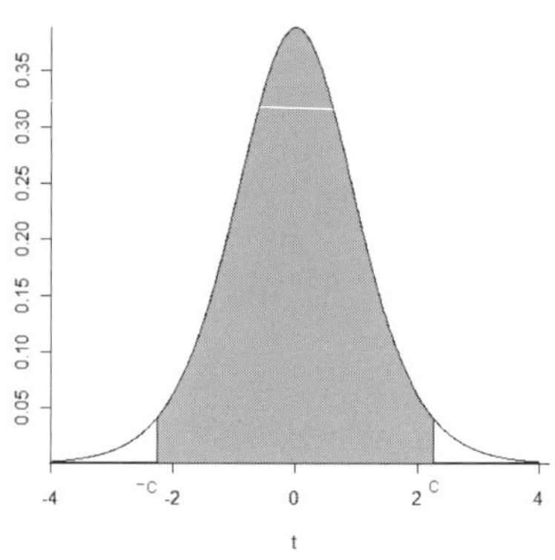

図 **5.2**　自由度 9 の t 分布

となり, 次のように変形することができます.

$$P(\bar{X} - 2.26\frac{S}{\sqrt{n}} < \mu < \bar{X} + 2.26\frac{S}{\sqrt{n}}) = 0.95$$

最後の式を見てわかるように, 母平均が含まれる区間が示されています.

実際に区間推定を行うには, 標本から平均（$\bar{x}$）, 不偏標準偏差（s）を計算して, 上の関係にあてはめます. しかし, ここで注意をしなければならないのは, 計算された平均や不偏標準偏差は実現値であり, もはや確率変数ではないことです. したがって,「母平均が計算結果を利用した区間に含まれる確率は 0.95 である」と表現することはできません.

この場合の区間推定は,「ある 1 組の標本から計算された平均 $\bar{x}$ と不偏標準偏差 s に対して母平均 μ がその区間に含まれる信頼度は, 平均的にみて 0.95 である」と考えます.「平均的にみる」とは, たとえば, 標本の抽出を 100 回繰り返し行い, その中の 95 回は母平均がこの区間に含まれる, という見方です. この信頼度を, 統計学では**信頼係数**と呼び, 母平均を含むと考えられる区間を**信頼区間**と呼んでいます.

サンプルの大きさ（データの数）が 10 である場合, 母平均の信頼係数 95%の信頼区間は,

$$(\bar{x} - 2.26\frac{s}{\sqrt{10}}, \quad \bar{x} + 2.26\frac{s}{\sqrt{10}})$$

で与えられることになります. データの数が大きくなる場合, たとえば 30 を超えると, 統計量 t_m の分布は標準正規分布に近似し, 標準正規分布における c に対応する値は 1.96 であることがわかっています. データの数が大きいときは, Excel の関数を使うことなく 2.26 を 1.96 に変更することで母平均の信頼係数 95%の信頼区間を求めることができます.

例題 5-1　母平均の区間推定

東京証券取引所第 1 部（東証 1 部）に上場している会社の中から, 無作為に 5 社抽出し、2013 年度末の連結決算における自己資本利益率（ROE）を調べました. そのデータを用いて, 東証 1 部上場企業の 2013 年度における平均自己資本利益率を推定します.

手順 1　図 5.3 に従い, セル B2 から B6 までデータの値を入力します. データには番号付けをし, セル A2 から A6 まで, 1 から 5 の数値を割り当てておきます.

	A	B	C	D	E	F
1	no.	ROE(%)				
2	1	0.82		自由度	4	
3	2	7.85				
4	3	3.94		信頼係数	両側c	
5	4	6.7		0.95	2.776445	
6	5	6.52				
7	平均	5.166		下限	1.666075	
8	不偏標準偏差	2.818737		上限	8.665925	
9						

図 5.3　母平均の推定

手順 2　区間推定に必要な情報である平均，不偏標準偏差，自由度，信頼係数を求めます．平均はセル B7 に`=AVERAGE(B2:B6)`，不偏標準偏差はセル B8 に`=STDEV.S(B2:B6)`，自由度はセル E2 に`=A6-1`，信頼係数はセル D5 の 0.95 と入力して求めます．

手順 3　セル E5 に`=T.INV.2T(1-D5,E2)`と入力して，t_m の上限となる c の値を求めます．

関数`=T.INV.2T(第 1 引数, 第 2 引数)`は，第 1 引数で指定された面積を t 分布の両側にとったときの t_m の値（の絶対値），ここでは c の値を計算結果として返す関数です．第 1 引数には，図 5.2 の灰色を除いた部分（両側の白い部分）の面積（確率）を 0.05 になるように指定し，第 2 引数には自由度を指定します．

手順 4　セル E7 には`=B7-E5*B8/SQRT(A6)`と入力して，信頼区間の下限を求めます．セル E8 には`=B7+E5*B8/SQRT(A6)`と入力して，信頼区間の上限を求めます．

ここで，本章 5.1 節で見た回帰分析の結果表に示された「下限 95 %」,「上限 95 %」の値をもう一度見てみましょう．まず，

$$t = \frac{b - \beta}{S_b}$$

は，自由度 16 の t 分布に従います．母平均の区間推定の考えを適用すれば，$P(-c < t_{16} < c) = 0.95$ となる c の値は，関数`=T.INV.2T(0.05, 16)`により 2.1199 と求まります．たとえば，所得 Y の係数の値を b に，その標準誤差の値を S_b に代入して信頼区間を求めると，「下限 95 %」が 0.2753,「上限 95 %」が 0.4664 に一致することを確認してください．

5.3.2　母分散の区間推定

次に，母分散 σ^2 の区間推定の考え方と方法について説明します．ここで活用するのは，不偏標本分散を用いた χ^2 分布と呼ばれる確率分布です．

統計学では，平均 μ，分散 σ^2 の正規分布である母集団から標本を取り出したとき，統計量 $U_m = ((n-1)S^2)/\sigma^2$ は，自由度 $m = n - 1$ の **χ^2 分布**に従うことが証明されています．χ^2 分布は，自由度が 100 より大きい場合は漸近的（ぜんきんてき）に正規分布に従いますが，自由度が小さい場合，その形状は正規分布や t 分布とは異なり左右対称とはなりません．

ここでも，データ数が10個からなるサンプルのU_m統計量が，ある範囲（aからb）にある確率（たとえば，0.95）を定義しましょう．

$$P(a < U_9 < b) = 0.95$$

図5.4は自由度9のχ^2分布で，灰色の部分は確率が0.95となるU_9の範囲（aからb）を示しています．

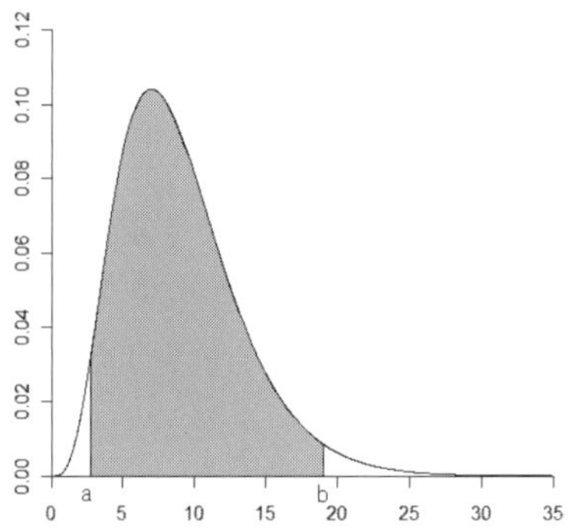

図 5.4　自由度9のχ^2分布

区間推定で必要となるのは，aとbの値です．aとbの値は，Excelで求めることができます．aの値を求めるために任意のセルをアクティブにして，`=CHISQ.INV(0.025, 9)`と入力すれば，aの値として2.700を返します．bの値は，`=CHISQ.INV.RT(0.025, 9)`と入力すれば，bの値として19.022を返します．したがって，この場合，

$$P(2.70 < U_9 < 19.02) = 0.95$$

となり，統計量U_mの定義を使えば，

$$P(2.70 < \frac{(n-1)S^2}{\sigma^2} < 19.02) = 0.95$$

となり，次のように変形することができます．

$$P(\frac{(n-1)S^2}{19.02} < \sigma^2 < \frac{(n-1)S^2}{2.70}) = 0.95$$

母平均の区間推定と同様に，サンプルの大きさn（データの数）が10である場合，母分散の信頼係数95%の信頼区間は，

$$\left(\frac{9s^2}{19.02},\quad \frac{9s^2}{2.70}\right)$$

で与えられることになります．

例題 5-2　母分散の区間推定

例題 5-1 のデータを用いて，東証 1 部上場企業の自己資本利益率の母分散を推定します．

	A	B	C	D	E	F
1	no.	ROE(%)				
2	1	0.82		自由度	4	
3	2	7.85				
4	3	3.94		信頼係数	左側a	右側b
5	4	6.7		0.95	0.484419	11.14329
6	5	6.52				
7	不偏標本分散	7.94528		下限	2.852042	
8				上限	65.60674	
9						

図 5.5　母分散の推定

手順 1　図 5.5 に従い，セル B2 から B6 までデータの値を入力します．データには番号付けをし，セル A2 から A6 まで，1 から 5 の数値を割り当てておきます．

手順 2　区間推定に必要な情報である不偏分散，自由度，信頼係数を求めます．不偏分散はセル B7 に`=VAR.S(B2:B6)`，自由度はセル E2 に`=A6-1`，信頼係数はセル D5 に 0.95 と入力して求めます．

手順 3　セル E5 に`=CHISQ.INV((1-D5)/2,E2)`と入力して，U_m の下限となる a の値を求めます．セル F5 に`=CHISQ.INV.RT((1-D5)/2,E2)`と入力して，U_m の上限となる b の値を求めます．

関数`=CHISQ.INV(第1引数, 第2引数)`は、第 1 引数で指定された面積を χ^2 分布の左側にとったときの U_m の値、ここでは a の値を計算結果として返す関数です。第 1 引数には，図 5.4 の灰色を除いた左部分（左側の白い部分）の面積（確率）を 0.025 になるように指定し，第 2 引数には自由度を指定します．関数`=CHISQ.INV.RT(第1引数, 第2引数)`は、第 1 引数で指定された面積を χ^2 分布の右側にとったときの U_m の値、ここでは b の値を計算結果として返す関数です。第 1 引数には，図 5.4 の灰色を除いた右部分（右側の白い部分）の面積（確率）を 0.025 になるように指定し，第 2 引数には自由度を指定します．

手順 4　セル E7 には`=(A6-1)*B7/F5`と入力して，信頼区間の下限を求めます．セル E8 には`=(A6-1)*B7/E5`と入力して，信頼区間の上限を求めます．

5.4　検定

検定とは，標本を抽出した母集団に対してある仮説を設定した上で，その仮説を否定するもう 1 つの仮説が抽出した標本データと矛盾している場合，先の仮説を採用しようとするものです．前者の仮説を**対立仮説**，後者の仮説を**帰無仮説**と呼びます．ここでは，対立仮説を採択することができるかを検定することに主要な関心があります．言い換えれば，帰無仮説を棄却することができるかを検定することになります．

仮説検定には，母集団が正規分布にしたがっているとの仮定の上で，母数（パラメータ）について仮説を立てそれを検定するパラメトリック検定と，母集団の分布に仮定を設けずに検定を行うノンパラメトリック検定があります．ノンパラメトリック検定については，第6章の6.4節を参照してください．

パラメトリック検定の基本的な考え方はまず，たとえば，確率変数としての標本平均について帰無仮説が正しいとしたときの標本分布を考えます．その標本分布から見ると，実際に抽出された標本から計算される平均値は，その標本分布の可能な1つの値にすぎません．この帰無仮説の下での標本分布（確率分布）から見て，計算された平均値（推定値）が実現する確率が小さい場合，帰無仮説の標本分布の下ではきわめて起こりにくいことが起きたと考えます．そして起こりにくいことが起きたのは，「帰無仮説が正しくないからだ」として棄却することになります．帰無仮説が棄却されることにより，対立仮説が採択されることになります．

検定では，「計算された平均値が実現する確率が小さい」と判定する際の確率の「小ささ」が問題となります．判定基準となる小ささを**有意水準**と呼びます．たとえば，5%は小さな確率といえます．有意水準を満たす領域を**棄却域**と呼び，計算された平均値がこの棄却域の中にあれば，帰無仮説を棄却します．棄却域の外を（帰無仮説の）**受容域**と呼び，棄却域と受容域の境界を**臨界値**，あるいは**棄却点**と呼びます．有意水準を満たす棄却域の設定は，検定する仮説の設定に従います．

計算された平均値が実現する確率（厳密には，絶対値で見て計算された平均値よりも大きな値が実現する確率）は計算することもでき，これを**p 値**と呼びます（**有意確率**とも呼びます）．p 値が有意水準より小さい場合，帰無仮説の標本分布の下で起こりにくいことが（たとえば，5%よりも小さな確率で）起きたとみなし，帰無仮説を棄却します．

5.4.1　仮説の設定

5.4.1項では，1つの母集団から得られる1標本の平均を用いて母平均を検定する方法，5.4.2項では2つの母集団から得られる2つの標本の平均を用いて，2つの母集団の平均に差があるかどうかの検定を取り上げます．

検定の作法としてまず，仮説を設定しなければなりません．1つの標本平均を用いて母平均を検定する仮説としては，次の2通りの仮説を考えることができます．以下の H_0 は帰無仮説を，H_1 は対立仮説を表しています．1つは，

$$H_0: \mu = \mu_0$$
$$H_1: \mu > \mu_0$$

です．μ_0 は，帰無仮説で設定する母平均 μ の値です．H_1 の不等号の向きは，逆の場合もあり得ます．どちらの不等号を使うかは，事前の情報が必要です[5]．もう1つは，

$$H_0: \mu = \mu_0$$

[5]本章5.1節で取り上げた消費関数の t 検定では，経済理論上，β が正であることが仮定されていたことを参照してください．

$$H_1 : \mu \neq \mu_0$$

です．H_1 の $\neq$ は，不等号 $<$，$>$ の両方が成立しているとみることもできます．前者の仮説検定を**片側検定**，後者の検定を**両側検定**と呼びます．

5.4.2　母平均の検定

最初に，帰無仮説が正しいとしたときの標本分布を定義しなければなりません．1つの標本平均を用いて母平均を検定する場合，そしてデータの数が少ない場合（通常，30 未満），t 分布が用いられます[6]．すなわち，帰無仮説が正しいとしたときの検定統計量は，

$$t_m = \frac{\bar{X} - \mu_0}{S/\sqrt{n}}$$

です．t_m は，帰無仮説が正しいとき，自由度 $m = n - 1$ の t 分布に従います．$\bar{X}$，S にそれぞれ標本から計算された平均 $\bar{x}$，不偏標準偏差 s と，データ数 n を代入すれば t_m の値が計算され，この値が棄却域に入れば，あるいは臨界値よりも（絶対値で）大きければ，帰無仮説が棄却され，対立仮説が採択されることになります．

次に必要となるのは，棄却域の設定（すなわち有意水準の設定）です．棄却域は，同じ有意水準であっても，片側検定と両側検定では異なります．以下の例題により，片側検定，両側検定の違いを確認しましょう．

例題 5-3　母平均の検定

例題 5-1 のデータを用いて，東証 1 部上場企業の平均自己資本利益率が 8.6%であるという仮説を検定します．

	A	B	C	D	E	F	G
1	no.	ROE(%)					
2	1	0.82		自由度	4		
3	2	7.85					
4	3	3.94		帰無仮説	8.6		
5	4	6.7					
6	5	6.52		t値	-2.724147943		
7	平均	5.166					
8	不偏標準	2.818737		有意水準	両側検定臨界値	片側(左側)検定臨界値	
9				0.05	2.776445105	-2.131846786	
10							
11					両側検定	片側(左側)検定	
12				p値(有意確立)	0.052760473	0.026380236	
13							

図 5.6　母平均の検定

手順 1　図 5.6 に従い，セル B2 から B6 までデータの値を入力します．データには番号付けをし，セル A2 から A6 まで，1 から 5 の数値を割り当てておきます．

手順 2　母平均の検定に必要な情報である平均，不偏標準偏差，自由度を求めます．平均はセル B7 に`=AVERAGE(B2:B6)`，不偏標準偏差はセル B8 に`=STDEV.S(B2:B6)`，自由度はセル E2 に`=A6-1` と入力して求めます．

[6] データの数が多い場合，標準正規分布が用いられます．基本的な考えは同じです．データの数，すなわち標本の大きさをどのように決定すべきかについては，統計学の教科書を参考にしてください．

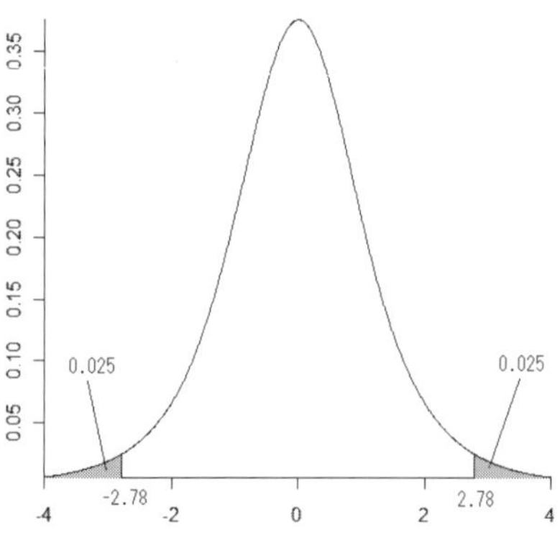

図 **5.7**　$H_1: \mu \neq 8.6$ の両側検定

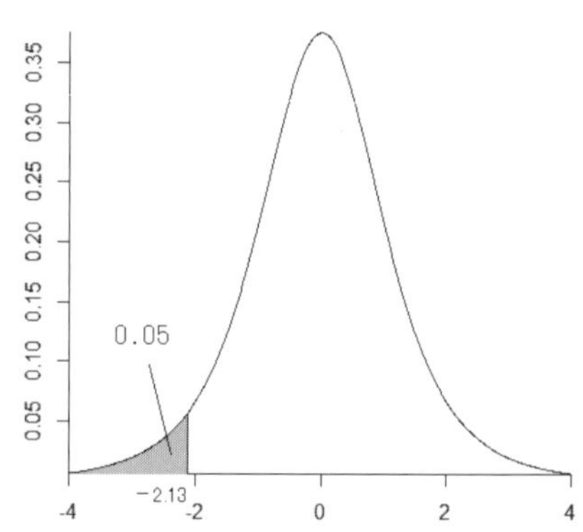

図 **5.8**　$H_1: \mu < 8.6$ の片側検定

手順 3 セル E4 に帰無仮説を入力します．ここでは，図 5.6 より，$H_0: \mu = 8.6$ と設定しています．

手順 4 セル E6 に`=(B7-E4)/(B8/SQRT(A6))`と入力して，帰無仮説の下での検定統計量 t 値を求めます．

手順 5 最初に，対立仮説 $H_1: \mu \neq 8.6$ を有意水準 5%で検定を行います．対立仮説により，両側検定を行います．セル E9 には`=T.INV.2T(D9,E2)`と入力し，両側検定における有意水準 5%の棄却域を定める臨界値を求めます．計算結果は 2.776 となり，t 値の絶対値よりも大きな値となっています（図 5.7）．すなわち，t 値が棄却域から外れていることを意味し，有意水準 5%では帰無仮説を棄却することができないことを意味しています．

手順 6 セル E12 に`=T.DIST.2T(ABS(E6), E2)`と入力して，t 値の絶対値 (よりも大きな値）が生じる確率 p 値を計算しています．計算結果は 0.053 であり，有意水準 5%よりも大きな確率となっています．この結果からも，有意水準 5%では帰無仮説を棄却できず，**統計的に有意**であるとは言えません．

手順 7 次に，（利用できる事前情報があるとして）対立仮説 $H_1: \mu < 8.6$ を有意水準 5%で検定を行います．対立仮説により，片側（左側）検定を行います．セル F9 には`=T.INV(D9,E2)`と入力し，片側検定における有意水準 5%の棄却域を定める臨界値を求めます．計算結果は -2.132 となり，t 値よりも小さな値となっています．すなわち，（絶対値でみると，t 値が臨界値よりも大きいので）t 値が棄却域に入っていて，有意水準 5%で帰無仮説は棄却され，**統計的に有意**であると判断されます．

関数`=T.INV`(第 1 引数, 第 2 引数) は，第 1 引数で指定された面積を t 分布の左側にとったときの臨界値を計算結果として返す関数です．第 1 引数には，図 5.8 の灰色部分の面積（確率）を 0.05（有意水準）になるように指定し，第 2 引数には自由度を指定します．もし右側検定を行う場合には，第 1 引数は $1-$ 有意水準 に変更します．

手順 8 セル F12 に=T.DIST.RT(ABS(E6), E2) と入力して，t 値の絶対値（よりも大きな値）が生じる確率 p 値を計算しています．計算結果は 0.026 であり，有意水準 5%よりも小さな確率となっています．この結果からも，有意水準 5%で帰無仮説を棄却でき，統計的に有意であると言えます．

関数=T.DIST.RT(第 1 引数, 第 2 引数) は，第 1 引数で指定された t 値の絶対値よりも大きな値となる確率を計算結果として返す関数です．第 1 引数には，t 値の絶対値を，第 2 引数には自由度を指定します．

同じ有意水準であっても，棄却域が片側検定と両側検定で異なることは図 5.7，図 5.8 から確認できます．図 5.7 の灰色部分は，有意水準 5%の両側検定における棄却域の範囲を示す確率を表しています．左右併せて 0.05 となっています．これに対して，図 5.8 の灰色部分は，有意水準 5%の左側検定における棄却域の範囲を示す確率を表し，0.05 となっています．

5.4.3 平均の差の検定

次に，2 つの母集団の平均に差があるかどうかの検定を取り上げましょう．この検定を行うには，2 つの母集団の分散について仮定が必要となります．1 つは，2 つの母集団の分散が等しいという仮定，もう 1 つは，等しくないという仮定です．

ここでは，2 つの母集団の分散が等しいという（等分散の）仮定の下での検定方法を説明します．仮説の設定は，次の通りです．

$$H_0 : \mu_A = \mu_B$$

$$H_1 : \mu_A \neq \mu_B$$

ここで，μ_A，μ_B はそれぞれ 2 つの母集団の母平均を表しています．対立仮説は，両側検定を示していますが，片側検定となるように設定することも可能です．

検定統計量は，

$$t = \frac{\bar{X}_A - \bar{X}_B}{\sqrt{\left(\frac{n_A+n_B}{n_A n_B}\right)\frac{(n_A-1)S_A^2+(n_B-1)S_B^2}{n_A+n_B-2}}}$$

です．検定統計量 t は，自由度 $n_A + n_B - 2$ の t 分布に従います．ここで，$\bar{X}_A$，$\bar{X}_B$ は 2 組の標本の平均，S_A^2，S_B^2 は 2 組の標本の不偏標本分散，n_A，n_B は 2 組の標本のデータ数を表しています．それぞれ標本から計算された値を代入し，t 値を求めます．この値が棄却域に入れば，あるいは臨界値よりも（絶対値で）大きければ，帰無仮説が棄却され，対立仮説が採択されることになります．

例題 5-4 母平均の差の検定

経済学検定試験（ERE）の統計学（配点 100 点）を受験した A 大学，B 大学の学生の中から，無作為に試験結果を抽出した（A 大学は 5 名分．B 大学は 6 名分）．その標本を用いて，A 大学と B 大学の学生の統計学の平均点には差がないという仮説を検定します．

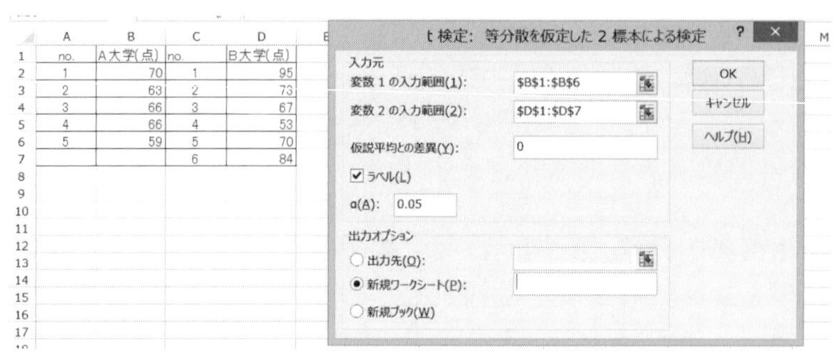

図 **5.9**　t 検定

手順 1　図 5.9 に従い，標本 A のデータをセル B2 から B6 に入力します．データには番号付けをし，セル A2 から A6 まで，1 から 5 の数値を割り当てておきます．標本 B のデータは，セル D2 から D7 に入力します．データには番号付けをし，セル C2 から C7 まで，1 から 6 の数値を割り当てておきます．標本 A，B の大きさ（データの数）は，同じでなくても構いません．

手順 2　母平均の差の検定を行うために，分析ツールを利用します．**[データ]** タブから**分析**グループの **[データ分析]** をクリックし，**[分析ツール (A)]** メニューから **[t-検定: 等分散を仮定した 2 標本による検定]** を選択し，**OK** ボタンをクリックします．

手順 3　**[t-検定: 等分散を仮定した 2 標本による検定]**（図 5.9 を参照）の入力ボックス **[変数 1 の入力範囲 (1)]** には，セル B1 から B6 を指定します．ラベルが入ったセル B1 を含めていますので，チェックボックス **[ラベル (L)]** をクリックし，チェックを入れておきます．入力ボックス **[変数 2 の入力範囲 (2)]** には，セル D1 から D7 を指定します．

手順 4　帰無仮説 $H_0 : \mu_A = \mu_B$ より，入力ボックス **[仮説平均との差異]** に 0 を入力します（$\mu_A - \mu_B = 0$）．最後に，有意水準（**α (A)**）が 0.05 に設定されていることを確認してください．以上の入力・確認が終了したら，**OK** ボタンをクリックします．

	A	B	C
1	t-検定: 等分散を仮定した２標本による検定		
2			
3		A大学(点)	B大学(点)
4	平均	64.8	73.66666667
5	分散	16.7	209.4666667
6	観測数	5	6
7	プールされた分散	123.7925926	
8	仮説平均との差異	0	
9	自由度	9	
10	t	-1.316064994	
11	P(T<=t) 片側	0.110342058	
12	t 境界値 片側	1.833112933	
13	P(T<=t) 両側	0.220684117	
14	t 境界値 両側	2.262157163	
15			

図 **5.10**　t 検定の結果

計算結果は新しいワークシートに出力されます（図 5.10 を参照）．標本 A，B の平均はそれぞれ 64.8，73.7 と違いがあるようにみえますが，検定結果は異なります．

検定統計量 t 値は -1.3160，絶対値では 1.3160 となります．有意水準 5%の片側（左側）検定では，（絶対値で見た）臨界値（図 5.10 の「t 境界値　片側」）は 1.8331 で，t 値（の絶対値）よりも大きな値となっています．すなわち，t 値が棄却域から外れていることを意味し，有意水準 5%では帰無仮説を棄却することができないことを意味しています．

また，有意水準 5%の両側検定では，（絶対値で見た）臨界値（図 5.10 の「t 境界値　両側」）は 2.262 で，t 値（の絶対値）よりも大きな値となっています．すなわち，両側検定でも t 値が棄却域から外れていることを意味し，有意水準 5%では帰無仮説を棄却することができないことを意味しています．

この例題では，一見すると平均は異なるように見えても，有意水準 5%では平均が等しいという帰無仮説を棄却できない結果となっています．しかし，この検定の前提であった等分散の仮定は正しかったのでしょうか．まずは，この仮定が成立するのかどうかを検定する必要があったのです．

5.4.4　等分散の検定

2 つの母集団の平均に差があるかどうかの検定は，母分散が等しいかそうでないかで検定統計量が異なります．実際には，事前にどちらの仮定が妥当であるかを判断する必要があります．母分散が等しいかどうかの検定は，母分散が等しいという帰無仮説

$$H_0 : \sigma_A^2 = \sigma_B^2$$
$$H_1 : \sigma_A^2 \neq \sigma_B^2$$

の下で，次の検定統計量 F を用いて行います．

$$F = \frac{S_A^2}{S_B^2}$$

この検定統計量 F は，自由度 $n_A - 1$, $n_B - 1$ の F 分布に従います．標本より F 値が計算され，この値が棄却域に入れば帰無仮説が棄却され，対立仮説が採択されることになります．

例題 5-5　等分散の検定

例題 5-4 のデータを用いて，等分散の検定を行います．

手順 1　図 5.11 に従い，標本 A のデータをセル B2 から B6 に入力します．データには番号付けをし，セル A2 から A6 まで，1 から 5 の数値を割り当てておきます．標本 B のデータは，セル D2 から D7 に入力します．データには番号付けをし，セル C2 から C7 まで，1 から 6 の数値を割り当てておきます．

手順 2　等分散の検定の検定を行うために，分析ツールを利用します．[データ] タブから分析グループの [データ分析] をクリックし，[分析ツール (A)] メニューから [**F 検定: 2 標本を使った分散の検定**] を選択し，**OK** ボタンをクリックします．

	A	B	C	D
1	no	A大学(点)	no	B大学(点)
2	1	70	1	95
3	2	63	2	73
4	3	66	3	67
5	4	66	4	53
6	5	59	5	70
7			6	84

F 検定: 2 標本を使った分散の検定
入力元
変数 1 の入力範囲(1): $B$1:$B$6
変数 2 の入力範囲(2): $D$1:$D$7
ラベル(L)
α(A): 0.05
出力オプション
出力先(O):
新規ワークシート(P):
新規ブック(W)
OK
キャンセル
ヘルプ(H)

図 **5.11**　F 検定

手順 3　**[F 検定:2標本を使った分散の検定]**（図5.11を参照）の入力ボックス **[変数1の入力範囲(1)]** には，セルB1からB6を指定します．ラベルが入ったセルB1を含めていますので，チェックボックス **[ラベル(L)]** をクリックし，チェックを入れておきます. 入力ボックス **[変数2の入力範囲(2)]** には，セルD1からD7を指定します．有意水準（**α (A)**) はそのまま利用するとして，**OK** ボタンをクリックします.

	A	B	C
1	F-検定: 2 標本を使った分散の検定		
2			
3		A大学(点)	B大学(点)
4	平均	64.8	73.66666667
5	分散	16.7	209.4666667
6	観測数	5	6
7	自由度	4	5
8	観測された分散比	0.079726289	
9	P(F<=f) 片側	0.014795111	
10	F 境界値 片側	0.159845104	

図 **5.12**　F 検定の結果

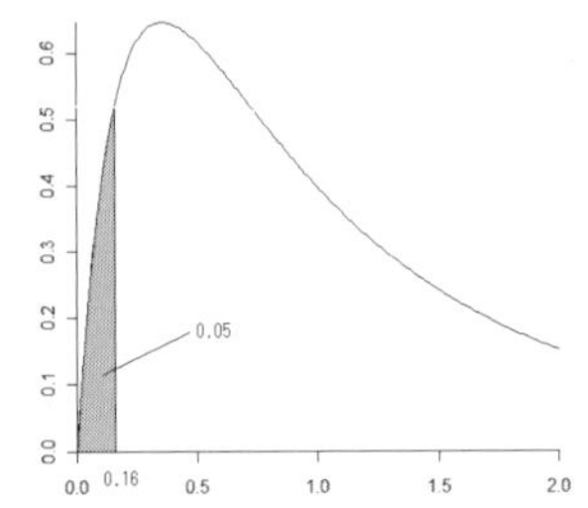

図 **5.13**　自由度4，5の F 分布

もし等分散の仮定が満たされているのであれば,「観測された分散比」である F 値は1に近い値が得られます．F はマイナスの値をとることがないので，1より小さい値の場合，検定は左側検定となります．左側検定における棄却域の設定は，0から「F境界値　片側」となります．1より大きい場合， 検定は右側検定となります．右側検定における棄却域の設定は,「F境界値　片側」よりも大きい領域となります.

計算結果は新しいワークシートに出力されます（図5.12を参照)．計算結果からわかるように，有意水準5%による検定結果は，等分散という帰無仮説が棄却されます．左側検定において,「観測された分散比」である F 値が臨界値 (「F境界値　片側」）よりも小さくなっているからです．すなわち，F 値が棄却域 $0 < F$ 値 < 0.1598 の中に入っています（図5.13).

計算結果には p 値 (「P(F<=f) 片側」）も出力されます．計算結果は有意水準0.05よりも小さい0.0147ですので，(等分散という）帰無仮説は棄却されることになります.

等分散の仮定は成立しませんので，先の母平均の差の検定は，分散が等しくないと仮定しなければなりません．分散が等しくない場合の母平均の差の検定は，練習問題とします.

本書では，この後，第6章でマーケティングにおけるExcelを使った統計分析，第9章でExcelを使った計量経済学の分析が説明されています．統計学的には重複する内容もあります．しかし，Excel の利用の仕方でそれぞれ代替的な手法を提示しています．とくに本章前半では，関数の入力はセルに直接キーボードから入力する方法を使いました．これは推測統計学の説明に重点を置いた結果でもあります．本章ならびに第 4 章を実践することで，統計学の学習内容の理解を進めてください．

練習問題

問1. 第4章の練習問題問1で，月収と貯蓄額のデータに対して分析ツールによる回帰分析の結果について統計的推測を行いなさい．

問2. A新聞社による世論調査によれば，現在の内閣支持率は48%であった．内閣支持率の信頼係数95%の信頼区間を求めなさい．また，有効回答者数は654人であったという．（ヒント：データ数が30を超えて大きい場合，母比率pの信頼係数95%の信頼区間は，$(\hat{p}-1.96\sqrt{\frac{\hat{p}\hat{q}}{n}}, \hat{p}+1.96\sqrt{\frac{\hat{p}\hat{q}}{n}})$で与えられます．$\hat{q}$は支持しない人の割合です）．

問3. 例題5-3の母平均の検定で，帰無仮説の値を変えて分析をしてみよう．たとえば，帰無仮説を4.5として右側検定を行いなさい．

問4. 例題5-4のデータに対して，2つの母集団の分散が等しくないという仮定の下での母平均の差の検定（ウェルチ検定とも呼ばれます）を，分析ツールの[t検定：分散が等しくないと仮定した2標本による検定]によって行いなさい．

第6章

マーケティングへの統計的手法の活用

マーケティングは自社商品が「売れ続ける仕組み」を作るために行われるビジネス活動のことで，製品戦略，価格戦略，流通戦略，プロモーション戦略を中心に成り立っています．マーケティングは企業の担当者の発想やひらめきによるところも大きいのですが，同時にさまざまな統計的手法を駆使してデータ分析を行い，分析結果をもとに最適な意思決定をすることも，マーケティングを効果的に実行するためには大切です．特にビッグデータが利用可能になった昨今，ビジネスにおけるデータ分析の重要性はますます高まっています．

そこでこの章では，マーケティングへ統計的手法をどのように活用するかの基本を，Excelを使って学びます．また，本章で使用するデータは基本的には「一次データ」と呼ばれるものです．本書に登場するデータのほとんどは「二次データ」と呼ばれるものですが，特にマーケティングのための分析を行う場合は一次データの方が多く使用されます．この章の最後ではデータの種類についても説明しています．

なお，本章ではもっぱらExcelを用いたデータ分析の実践方法を取り上げます．統計の理論については第3章から第5章を参照してください．

6.1　CMと売上には関係があるのか：相関分析とその限界

例題 6-1　相関分析でCMと売上の関係を調べる

ある商品の売上を強化しようとしてテレビCMを放送しました．テレビCMは制作や放送（広告を出すことを広告出稿といいます）に多額の費用がかかるため，一定の効果が求められます．そこで，ある1週間における曜日ごとのCM放送回数と売れ数との関係を調べなさい（表6.1）．

表6.1だけを見ると，CMの放送回数が多い日は売上数も多いのでCMは効果があるように見えるのですが，表を見ると週の後半に売上が多いともいえます．そこで，相関分析を行ってCM放送回数と売上数に関係があるかどうかを調べてみましょう．最初に散布図を描き，次に相関分析を行うことにします．

表 6.1　CM 放送回数と売上数

曜日	CM 放送回数（回）	売上数（個）
日	10	45
月	10	52
火	13	50
水	15	53
木	25	70
金	30	75
土	20	72

散布図の作成

手順 1 表 6.1 の内容を入力します．

手順 2 散布図のデータ範囲 B1:C8 をドラッグします．

手順 3 ［**挿入**］タブをクリックし，［グラフ］グループから［**散布図（X, Y, またはバブル チャートの挿入**］の∨をクリックするとプルダウンメニューが表示されます（図 6.1）．プルダウンメニューから［**散布図**］を選択すると散布図が作成されます（図 6.2）．また，グラフ上の［**グラフタイトル**］をダブルクリックすると，グラフのタイトルを編集できるようになりますので，「売上数」と入力するとよいでしょう（図 6.2）．

図 6.1　散布図の作成

手順 4 作成された散布図には，凡例とグラフタイトルのみが表示されていますので，グラフを見やすくするために軸ラベルを追加しましょう．グラフを選択した状態で［**グラフのデザイン**］タブをクリックし，［**グラフ要素の追加**］の∨をクリックするとプルダウンメニューが表示されますので，メニューの［**軸ラベル (A)**］にカーソル

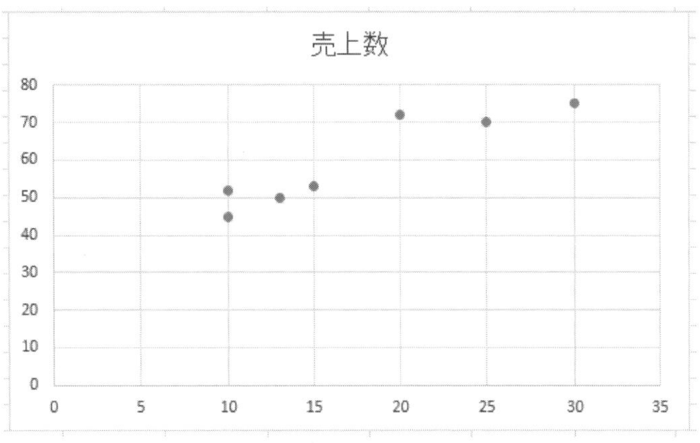

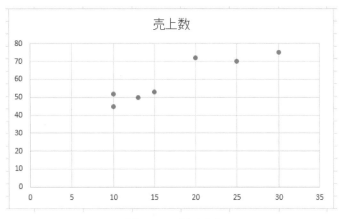

図 6.2　散布図

を合わせます（図 6.3）．表示されたメニューから［**第 1 横軸 (H)**］を選択するとグラフの横軸に「軸ラベル」と表示されますので，この文字列を「CM 放送回数」に変更します．同様に，［**第 1 縦軸 (V)**］を選択するとグラフの横軸に「軸ラベル」と表示されますので，「売上数」に変更します．そのままでもいいのですが，文字列を縦に変更したい場合は，変更した「売上数」の文字列を右クリックし，表示されたメニューから［**軸ラベルの書式設定 (F)**］を選択します．すると右側にサイドメニューが表示されますので，［文字のオプション］から［**テキストボックス**］のマーク（一番右に表示）をクリックし，［文字列の方向 (X)］から［**縦書き**］を選択します．そうすると，文字列が横書きから縦書きに変わります．

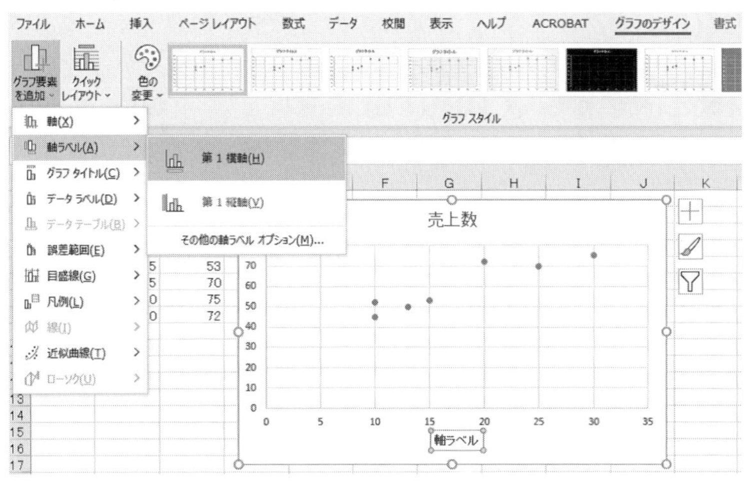

図 6.3　軸ラベルの追加

手順 5　最後に，［グラフのデザイン］タブの［グラフ要素を追加］グループから［凡例 (L)］にカーソルを合わせるとプルダウンメニューが表示されますので，［**なし (N)**］を選択します．そして，［**目盛線 (G)**］グループにカーソルを合わせ，表示されたプルダウンメニューから［**第 1 横軸 (H)**］と［**第 1 縦軸 (V)**］のチェックを外します（それぞれ灰色になっているところをクリックして白にする）．以上で，散布図が完成します（図 6.4）．

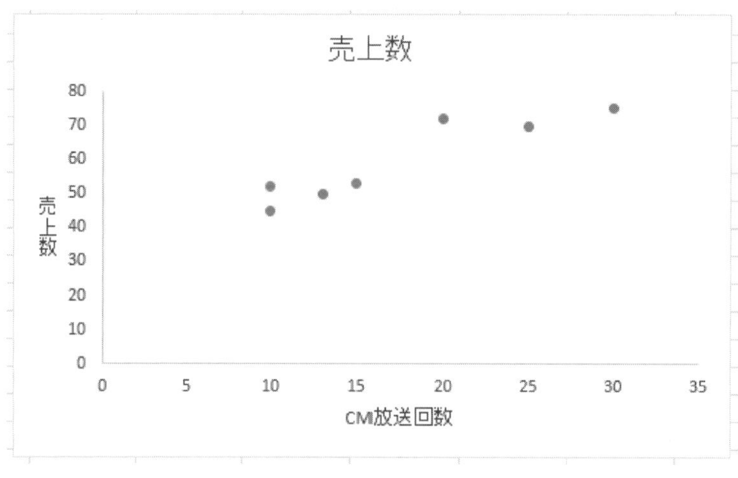

図 **6.4**　散布図の完成

図6.4を見ると，多少のバラツキはあるもののバラツキは大きくなく，右上がりとなっているため強い正の相関があると思われます．そこで次に相関分析を行って，相関関係を確かめてみることにしましょう．

相関分析の手順

手順 1　表6.1をそのまま使用し，相関係数を計算します．セルA10に「相関係数」と入力し，セルB10に相関係数を表示させます．セルB10にカーソルを合わせ，ツールバー上にある［Σ（オートSUM)］ボタンの∨をクリックして［関数名］から［**その他関数 (F)**］をクリックし，［関数の挿入］ダイアログボックスを表示させます．ダイアログボックスが表示されたら，［関数の分類 (C)］から［**すべて表示**］を選択し，［関数名 (N)］から［**CORREL**］を選択して，**OK** ボタンをクリックします（図6.5）．このCORREL関数で相関係数を計算することができます．

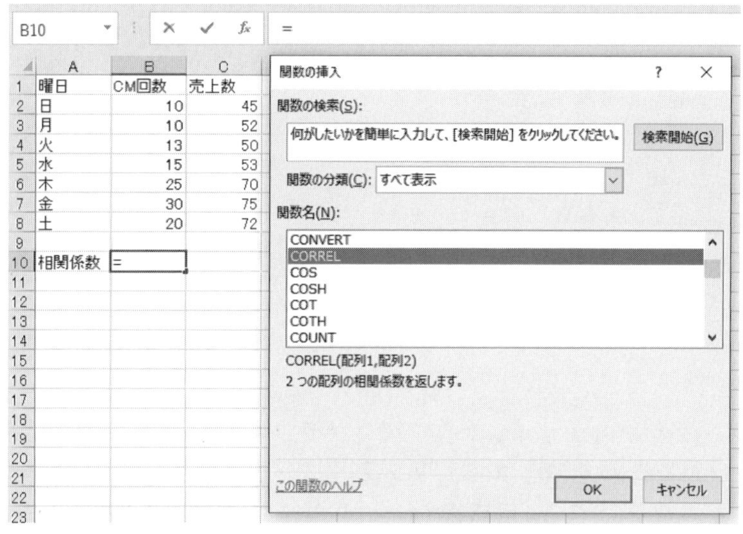

図 **6.5**　相関分析：関数の選択

手順 2　「手順1」を行うと［関数の引数］ダイアログボックスが出てきますので，［配列1］

に「B2:B8」，［配列 2］に「C2:C8」と入力します．［配列 1］にカーソルを合わせてシートの B2 から B8 までをドラッグ&ドロップ，［配列 2］にカーソルを合わせて C2 から C3 までをドラッグ&ドロップしても入力できます（図 6.6）．そのまま **OK** をクリックすると，セル B10 に相関係数が計算されます（図 6.7）．

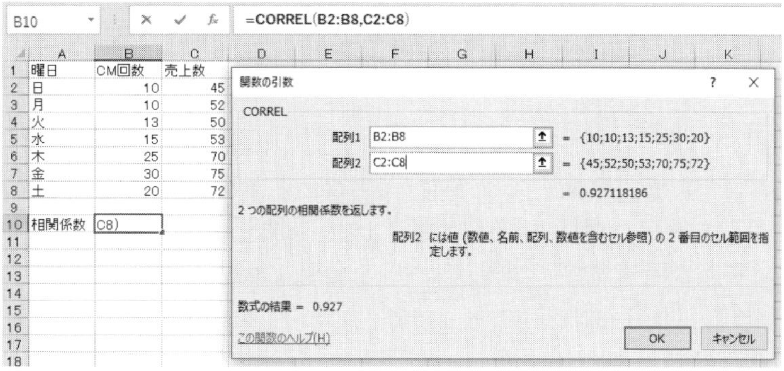

図 **6.6**　相関分析：範囲の指定

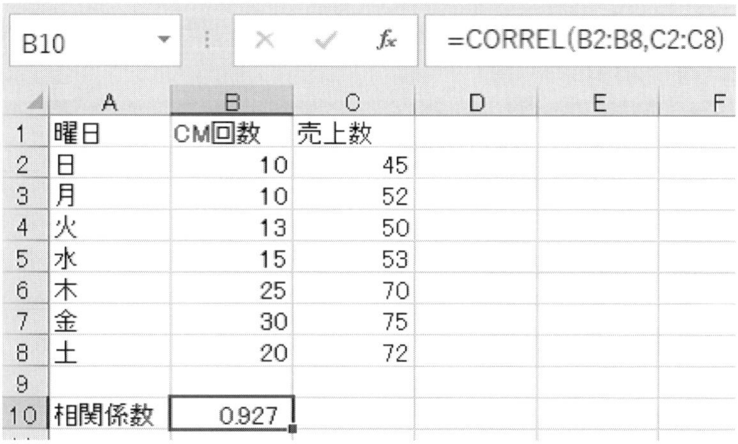

図 **6.7**　算出された相関係数

それでは分析結果を解釈してみましょう．相関係数は –1 から 1 の値をとり，絶対値が 1 に近いほど強い相関がある，すなわち 2 つの変数の関係は強いということになります．例題 6-1 の数値を見ると，相関係数は 0.927 であるため，強い正の相関があることがわかります．つまり，CM の放送回数と売上数には強いプラスの関係があるということになります．

CM 放送回数と売上数の間に強い正の相関があるとすれば，もしこの商品の売上を増やしたいのであれば，CM の回数を増やせばいいと考えるかもしれません．しかし，そう単純な話ではないのがビジネスの世界です．CM 放送回数を増やした場合にかかる追加費用を賄えるほどの売上増が見込めなければ，CM の放送回数を増やすことはできません．また，CM 放送回数と売上数には強い正の相関がありますが，相関係数は 2 変数の関係を示す数値であり，因果関係まではわかりません．つまり CM の放送回数が売上数の原因であるということまでは，相関分析ではいえないのです．場合によっては，CM 放送回数以外にもこの商品の売上を増やしている要因が存在する可能性があるということです．したがって，今度は「CM 放送回数を増やすほどこの商品の売上が増える」のかどうかを分析する必要があります．そこで，回帰分析によってCM放送回数と売上の因果関係を調べてみることにしましょう．

6.2　CM放送回数は売上に影響するのか：回帰分析で確かめてみよう

第4章で説明している通り，**回帰分析**は変量間の因果関係を調べるための統計的手法です．相関分析とは散布図を描いて2変量の対応を見るなどの共通点もありますが，一方の変数を原因、もう一方の変数を結果と考え，因果関係を前提とした**回帰方程式（回帰式）**を用いている点が特徴的です．いろいろな分野で用いられる統計的手法ですが，マーケティングでも頻繁に使用されます．

例題 6-2　回帰分析で CM と売上の因果関係を確かめよう

表6.1の数値を用いて回帰分析を行い，CMの放送回数が売上数に影響するかどうかを確かめなさい．

この例題での因果関係は，CM放送回数を原因，売上数を結果と考えます．つまり「CMの放送回数が多いほど売上が増加する」という仮説について，回帰分析を行うことになります．Excelで回帰分析を行う方法はいろいろあるのですが,「データ分析(A)」(分析ツール）の「回帰分析」を利用するのが一番やりやすい方法です．

回帰分析の手順

手順1　［データ］タブをクリックして［**データ分析**］を選び，表示されたダイアログボックスから［**回帰分析**］を選択し，**OK** ボタンをクリックします．

手順2　［回帰分析］ダイアログボックスが表示されたら，［入力元］の［**入力 Y 範囲 (Y)**］には被説明変数のデータ範囲「C1:C8」を入力し（C1からC8をドラッグ&ドロップでも可），［**入力 X 範囲 (X)**］には説明変数のデータ範囲「B2:B8」を入力します（B1からB8をドラッグ&ドロップでも可）．さらに，［**ラベル (L)**］のチェックボックスにチェックを入れます．また，［出力オプション］は［**新規ワークシート (P)**］を選択します（図6.8）．すべての条件設定が終わったら **OK** ボタンをクリックします．

以上で，図6.9の結果が得られます．

それでは分析結果を解釈してみましょう．回帰方程式と決定係数の理解は第4章をもとに読者自身で行ってください．この例題で求められる回帰方程式は以下のようになります．

$$\widehat{y} = 33.64936 + 1.47524x$$

また，決定係数 R^2 は，0以上1以下の値をとり，1に近いほど被説明変数 y の全変動の中で，回帰直線によって説明できる変動部分の割合が大きく，回帰直線は説明変数 x に対する被説明変数 y の関係をより正確に示していて，回帰関係が強いと判断します．

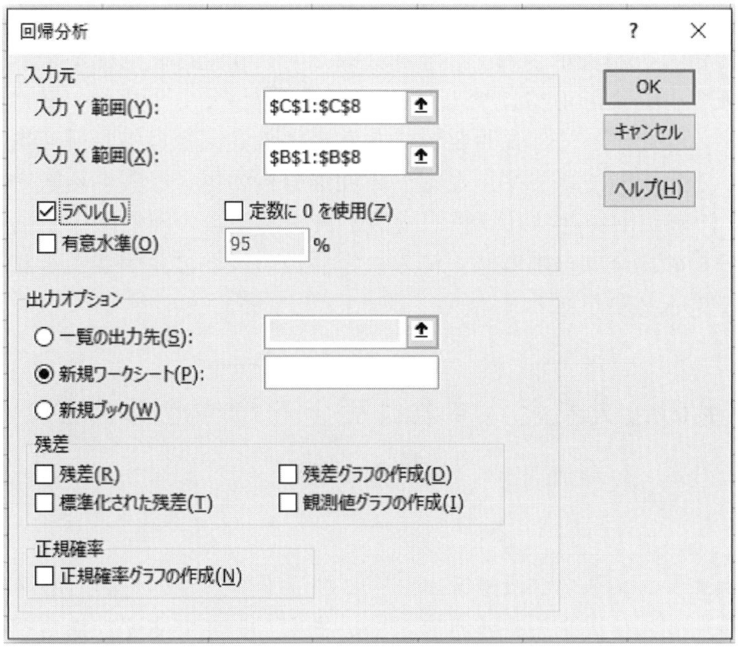

回帰分析

入力元

入力 Y 範囲(Y): $C$1:$C$8

入力 X 範囲(X): $B$1:$B$8

☑ ラベル(L)　☐ 定数に 0 を使用(Z)

☐ 有意水準(O)　95 %

OK

キャンセル

ヘルプ(H)

出力オプション

○ 一覧の出力先(S):

◉ 新規ワークシート(P):

○ 新規ブック(W)

残差

☐ 残差(R)　☐ 残差グラフの作成(D)

☐ 標準化された残差(T)　☐ 観測値グラフの作成(I)

正規確率

☐ 正規確率グラフの作成(N)

図 6.8　回帰分析の実行

	A	B	C	D	E	F	G	H	I
1	概要								
2									
3	回帰統計								
4	重相関 R	0.927118							
5	重決定 R2	0.859548							
6	補正 R2	0.831458							
7	標準誤差	5.043992							
8	観測数	7							
9									
10	分散分析表								
11		自由度	変動	分散	観測された分散比	有意 F			
12	回帰	1	778.505	778.505	30.59938	0.002647			
13	残差	5	127.2093	25.44185					
14	合計	6	905.7143						
15									
16		係数	標準誤差	t	P-値	下限 95%	上限 95%	下限 95.0%	上限 95.0%
17	切片	33.64936	5.059077	6.651285	0.001159	20.64459	46.65413	20.64459	46.65413
18	CM回数	1.47524	0.26669	5.531671	0.002647	0.789692	2.160787	0.789692	2.160787

図 6.9　回帰分析：分析結果

例題 6-2 の分析結果 (図 6.9) を見ると，決定係数は 0.859548 となっています（Excel で回帰分析を行った場合は決定係数 R^2 が「重決定 R2」と表示されます）．回帰関係の強さを示す絶対的な基準はありませんが，決定係数 R^2 が 0.6 以上であれば，回帰関係は強いと判断することが多いようです．なお，決定係数 R^2 は説明変数を追加すると大きくなる傾向があります．したがって，説明変数を複数用いる重回帰分析では自由度を修正した決定係数 R^2（自由度修正済み R^2，Excel で回帰分析を行うと「補正 R2」と表示されます）を用います．

また，被説明変数 y に対する説明変数 x の説明力を判断したい場合は，分析結果の一番下の表を見ます．セルD18には「t値（Excelの出力では「t」）」，E18には「p値（Excelの出力では「P-値」）」が表示されています．ここで，p値は有意確率を示しています．表を見ると有意確率p値は0.002647で0.05未満であるため，5％水準で統計的に有意であると認められます．したがって，説明変数であるCM放送回数は被説明変数である売上数の原因になっていると判断できます．なお，単回帰分析の場合は説明変数が1つしかないため決定係数R^2の値が1に近ければ説明変数と被説明変数の回帰関係が強いと判断できますが，重回帰分析の場合は自由度修正済み決定係数のほかに説明変数それぞれが統計的に有意であるかを見る必要があります．

6.3　商品の仕入をどうすれば売上を増やせるのか：tをもとに考えよう

あるコンビニエンスストアではチョコレートの売上アップのため，AブランドかBブランドのチョコレートの仕入を増やそうとしています．そこでまず，ある週の売上を調べてみたところ，表6.2のような状況であることがわかりました．

表6.2　チョコレートの売上数

曜日	Aブランド	Bブランド
日	28	23
月	24	36
火	30	45
水	20	23
木	42	33
金	32	38
土	45	38

合計すると，Aブランドは221個，Bブランドは236個売れたことがわかります．この数字だけを見ると「売れているBブランドのチョコレートの仕入を増やそう」ということになりますが，話はそう単純でありません．そこで次に1日当たりの平均売上数を計算してみたところ，Aブランドは31.57個，Bブランドは33.71個でした．また，Aブランドの分散は82.62で標準偏差は9.09，Bブランドの分散は66.57で標準偏差は8.16でした．これらの数字から，「1日当たりの平均売上数はAブランドもBブランドもそれほどに変わらないように見える．ただしAブランドのほうがBブランドよりも曜日ごとの売上に多少のばらつきがあるように思われる」ということがいえそうです．

したがって，「曜日によって売れ行きにばらつきがなく，しかも合計での売れ数の多いBブランドの仕入を増やした方が良さそうだ」ということになります．しかし一方で，「売上のばらつきの多いAブランドのばらつきを少なくして安定的に売れるようにすれば，このコンビニエンスストアにおけるチョコレートの売上はさらに向上するのではないか」と考えることもできます．そもそも，平均売上数を見るとAブランドとBブランドの差はあまりなく，本当にBブランドの方がたくさん売れているのかという疑問もあります．そこで，

A ブランドと B ブランドでは売上数に違いがあるのかどうかについて確かめてみることにしましょう．

2 変数の平均の差の検定では t 検定と呼ばれる手法を使いますが，t 検定と呼ばれるのは t 分布と呼ばれる確率分布を用いるからです．

1 変数の平均の場合は検定統計量 z 値を計算し，標準正規分布を用いて検定を行います．また，小標本の場合は t 分布を用いて検定統計量 t 値を計算し，検定をするのが一般的です．ただ現実には，一つの平均値の統計的有意性を判断するということは，マーケティングでは極めてまれです．一定期間におけるある商品の平均売上数の多少，あるレジャー施設の平均来場客数の多少，ある商品の CM の効果などを検証するためには，いずれも比較対象が必要だからです．

2 変数の t 検定には，独立した（対応のない）2 変数に関する検定と，対応のある 2 変数に関する検定の 2 種類あり，それぞれでやり方が異なります．また，対応のない 2 変数を対象とした t 検定では，母分散が等しい場合（等分散）と，未知である場合（非等分散）とでそれぞれやり方が違います．たとえば同じ人が 2 つのブランドのお茶を飲み比べてどちらがおいしいかを点数で評価した場合，同一の個人が二つのものを比較しているという意味で 2 変数には対応関係があるため，対応のある 2 変数に関する t 検定を行います．しかし表 6.2 のケースでは，同一店舗内での売上のため，A ブランドと B ブランドという 2 変数には対応関係があるように見えますが，同じ人が評価しているというわけではなく，両ブランドのチョコレートの売上は基本的には独立していると考えるのが自然です．また，A ブラントと B ブランドは別のものであるため母分散が等しくないと考えられます．したがって，このケースでは独立した 2 変数に関する t 検定を行うことになります．理論的な説明は他章および類書に譲るとして，ここでは Excel を用いた t 検定をやってみましょう．

例題 6-3　t 検定で 2 つのブランドの売上数に違いがあるかどうかを確かめてみよう

表 6.2 のデータを用いて t 検定を行い，A ブランドと B ブランドの平均売上数に違いがあるかどうかを確かめなさい．

Excel を使った t 検定には，関数を使う方法と「分析ツール」を使う方法の二通りありますが，ここでは関数を使って t 検定を行います．帰無仮説 H_0 および対立仮説 H_1 は以下のようになります．

H_0：A ブランドと B ブランドのチョコレートの売上に差はない
H_1：A ブランドと B ブランドのチョコレートの売上には差がある

手順 1 まずは，Excel で検定を行う準備のために必要なものを入力しましょう（図 6.10）．

手順 2 有意確率を計算します．

セル B10 にカーソルを合わせた上で［ホーム］タブのツールバー上にある［**Σ（オート SUM)**］ボタンの∨をクリックし，［**その他関数 (F)**］を選択します．すると［関数の挿入］ダイアログボックスが表示されますので，［関数の分類 (C)］から［**すべて表示**］を選び，［関数名 (N)］から［**T.TEST**］を選択します．

	A	B	C
1		Aブランド	Bブランド
2	日	28	23
3	月	24	36
4	火	30	45
5	水	20	23
6	木	42	33
7	金	32	38
8	土	45	38
9			
10	有意確率		
11	検定統計量t		

図 **6.10**　t 検定の準備

手順3 手順2を行うと［関数の引数］ダイアログボックスが表示されます．［配列1］と［配列2］に，図6.11のように入力します．

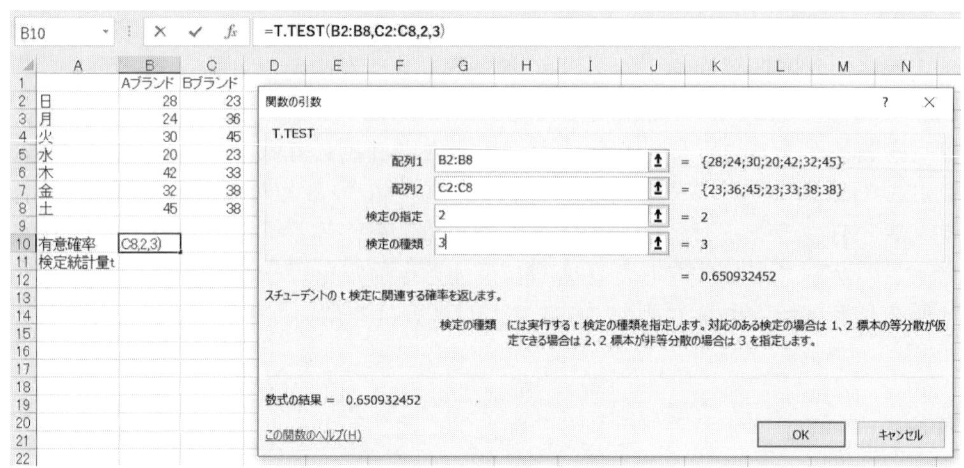

図 **6.11**　t 検定の実行

［関数の引数］ダイアログボックス内の［検定の指定］と［検定の種類］では，表6.3のような決まりがあります．この例題の帰無仮説は「AブランドとBブランドのチョコレートの売上に差はない」であるため，検定の指定は「両側検定」になります[1]．また，AブランドとBブランドはそれぞれ別個のチョコレートのブランドになりますので，「3　非等分散（分散が等しくない）の2変数を対象にした t 検定」になります[2]．すべての項目を入力して **OK** ボタンをクリックすると，図6.12のように計算結果が表示されます．

[1]「差がある／差がない」ではなく「大きい（多い）／小さい（少ない）」という仮説を設定した場合は両側検定ではなく片側検定を行います．

[2]正確には，等分散か非等分散かを判断するために等分散性の検定を行う必要があります．代表的な手法にバートレット検定（Bartlett test）とルビーン検定（Levene test）があります．

表 6.3　Excel における t 検定のルール

検定の指定	片側検定の場合：1，両側検定の場合：2
検定の種類	1 対応のある 2 変数の t 検定
	2 等分散（母分散が等しい）の 2 変数を対象にした t 検定
	3 非等分散（母分散が等しくない）の 2 変数を対象にした t 検定

B10　=T.TEST(B2:B8,C2:C8,2,3)

	A	B	C	D	E	F
1		Aブランド	Bブランド			
2	日	28	23			
3	月	24	36			
4	火	30	45			
5	水	20	23			
6	木	42	33			
7	金	32	38			
8	土	45	38			
9						
10	有意確率	0.650932				
11	検定統計量t					

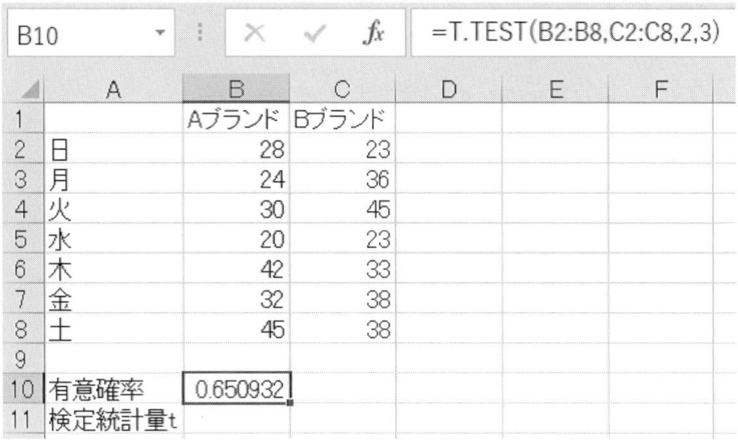

図 6.12　t 検定：有意確率の計算

手順 4　検定統計量 t（t 値）を計算します．手順 2 および手順 3 と同様，関数の選択を使って計算できます．セル B11 にカーソルを合わせた上でツールバー上にある［Σ（オート SUM)］ボタンの∨をクリックして **［その他関数 (F)］** を選択し，［関数の分類 (C)］から **［統計］** を選択します．次いで［関数名 (N)］から **「T.INV.2T」** を選択し，**OK** ボタンをクリックします（片側検定の場合は「T.INV」を選択します）．すると図 6.13 のようなダイアログボックスが表示されますので，必要な数字を入力します．［X（確率)］は手順 3 で計算した数値を入力しますが，セル B10 をクリックするとそのまま数字が入力されます．［自由度］は別に計算する必要があるのですが，対応のない 2 変数の t 検定を行う場合，自由度は「変数 1 のデータの個数 + 変数 2 のデータの個数 −2」になります．したがって，この例題では，自由度は「7 + 7 − 2 = 12」となります．これを **［自由度］** のところに入力します．［確率］と［自由度］を入力して **OK** ボタンをクリックすると，セル B11 に「検定統計量 t」の計算結果が表示されます（図 6.14）．

では，検定結果を解釈しましょう．そのためには有意水準を 5%とした場合の臨界値が必要となります．臨界値もまた「=T.INV.2T」関数を使って求めることができます．入力すべき確率を 0.05 に変えるだけです．たとえば，空いているセル上で計算して求めると臨界値は 2.179 になり，棄却域は $t \leqq -2.179$ または $2.179 \leqq t$ になることがわかります．この例題で求めた検定統計量 t は 0.464 で 2.719 よりも小さくなりますので，帰無仮説は棄却することができないということになります．このことは，図 6.12 のセル B10 で示している有意確率でも判断できます，有意確率は 0.651 で有意水準に設定した 0.05 よりも大きいため，この数字を見ても帰無仮説が棄却できないことがわかります．つまり「A ブランドと

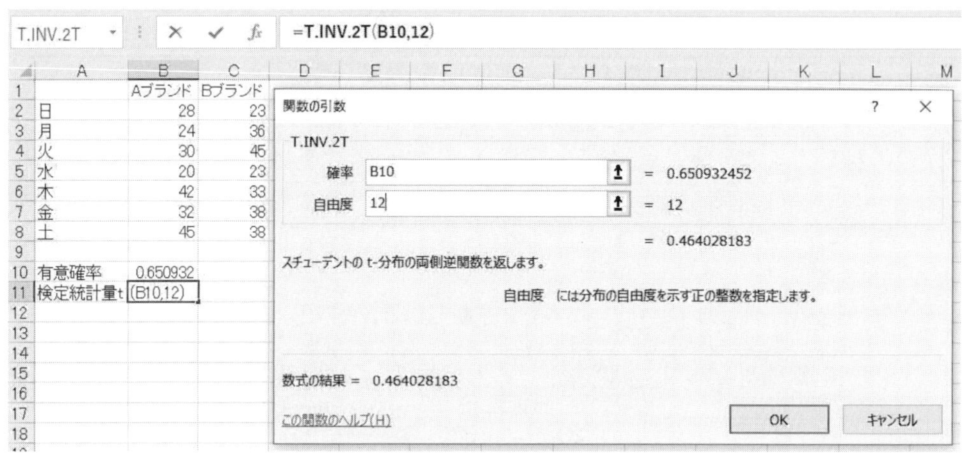

図 **6.13**　検定統計量 t の計算

B11　=T.INV.2T(B10,12)

	A	B	C	D	E
1		Aブランド	Bブランド		
2	日	28	23		
3	月	24	36		
4	火	30	45		
5	水	20	23		
6	木	42	33		
7	金	32	38		
8	土	45	38		
9					
10	有意確率	0.650932			
11	検定統計量t	0.464028			

図 **6.14**　算出された検定統計量 t

Bブランドのチョコレートの売上に差はない」ということです．

この分析結果からどのような考察ができるでしょうか．マーケティングでは（マーケティング以外の分野でもそうですが），分析結果の考察およびマーケティング戦略への適用が重要になってきます．この店舗では当初，チョコレートの売上を増やすためにAブランドかBブランドの仕入を増やそうとしていました．ですが，t 検定の結果，売上に差はないという結果になりました．つまり，単純にAブランドかBブランドのチョコレートの仕入を増やしただけでは，チョコレート全体の売上は増えない可能性が高いということになります．この場合，別な観点からの分析が必要です．たとえば，「曜日によってチョコレートの売上が違ってくるのか」「A，B以外にチョコレート全体の売上を左右するブランドがあるのではないか」「売れ数だけでなくプロモーションの効果も加味して分析する必要があるのではないか」ということです．こうしたさまざまな要因を考え，分析した上でマーケティング戦略の方針を決めるのです．

ここまでの話はコンビニエンスストアにおけるチョコレートの売上という，小売店の視点からのものでした．しかし実際には，マーケティングはメーカーからの視点で議論されることが圧倒的に多いです（特に大学でマーケティングの授業を受けたりマーケティングの入門書を読む際には，メーカーの視点で考えたマーケティングをまず学びます）．メーカーにとっては自社ブランドの売れ行きが最も気になるところであるため，例題6-1と6-2のように自社ブランドのチョコレートのCMを放送した場合と放送しない場合とでは売上数がどのように変わってくるのかや，CMの放送回数によって売上数は違うのか，あるいは，自社ブランドのチョコレートを消費者がどのように評価しているのか（この場合は因子分析や共分散構造分析など，より高度な統計的手法が必要になります）といった分析を行います．これらについては，興味・関心に応じて勉強してみてください．

ではもう1つ，独立性の検定（χ^2 検定）をやってみることにしましょう．

6.4 ブランド数を増やして売上傾向を分析する

例題6-3から，AブランドとBブランドのある1週間における売上を調べただけでは，このコンビニエンスストアでチョコレートの売上を増やすためにはどのように仕入を行うべきかがわからない，ということがはっきりしました．そこで，売上を調べてみるブランドの数を増やすことにしましょう．ブランドを二つ（Cブランド，Dブランド）追加します（表6.4）．

表 6.4 曜日ごとの4ブランドのチョコレートの売上
（カッコ内の数字の単位は%）

曜日	Aブランド	Bブランド	Cブランド	Dブランド	計
日	28(26.4)	23(21.7)	20(18.7)	35(33.0)	106
月	24(22.6)	36(34.0)	26(24.5)	20(18.9)	106
火	30(20.7)	45(31.0)	32(22.0)	38(26.2)	145
水	20(26.7)	23(30.7)	18(24.0)	14(18.7)	75
木	42(34.4)	33(27.0)	27(22.1)	20(16.4)	122
金	32(21.3)	38(25.3)	36(24.0)	44(29.3)	150
土	45(29.6)	38(25.0)	40(26.3)	29(19.1)	152
計	221(25.8)	236(27.6)	199(23.2)	200(23.4)	856

表6.4（**クロス集計表**）を見ると，たとえば「Dブランドは土曜日になると売れ行きが悪くなる」「Aブランドは週の後半に比べて前半は売れ行きがあまり良くない」など，いろいろなことがいえそうです．ということは，曜日によって各ブランドの売上傾向に違いがあるのではないかという予測を立てることができます．しかし，この予測が本当に当たっているのかどうかは，統計的検定を行わないと判断できません．たまたま，表6.4のような売上傾向が出た可能性があるからです．クロス集計表での変量，すなわちクロス集計表の表頭（表6.4では「ブランド」に該当）と表側（表6.4では「曜日」に該当）の間に統計的に意味のある関連性があるかどうかを判断するための統計的手法として，**独立性の検定**（χ^2 **検定**）があります[3]．

[3] χ^2 検定には，クロス集計表のような分割表の縦と横の変数が独立しているか否かを確かめるための独立性の検定の他に，期待度数に対する観測度数の当てはまりの良さを確かめるための適合度検定があります．例題6-4では，曜日とブランドが独立しているかどうかを確かめますので，独立性の検定を行うことになります．

Excel で独立性の検定を行う場合，ピボットテーブルを用いてクロス集計表を作成する方法と，関数を用いる方法があります．ここでは関数を使って独立性の検定を行うことにします．

例題 6-4　独立性の検定を使って売上の違いを確かめよう

独立性の検定を行い，曜日によるブランドの売上数に違いがあるかどうかを確かめなさい．

表 6.4 で独立性の検定を行う場合，帰無仮説 H_0 と対立仮説 H_1 は以下のように表現できます．

H_0：曜日によるブランドの売上数には違いがない
H_1：曜日によるブランドの売上数には違いがある

表 6.4 のカッコ内の数字を見てください．もし，曜日による各ブランドの売上数に違いがまったくなければ，A ブランド 25.8%，B ブランド 27.6%，C ブランド 23.2%，D ブランド 23.4%という比率は，曜日に関係なく発生するはずです．このような考え方に基づけば，たとえば日曜日における A ブランドの売上数は 27 個，B ブランドの売上数は 29 個になります．このような数値を期待度数（または理論度数など）といいます．しかし実際には日曜日における A ブランドの売上数は 28 個，B ブランドの売上数は 23 個です．この数値を観測度数（または発現度数など）といいます．独立性の検定で用いる χ^2 統計量（カイ 2 乗値）とは，クロス集計表におけるセルごとの期待度数と観測度数の差を 2 乗した値を期待度数で割り，その数値を合計したものです．具体的には，以下の式で計算できます．

$$\chi^2 = \sum_{i=1}^{k}\sum_{j=1}^{l}\frac{(O_{ij} - E_{ij})^2}{E_{ij}}$$

ここで，
χ^2：カイ 2 乗統計量
k, l：セルの個数
O：観測度数
E：期待度数

χ^2 値は 0 以上の値をとりますが，0 に近いほど各セル間の関係は弱く，大きくなるほどセル間の関係は強くなります．つまりこの例題に当てはめれば，χ^2 値が大きくなるほど「曜日によるブランドの売上数には違いがある」といえます．ただし，カイ 2 乗値はセル数によって左右されますので，独立性の検定を行う際には自由度を考慮しなければいけません．この場合の自由度は，（表頭の項目数 −1）×（表側の項目数 −1）で計算できます．

χ^2 統計量と自由度を計算したら，あとは χ^2 分布をもとに帰無仮説 H_0 が支持されるのか対立仮説 H_1 が支持されるのかを判断します．では，Excel を使って実際に独立性の検定をやってみましょう．ただし，表 6.4 の数値すべてを使って独立性の検定を行うと計算量が多くなってしまいますので，ここでは手順を理解するため，日曜日と火曜日の 2 日間のみに限定して独立性の検定を行うことにします（表 6.5）．

表 6.5　日曜日と火曜日における 4 ブランドのチョコレートの売上（カッコ内の数字の単位は%）

曜日	A ブランド	B ブランド	C ブランド	D ブランド	計
日	28(26.4)	23(21.7)	20(18.7)	35(33.0)	106
火	30(20.7)	45(31.0)	32(22.0)	38(26.2)	145
計	58(23.1)	68(27.1)	52(20.7)	73(29.1)	251

手順 1　検定に必要なデータを入力します（図 6.15）．各セルに数字を入力した上で，それぞれの合計は「SUM 関数」を使うとよいでしょう（［ホーム］タブのツールバーにある［Σ（オート SUM）］ボタンの∨をクリックして「**合計 (S)**」を選択し，計算する範囲をドラッグ&ドロップでも可）．

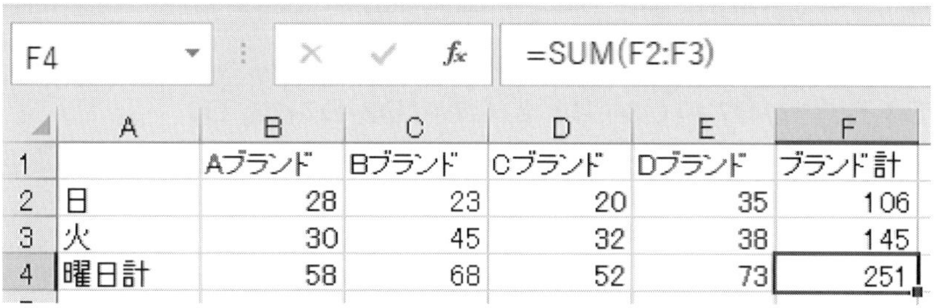

F4　=SUM(F2:F3)

	A	B	C	D	E	F
1		Aブランド	Bブランド	Cブランド	Dブランド	ブランド計
2	日	28	23	20	35	106
3	火	30	45	32	38	145
4	曜日計	58	68	52	73	251

図 6.15　χ^2 検定：データの入力

手順 2　表 6.5 における各ブランドの「計」のパーセンテージを用いて，各セルの期待度数を計算します．「曜日計」における各ブランドのパーセンテージは，A ブランド 23.1%，B ブランド 27.1%，C ブランド 20.7%，D ブランド 29.0%です．この数字と「ブランド計」の数字を用いて，各セルの期待度数を計算します．たとえば日曜日・A ブランドの場合はセル B6 に「=106*0.231」と入力し Enter キーを押せば計算できます．同様のやり方で，日曜日と他のブランドと火曜日の各ブランドの期待度数を計算しましょう（図 6.16）．計算結果は，見やすいように各ブランドの下に入力するといいでしょう．

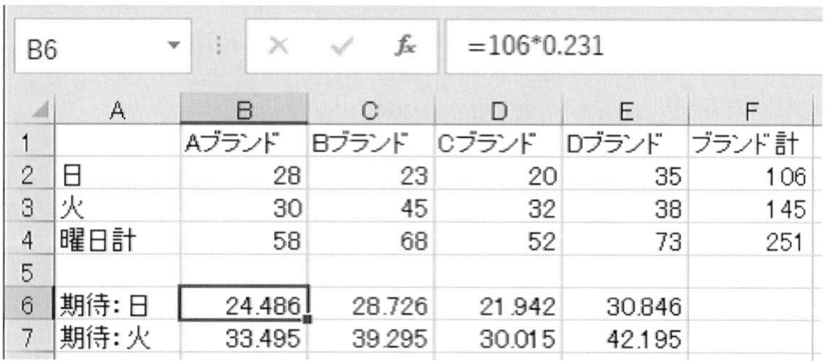

B6　=106*0.231

	A	B	C	D	E	F
1		Aブランド	Bブランド	Cブランド	Dブランド	ブランド計
2	日	28	23	20	35	106
3	火	30	45	32	38	145
4	曜日計	58	68	52	73	251
5						
6	期待：日	24.486	28.726	21.942	30.846	
7	期待：火	33.495	39.295	30.015	42.195	

図 6.16　χ^2 検定：期待度数の計算

手順 3 χ^2 統計量を計算します．χ^2 検定統計量，自由度，有意水準，p 値を表示する場所はどこでもいいのですが，見やすいようにセル H にそれぞれの統計量の種類，セル I に数値を表示することにします．χ^2 統計量を計算する際には，セルごとに「**(観測度数 - 期待度数)** ^{2} ÷ **期待度数**」を計算し，それをすべて足し合わせます．Excel の計算式では「(観測度数 - 期待度数)^2／期待度数」となります．ただしここでは見やすいように，日曜日と火曜日それぞれで計算し，最後に両日を合計することにします．それによって，このクロス集計表における χ^2 検定統計量を計算できます．まず日曜日から計算しましょう．セル I2 に以下の日曜日の計算式を入力し，Enter キーを押すと χ^2 統計量が計算されます．同様に，セル I3 に火曜日の計算式を入力して χ^2 統計量を計算します（図 6.17）．日曜日と火曜日それぞれを計算したら，［Σ（オート SUM)］を利用してセル I4 に合計を求めます（図 6.18）．

日曜日

=(B2-B6)^2/B6+(C2-C6)^2/C6+(D2-D6)^2/D6

+(E2-E6)^2/E6

火曜日

=(B3-B7)^2/B7+(C3-C7)^2/C7+(D3-D7)^2/D7

+(E3-E7)^2/E7

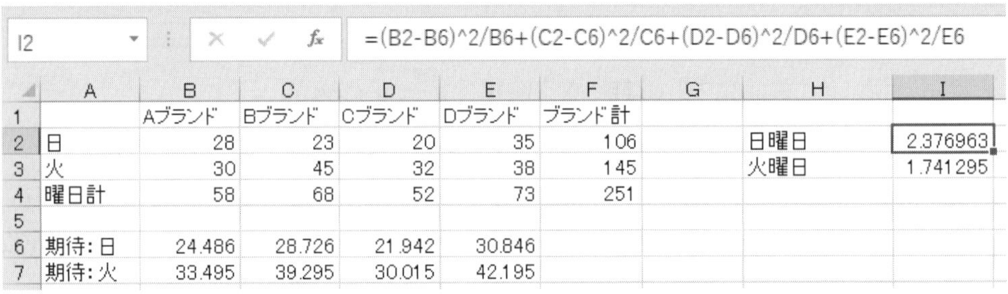

I2　=(B2-B6)^2/B6+(C2-C6)^2/C6+(D2-D6)^2/D6+(E2-E6)^2/E6

	A	B	C	D	E	F	G	H	I
1		Aブランド	Bブランド	Cブランド	Dブランド	ブランド計			
2	日	28	23	20	35	106		日曜日	2.376963
3	火	30	45	32	38	145		火曜日	1.741295
4	曜日計	58	68	52	73	251			
5									
6	期待：日	24.486	28.726	21.942	30.846				
7	期待：火	33.495	39.295	30.015	42.195				

図 **6.17**　曜日別での χ^2 統計量の計算

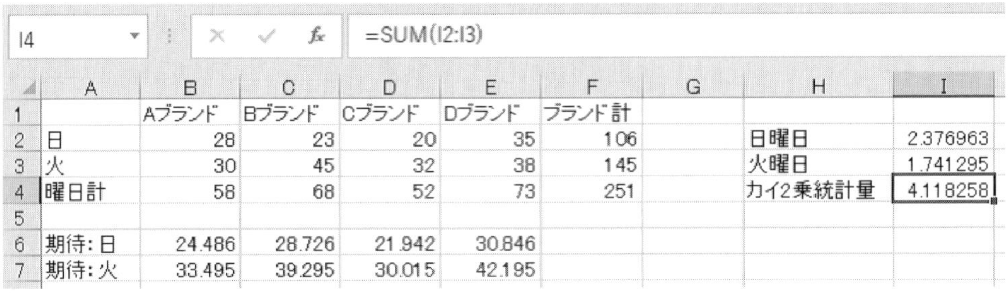

I4　=SUM(I2:I3)

	A	B	C	D	E	F	G	H	I
1		Aブランド	Bブランド	Cブランド	Dブランド	ブランド計			
2	日	28	23	20	35	106		日曜日	2.376963
3	火	30	45	32	38	145		火曜日	1.741295
4	曜日計	58	68	52	73	251		カイ2乗統計量	4.118258
5									
6	期待：日	24.486	28.726	21.942	30.846				
7	期待：火	33.495	39.295	30.015	42.195				

図 **6.18**　χ^2 統計量：日曜日と火曜日の合計

手順 4 自由度を計算します．自由度は，「(表頭の項目数 −1) × (表側の項目数 −1)」で計算できます．この例題では表頭の選択肢数が 4，表側の選択肢数が 2 であるため，自由度は

$(\mathbf{4}-\mathbf{1}) \times (\mathbf{2}-\mathbf{1}) = \mathbf{3}$

となります．結果を見やすいように，セル H5 に「自由度」と入力し，セル I5 に自由度の数値を入力します．

手順 5 有意水準 α を決めます．この例題では有意水準を 5%（$\alpha = 0.05$）にします．手順 4 と同様，検定結果が見やすくなるように，セル H6 に「有意水準（α)」，セル I6 に 0.05 と入力します．

手順 6 関数を用いて p 値を計算します． まず，セル H7 に「p 値」と入力します．次に関数を使って p 値の計算をしますが，Excel で χ^2 検定の p 値を計算する際には「**CHISQ.DIST.RT**」関数を使用します．ツールバー上の［Σ（オート SUM)］ボタンの∨をクリックし，「**その他の関数**」を選択してください．「関数の導入」ダイアログボックスが表示されたら，［関数の分類 (C)］から［**統計**］を選び，そこから［**CHISQ.DIST.RT**］を選択すると，［関数の引数］ダイアログボックスが表示されますので（図 6.19），［X］に手順 3 で計算した χ^2 統計量，［自由度］に手順 4 で計算した自由度を入力します．［X］にカーソルを合わせてセル I4 をクリックすれば χ^2 検定統計量が自動で入力され，［自由度］にカーソルを合わせてセル I5 をクリックすれば自由度が自動で入力されます．すべての数値を入力して **OK** ボタンをクリックすると，セル I7 に p 値が表示されます（図 6.20）．

関数の引数

CHISQ.DIST.RT

X　I4　= 4.11825822

自由度　I5　= 3

= 0.248974275

カイ 2 乗分布の右側確率の値を返します

自由度　には自由度 (10^10 を除く 1 ～ 10^10 の間の数値) を指定します

数式の結果 = 0.248974275

この関数のヘルプ(H)　OK　キャンセル

図 **6.19**　χ^2 検定：p 値の計算

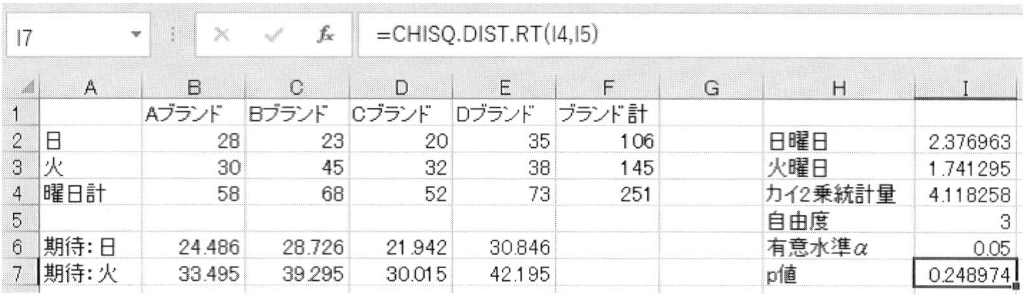

I7　=CHISQ.DIST.RT(I4,I5)

	A	B	C	D	E	F	G	H	I
1		Aブランド	Bブランド	Cブランド	Dブランド	ブランド計			
2	日	28	23	20	35	106		日曜日	2.376963
3	火	30	45	32	38	145		火曜日	1.741295
4	曜日計	58	68	52	73	251		カイ2乗統計量	4.118258
5								自由度	3
6	期待: 日	24.486	28.726	21.942	30.846			有意水準α	0.05
7	期待: 火	33.495	39.295	30.015	42.195			p値	0.248974

図 **6.20**　χ^2 検定：算出された p 値

分析結果を見てみましょう．p 値は 0.248974 で，0.05 よりも大きくなっています．したがって，帰無仮説 H_0 が棄却できません．つまり**「日曜日と火曜日におけるブランドの売上数には違いがあるとはいえない」**ということになります．

ここでは計算量の問題から，表 6.4 の一部のみ（表 6.5）で独立性の検定を行いましたが，ぜひすべての数値で独立性の検定をやってみてください．独立性の検定を行った上で，たとえば「どのブランドの仕入を強化すればいいのか」「どのブランドのキャンペーンを強化すればいいのか」など，マーケティングに関する意思決定を行うことになります．

補足　ここでは，独立性の検定の考え方を理解してもらうため，χ^2 検定統計量を算出する方法で検定を行いましたが，Excel では**「CHISQ.TEST」**関数を使うとより簡単に独立性の検定を行うことができます．ツールバー上の［Σ（オート SUM)］ボタンの∨をクリックし，**「その他の関数」**を選択し，「関数の導入」ダイアログボックスの［関数の分類 (C) から［**統計**］を選び，そこから［**CHISQ.TEST**］を選択すると，図 6.21 のような［関数の引数］ダイアログボックスが表示されます．このダイアログボックス内の［実測値範囲］に「`B2:E3`」(観測度数)，［期待値範囲］に「`B6:E7`」(期待度数）を入力し（ドラッグ&ドロップでも可)，**OK** ボタンをクリックすると，p 値が算出されます（図 6.22)．この p 値と有意水準 α を比較して，帰無仮説を棄却できるかどうかを判断します．先ほどの例題で計算した p 値と，ここで算出された p 値の値が同じであることを確認してください．

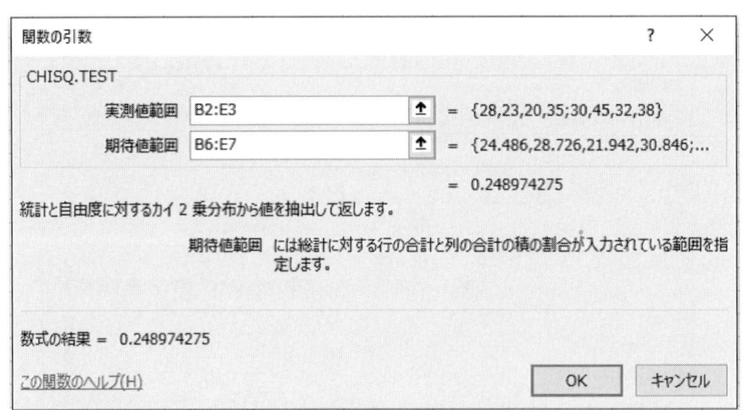

図 **6.21**　「CHISQ.TEST」関数を用いた χ^2 検定

I7　=CHISQ.TEST(B2:E3,B6:E7)

	A	B	C	D	E	F	G	H	I
1		Aブランド	Bブランド	Cブランド	Dブランド	ブランド計			
2	日	28	23	20	35	106			
3	火	30	45	32	38	145			
4	曜日計	58	68	52	73	251			
5									
6	期待：日	24.486	28.726	21.942	30.846			有意水準α	0.05
7	期待：火	33.495	39.295	30.015	42.195			p値	0.248974

図 **6.22**　χ^2 検定：算出された p 値

6.5　補足説明：データの種類について

この章では相関分析，回帰分析，t 検定（平均の差の検定），独立性の検定（χ^2 検定）を行いましたが，この章で使用したデータはすべてマーケティングに関係するもので，かつ特定の目的に合わせて新たに収集したデータです．経済情報処理やマーケティング分析などではいろいろなデータを使用しますが，データの種類について簡単に説明してこの章をとじることにします．

データには大きく分けて一次データと二次データがあります．**一次データ**はある調査・分析のために新たに収集されるデータのことをいいます．たとえば座席にアンケートを置いている飲食店はたくさんありますが，あれは顧客満足度を分析するためのデータを収集しているのです．その意味で，飲食店のアンケートは一次データの収集になります．一方，**二次データ**は他の目的のために既に収集されたデータのことです．マーケティングでは総務省が行っている家計調査を活用することがしばしばあるのですが，家計調査は「国民生活における家計収支の実態を把握し，国の経済政策・社会政策の立案のための基礎資料を提供すること」を目的としています（総務省統計局）．つまり「家計収支の実態を把握する」という他の目的のために収集されたデータをマーケティングに援用している，すなわち二次利用していることになるのです．二次データはあるデータを他の目的へ二次利用する，という意味で二次データと呼ばれると理解して差し支えありません．

では，一次データと二次データのどちらが頻繁に利用されるのか．それは分野によって異なるといえます．たとえば経済政策では，失業率，物価上昇率，国際収支などのデータを用いますが，それらは総務省などの政府機関が収集したものを二次利用することが多く，その意味では二次データを利用することが多いといえます．一方，マーケティングや経営学ではどちらも利用しますが，相対的には二次データよりも一次データの方がよく利用されます．一次データの収集には調査票の作成，実査，回答者への謝礼など，手間と費用が多くかかります．したがってまずは二次データの利用を検討すべき，というのがマーケティングの一般的な考え方です．しかし現実にはマーケティング目的に見合った二次データは多くなく，また顧客の心理や行動を分析する際には二次データを利用できず，目的に合ったデータを新たに収集しなければいけません．したがって，マーケティングでは一次データを収集することが多くなります．

調査・分析の目的に合わせて，適合したデータを収集することが大切です．

練習問題

問 1. ある年の上半期（1 月〜6 月）における TVCM の放送回数と売上は表 6.6 の通りである．相関分析と回帰分析を行い，CM に効果があったかどうかを判断しなさい．

表 6.6　CM 放送回数と売上数

月	CM 放送回数（回）	売上数（個）
1 月	82	523
2 月	65	450
3 月	93	540
4 月	110	594
5 月	85	487
6 月	96	541

問 2.「表 6.4」の A ブランドと D ブランドで t 検定を行い，両ブランドで売上数に違いがあるかどうかを判断しなさい．

問 3.「表 6.4」の数字すべてを用いて独立性の検定（χ^2 検定）を行いなさい．

第7章

公的統計の活用（1）－人口統計－

7.1　公的統計とは

経済分析では，**公的統計**（official statistics）をしばしば利用します．公的統計とは，おもに中央政府などの公的機関によって作成される統計データを指しますが，民間で行われる社会調査や市場調査のデータとは，いくつかの点で異なった特徴を持っています．

第一に，公的統計は民間ベースでは到底作成しえないようなデータを提供することができるという点です．たとえば本章で取り上げる**国勢調査**（census）は，日本の総人口を把握するために，5年ごとにすべての世帯を対象にして行われますが，調査コストを含めてこのような大規模な調査（全数調査）が実施可能となるのは，調査の実施者が公的機関であるからに他なりません．

第二の特徴としては，一般に使用できるデータが，データ保護の観点から集計されたデータに限られているということです．分析する当事者自身が，実際に調査票を作成して調査を行い，個々の調査票ベースの情報に基づいたデータ（個票データ）を手にするわけではありませんので，データの集計区分や集計方法によって利用できる統計情報に一定の制約を受けることがしばしばあります．

以上のような公的統計の特徴を考慮した上で，本章では人口に関する公的統計の活用を取り上げます．人口統計は，あらゆる分野の公的統計の中でも最も基本的で重要なデータですが，特に本章では国勢調査によって得られた年齢階級別（5歳階級・女性）人口を用いて将来人口の推計を行います．

7.2　人口統計の種類

一般に人口統計は，人口の総数や構成（男女別・年齢別など）を示す**人口静態統計**，出生数や死亡数などを示す**人口動態統計**，転出・転入といった人口移動を示す**人口移動統計**の三つに分類することができます．日本の場合，これらの公的統計は，表7.1のような省庁によって作成されていますが，それ以外に生命表や平均余命などの加工統計も人口統計の体系に含まれます．

本章で行う将来人口推計には，このうち「国勢調査」，「人口動態統計」，「生命表」に含まれているデータを利用する必要があります．特に人口推計の基礎となる「基準人口」に

表 7.1　人口統計の種類

人口統計の種類	統計の名称	作成機関
人口静態統計	国勢調査	総務省統計局
人口動態統計	人口動態統計	厚生労働省
人口移動統計	住民基本台帳移動報告	総務省統計局

ついては，国勢調査のデータが用いられます．このデータを利用する際にまず留意すべきことは，日本に3ヶ月以上在住するすべての外国人世帯も調査対象となっていることから，「総数」ではなく「日本人」の集計表を利用しなければならないということです．というのも，人口推計には，前述のように人口動態統計や生命表のデータも利用しなければならないのですが，これらのデータは，「日本人」を対象に作成されることが基本となっているからです．そこで推計の手始めとして，まず国勢調査データの入手を以下の手順にしたがって行ってみましょう．

例題 7-1　国勢調査データの入手

将来人口推計では，まず計算の出発点となる「基準人口」のデータを準備しておく必要があり，それには直近2回分の年齢別国勢調査データを利用します．前述のように国勢調査は5年ごとに行われていますが，直近2回分のデータとして利用可能なのは2005年と2010年の国勢調査データで，2020年の国勢調査については，人口推計に必要なデータが未集計のため利用できません（2021/7/30現在）．また本章で行う人口推計では，計算の利便性から「日本人・女性」の5歳階級別人口のデータを利用しますが，各歳の推計人口を計算する必要がある場合は，年齢各歳別人口データを利用します．それでは国勢調査における5歳階級別人口のデータを入手してみましょう．

手順1　総務省統計局ホームページ（http://www.stat.go.jp/）にアクセスします．

手順2　ホームページにある統計ポータルサイト「e-Stat」を開き，キーワード「国勢調査」で検索すると，「政府統計一覧」が表示されますので，「国勢調査」をクリックします（アクセス日 2020/07/30）．以下，「平成22年国勢調査」の「データベース」をクリック→「人口等基本集計」→表番号00430の「年齢(5歳階級)，出生の月(4区分)，国籍(総数及び日本人)，男女別人口」の「DB」をクリックします．データベースが表示されたら，「表示項目選択」をクリックし，項目「全域・人口集中地区2010」を「全域」，項目「国籍2010」を「日本人」，項目「地域2010」を「全国」に指定します．次に「レイアウト設定」をクリックし，図7.1のように行を「年齢階級」，列を「人口数」となるよう設定したら，「設定して表示を更新」をクリックし，表を表示します．その後，データをダウンロードします．なおデータはCSV形式とEXCEL形式を選択できますので，EXCEL形式でダウンロードしておくとよいでしょう．

	A	B	C
1	日本人(女性)		
2			
3	年齢階級	2005年 国勢調査 (基準人口)	2010年 国勢調査 (基準人口)
4	総　数	64,399,547	64,143,237
5	0〜4歳	2,698,541	2,556,007
6	5〜9歳	2,867,242	2,699,606
7	10〜14歳	2,911,652	2,861,588
8	15〜19歳	3,159,944	2,905,656
9	20〜24歳	3,492,983	3,024,512
10	25〜29歳	3,966,421	3,457,189
11	30〜34歳	4,711,360	3,985,129
12	35〜39歳	4,232,487	4,710,463
13	40〜44歳	3,935,990	4,224,928
14	45〜49歳	3,801,819	3,913,112
15	50〜54歳	4,370,195	3,767,198
16	55〜59歳	5,144,418	4,318,109
17	60〜64歳	4,365,300	5,065,610
18	65〜69歳	3,868,626	4,246,615
19	70〜74歳	3,583,902	3,705,510
20	75〜79歳	2,996,283	3,334,194
21	80〜84歳	2,182,159	2,629,021
22	85〜89歳	1,290,428	1,682,669
23	90〜94歳	628,784	777,754
24	95〜99歳	169,470	240,434
25	100歳以上	21,543	37,933

図 **7.1**　女性の基準人口

手順 3　平成 22 年国勢調査の場合と同じ方法で，平成 17 年国勢調査データも取得します．「平成 17 年国勢調査」の「データベース」を開いたら，「男女・年齢・配偶関係，世帯の構成，住居の状態など（第 1 次基本集計）」→「全国結果」→表番号 00405 の「年齢（各歳），男女（2 区分），人口（日本人）」の「DB」をクリックします．データベースが表示されたら，「表示項目選択」をクリックし，「平成 22 年国勢調査」と同様の項目設定を行いますが，「年齢」の項目については，「各歳」の項目に続いて「5 歳階級」の項目が自動的に表示されますので，「5 歳階級」の項目だけを指定した上で，データをダウンロードします．

手順 4　ダウンロードした二つのデータには，この例題には不要な統計データも含まれています．そこでこれらのデータを整理・統合して，図 7.1 のように女性の「0〜4 歳」から「100 歳以上」の統計表を作成しましょう．データの再編集に際しては，次の手順 6〜8 に留意してください．

手順 5　平成 22 年のデータには，外国人を含む「総数」と「日本人」のデータが含まれています．既述のとおり，後に使用する人口動態統計や生命表におけるデータとの整合性から，ここでは日本人の全国・総数のデータを使うよう留意してください（原表中の表頭注釈にもあるように「大項目」が 02 のデータが日本人）．

手順 6　平成 17 年のデータは，100 歳以上の階級が，「100〜104 歳」，「105〜109 歳」，「110〜114 歳」，「115 歳以上」と細分されていますが，平成 22 年のデータに合わせて，これらの階級の合計値を「100 歳以上」の階級に統合してください．

手順 7　両年度のデータに年齢不詳のデータがありますが，これは計算の対象とはなりえませんので削除しましょう．また各年齢階級別人口の総数を，「0〜4 歳」階級の上段セルに計算して求めておきましょう．

7.3　コーホート要因法による将来人口推計

将来人口の推計方法には，大きく分けて数学的方法，経済学的方法，要因別推計法の三つがありますが，このうち最もしばしば利用されるのが要因別推計方法の一つである**コーホート要因法**（cohort component method）です．この方法は，ある基準年次の年齢別人口（**基準人口**）を基礎とし，これに仮定された生残率，出生率，移動率を適用して将来人口を推計する方法です．

コーホート（cohort）とは，同時期に出生した同世代集団を意味します．これらコーホートの経年変化を，**自然的増減要因**（出生数と死亡数）と**社会的増減要因**（転入数と転出数）に分離して推計し，最終的に将来の総人口がどのように変化していくのかを見たものが将来人口推計です．5 歳階級別人口を基準人口とするコーホート要因法では，5〜9 歳階級以上の人口推計と，0〜4 歳階級の人口推計を分けて行います．その際 5 歳階級以上の人口推計では生残率と移動率が，0〜4 歳ではこれらに加えて出生率のデータが必要になってきます．そこで国勢調査データの入手に引き続き生残率を計算するために必要なデータを入手していきますが，それに先立ち生残率について簡単に触れておきます．

生残率 S_x とは，x 歳の人口が $x+n$ 歳まで生き残ることのできる確率を意味します．この生残率の計算に必要なのは各歳の定常人口です．これは，x 歳の生存数 l_n 人が，各自 $x+n$ 歳まで生存する年齢の和を意味しており，x 歳から $x+n$ 歳までの生存数と等価です．日本の生命表では，出生数を 100,000 人と仮定して定常人口 ${}_nL_x$ を算出しており，この定常人口を利用して生存率は以下のように計算されます．

$$S_x = \frac{{}_nL_{x+n}}{{}_nL_x} \tag{7.1}$$

例題 7-2　生残率データの入手

既に述べたように，コーホート要因法では，人口数のデータに加えて定常人口のような加工統計（もともとのデータに基づいて計算された比率や指数などのデータ）を必要とします．そこで生残率の計算に必要な定常人口のデータを入手しましょう．このデータは厚生労働省の人口動態統計より得ることができます．

手順 1　国勢調査データの場合と同じく，総務省統計局ホームページ（http://www.stat.go.jp/）にアクセスし「e-Stat」を開きます．キーワード「生命表」で検索すると，「政府統計一覧」が表示されますので，「生命表」をクリックし（アクセス日 2020/07/30），さらに，「生命表」から「完全生命表」の「DB」をクリックします．「完全生命表」のデータベースが開いたら，続いて「表示項目選択」の「時間軸」をクリックし，「2010 年」を選択します．

手順 2　同じく「表示項目選択」から，項目「表章項目」については「定常人口 ${}_nL_x$」，項目「年齢区分」については「週」を除いたすべての「年」を選択し，データをダウンロードします．

手順 3 このデータは，5 歳階級ではなく各歳における数値が示されています．たとえば，0 歳の人口の 0 歳の定常人口 ${}_0L_0$ は 99,837 人，0 歳の人口の 4 歳の定常人口 ${}_4L_4$ は 99,713 人となっています．したがって 5 歳階級別基準人口に対応させた 0〜4 歳の生残率は，(7.1) 式から，0.9987580 となります．そこでダウンロードしたデータを整理し，階級ごとに図 7.2 のような処理を行い生残率を求めてみましょう．なお 100 歳以上の階級は，最高齢が何歳なのか不明です．「〜以上」という集計区分が入るのは，人口統計に限らずさまざまな公的統計で見られる一つの特徴で，データ利用に当たってこのような制約があることは理解しておく必要があります．ここでは，100 歳と 104 歳の階級で「100 歳以上」の生残率を求めてみましょう．

	A	B	C
1	生残率の計算		
2			
3	年齢	定常人口	生残率
4	x	${}_nL_x$	S_x
5	0	99837	
6	1	99773	
7	2	99745	
8	3	99726	
9	4	99713	0.9987580
10			
11	5	99703	
12	6	99694	
13	7	99686	
14	8	99679	
15	9	99673	0.9996991

図 **7.2**　生残率の計算

手順 4 図 7.2 のような処理を行った後，5 歳階級ごとに求めた生残率のデータを，図 7.1 で作成した国勢調査データに付け加え，図 7.3 のような統計表にまとめましょう．

	A	B	C	D
1	日本人（女性）			
2				
3	年齢階級	2005年 国勢調査 （基準人口）	2010年 国勢調査 （基準人口）	生残率
4	総　数	64,399,547	64,143,237	
5	0〜4歳	2,698,541	2,556,007	0.998758
6	5〜9歳	2,867,242	2,699,606	0.999699
7	10〜14歳	2,911,652	2,861,588	0.999719
8	15〜19歳	3,159,944	2,905,656	0.999358
9	20〜24歳	3,492,983	3,024,512	0.998975
10	25〜29歳	3,966,421	3,457,189	0.998833
11	30〜34歳	4,711,360	3,985,129	0.998398
12	35〜39歳	4,232,487	4,710,463	0.997739
13	40〜44歳	3,935,990	4,224,928	0.996669
14	45〜49歳	3,801,819	3,913,112	0.994946
15	50〜54歳	4,370,195	3,767,198	0.992353
16	55〜59歳	5,144,418	4,318,109	0.989112
17	60〜64歳	4,365,300	5,065,610	0.984027
18	65〜69歳	3,868,626	4,246,615	0.976728
19	70〜74歳	3,583,902	3,705,510	0.961662
20	75〜79歳	2,996,283	3,334,194	0.930412
21	80〜84歳	2,182,159	2,629,021	0.869893
22	85〜89歳	1,290,428	1,682,669	0.750983
23	90〜94歳	628,784	777,754	0.570667
24	95〜99歳	169,470	240,434	0.361427
25	100歳以上	21,543	37,933	0.185446

図 **7.3**　生残率の追加

7.4　5歳以上の人口推計

生残率の計算が終了すれば，基準人口と生残率を使って各年齢階級別の人口推計が可能となります．海外への転出・転入が少なく，社会的増減要因の影響をあまり考慮する必要のない全国の人口推計の場合は，自然的増減要因の影響だけを考慮しても推計人口の精度に大きな問題はありません．しかし，国内での移動が大きい各都道府県の将来人口推計の場合には，社会的増減要因，つまり移動の影響も考慮した上で人口推計を行わなければなりません．そこで本章では，移動の影響を考慮した場合と考慮しない場合について2015年の人口推計を行います．都道府県の将来人口推計に応用する場合は，移動率の影響を考慮した場合の推計方法を利用してください．

例題 7-3　「移動の影響を考慮しない場合」の人口推計

図7.3のデータを用いて2015年の人口推計を行います．基本的な考え方としては，2010年の生残率が5年後の2015年においても不変であることを前提に各年齢階級の将来人口を推計します．

手順1　まず2015年における「5～9歳」の将来人口の計算から始めましょう．2015年に「5～9歳」のコーホートであるということは，2010年には「0～4歳」のコーホートであったことになります．2010年の定常人口を用いて計算された生残率が2015年の場合においても不変であることを仮定していますので，2015年の「5～9歳」将来人口は，次の式で計算されます（図7.4「C5 ＊ D6」）．

	A	B	C	D	E
1	日本人（女性）				
2					
3	年齢階級	2005年 国勢調査 （基準人口）	2010年 国勢調査 （基準人口）	生残率	2015年推計 移動を考慮 しない場合
4	総　数	64,399,547	64,143,237		60,861,971
5	0～4歳	2,698,541	2,556,007	0.998758	
6	5～9歳	2,867,242	2,699,606	0.999699	2,555,238
7	10～14歳	2,911,652	2,861,588	0.999719	2,698,848
8	15～19歳	3,159,944	2,905,656	0.999358	2,859,750
9	20～24歳	3,492,983	3,024,512	0.998975	2,902,679
10	25～29歳	3,966,421	3,457,189	0.998833	3,020,983
11	30～34歳	4,711,360	3,985,129	0.998398	3,451,651
12	35～39歳	4,232,487	4,710,463	0.997739	3,976,117
13	40～44歳	3,935,990	4,224,928	0.996669	4,694,772
14	45～49歳	3,801,819	3,913,112	0.994946	4,203,575
15	50～54歳	4,370,195	3,767,198	0.992353	3,883,187
16	55～59歳	5,144,418	4,318,109	0.989112	3,726,181
17	60～64歳	4,365,300	5,065,610	0.984027	4,249,136
18	65～69歳	3,868,626	4,246,615	0.976728	4,947,723
19	70～74歳	3,583,902	3,705,510	0.961662	4,083,809
20	75～79歳	2,996,283	3,334,194	0.930412	3,447,650
21	80～84歳	2,182,159	2,629,021	0.869893	2,900,392
22	85～89歳	1,290,428	1,682,669	0.750983	1,974,350
23	90～94歳	628,784	777,754	0.570667	960,244
24	95～99歳	169,470	240,434	0.361427	281,101
25	100歳以上	21,543	37,933	0.185446	44,588

図 7.4　5歳以上の将来人口推計（移動を考慮しない場合）

2010 年の「0〜4 歳」基準人口× 2010 年の「5〜9 歳」生残率

手順 2 以下この計算式を，図 7.4 のように配列 E にコピー&ペーストして各年齢階級の将来人口を求めます．

例題 7-4　「移動の影響を考慮する場合」の人口推計

移動の影響を考慮する場合，純移動（転出 − 転入）の大きさをどのように計測するかが問題となりますが，ここでは基準人口と生残率から計算される期待人口の差を移動数とみなして人口推計を行います．

手順 1 まず 2010 年の期待人口を図 7.4 で作成した統計表の F 列に計算していきます．たとえば 2010 年における「5〜9 歳」の期待人口は，2005 年の生残率が 2010 年の場合と同じであると仮定し，以下の式で計算します．

2005 年の「0〜4 歳」基準人口× 2010 年の「5〜9 歳」生残率

手順 2 以下この計算式を，図 7.5 のように配列 F にコピー&ペーストして各年齢階級の期待人口を求めます．

	A	B	C	D	E	F
1	日本人（女性）					
2						
3	年齢階級	2005年 国勢調査 （基準人口）	2010年 国勢調査 （基準人口）	生残率	2015年推計 移動を考慮 しない場合	期待人口
4	総　数	64,399,547	64,143,237		60,861,971	
5	0〜4歳	2,698,541	2,556,007	0.998758		
6	5〜9歳	2,867,242	2,699,606	0.999699	2,555,238	2,697,729
7	10〜14歳	2,911,652	2,861,588	0.999719	2,698,848	2,866,436
8	15〜19歳	3,159,944	2,905,656	0.999358	2,859,750	2,909,782
9	20〜24歳	3,492,983	3,024,512	0.998975	2,902,679	3,156,706
10	25〜29歳	3,966,421	3,457,189	0.998833	3,020,983	3,488,907
11	30〜34歳	4,711,360	3,985,129	0.998398	3,451,651	3,960,068
12	35〜39歳	4,232,487	4,710,463	0.997739	3,976,117	4,700,706
13	40〜44歳	3,935,990	4,224,928	0.996669	4,694,772	4,218,388
14	45〜49歳	3,801,819	3,913,112	0.994946	4,203,575	3,916,097
15	50〜54歳	4,370,195	3,767,198	0.992353	3,883,187	3,772,745
16	55〜59歳	5,144,418	4,318,109	0.989112	3,726,181	4,322,613
17	60〜64歳	4,365,300	5,065,610	0.984027	4,249,136	5,062,246
18	65〜69歳	3,868,626	4,246,615	0.976728	4,947,723	4,263,711
19	70〜74歳	3,583,902	3,705,510	0.961662	4,083,809	3,720,311
20	75〜79歳	2,996,283	3,334,194	0.930412	3,447,650	3,334,504
21	80〜84歳	2,182,159	2,629,021	0.869893	2,900,392	2,606,445
22	85〜89歳	1,290,428	1,682,669	0.750983	1,974,350	1,638,764
23	90〜94歳	628,784	777,754	0.570667	960,244	736,405
24	95〜99歳	169,470	240,434	0.361427	281,101	227,259
25	100歳以上	21,543	37,933	0.185446	44,588	31,428

図 7.5　期待人口の計算

手順 3 次に移動数を G 列に，移動率を H 列に求めていきます．移動数は，前述のように基準人口と期待人口の差として定義します．たとえば 2010 年における「5〜9 歳」の移動数は，以下の式で計算します（図 7.6「C6-F6」）．

2010 年の「5〜9 歳」基準人口− 2010 年の「5〜9 歳」期待人口

	A	B	C	D	E	F	G	H
1	日本人(女性)							
2								
3	年齢階級	2005年 国勢調査 (基準人口)	2010年 国勢調査 (基準人口)	生残率	2015年推計 移動を考慮 しない場合	期待人口	移動数	移動率
4	総　数	64,399,547	64,143,237		60,861,971		−44020	
5	0〜4歳	2,698,541	2,556,007	0.998758				
6	5〜9歳	2,867,242	2,699,606	0.999699	2,555,238	2,697,729	1877	0.000696
7	10〜14歳	2,911,652	2,861,588	0.999719	2,698,848	2,866,436	−4848	−0.001691
8	15〜19歳	3,159,944	2,905,656	0.999358	2,859,750	2,909,782	−4126	−0.001417
9	20〜24歳	3,492,983	3,024,512	0.998975	2,902,679	3,156,706	−132194	−0.041834
10	25〜29歳	3,966,421	3,457,189	0.998833	3,020,983	3,488,907	−31718	−0.009081
11	30〜34歳	4,711,360	3,985,129	0.998398	3,451,651	3,960,068	25061	0.006318
12	35〜39歳	4,232,487	4,710,463	0.997739	3,976,117	4,700,706	9757	0.002071
13	40〜44歳	3,935,990	4,224,928	0.996669	4,694,772	4,218,388	6540	0.001545
14	45〜49歳	3,801,819	3,913,112	0.994946	4,203,575	3,916,097	−2985	−0.000758
15	50〜54歳	4,370,195	3,767,198	0.992353	3,883,187	3,772,745	−5547	−0.001459
16	55〜59歳	5,144,418	4,318,109	0.989112	3,726,181	4,322,613	−4504	−0.001031
17	60〜64歳	4,365,300	5,065,610	0.984027	4,249,136	5,062,246	3364	0.000654
18	65〜69歳	3,868,626	4,246,615	0.976728	4,947,723	4,263,711	−17096	−0.003916
19	70〜74歳	3,583,902	3,705,510	0.961662	4,083,809	3,720,311	−14801	−0.003826
20	75〜79歳	2,996,283	3,334,194	0.930412	3,447,650	3,334,504	−310	−0.000087
21	80〜84歳	2,182,159	2,629,021	0.869893	2,900,392	2,606,445	22576	0.007535
22	85〜89歳	1,290,428	1,682,669	0.750983	1,974,350	1,638,764	43905	0.020120
23	90〜94歳	628,784	777,754	0.570667	960,244	736,405	41349	0.032043
24	95〜99歳	169,470	240,434	0.361427	281,101	227,259	13175	0.020953
25	100歳以上	21,543	37,933	0.185446	44,588	31,428	6505	0.038387

図 **7.6**　移動数と移動率の計算

手順 4　一方，移動率は，期待人口が2005年の「0〜4歳」基準人口に基づいているため，以下の式で計算します（図7.6「G6／B5」）．以下これらの計算式を，図7.6のように配列GとHにコピー＆ペーストして各年齢階級の移動数および移動率を求めます．

2010年の「5〜9歳」移動数÷2005年の「0〜4歳」期待人口

手順 5　最後に計算された移動率を用いて各年齢階級の将来人口を配列Iに求めます．まず2015年における「5〜9歳」の将来人口についてみると，2015年に「5〜9歳」のコーホートであるということは，2010年には「0〜4歳」のコーホートであったことになります．2010年の定常人口を用いて計算された生残率が2015年の場合においても不変であることを仮定していますので，2015年の「5〜9歳」将来人口は，

2010年の「0〜4歳」基準人口×（2010年の「5〜9歳」生残率+移動率）

で計算されますが，既に移動を考慮しない人口が配列Eに推計されていますので，これと

2010年の「0〜4歳」基準人口×（2010年の「5〜9歳」移動率）

を加えて計算します（図7.6「E6+C5 ＊ H6」）．

手順 6　以下この計算式を，図7.7のように配列Iにコピー＆ペーストして，移動を考慮した各年齢階級の将来人口を求めます．

	A	B	C	D	E	F	G	H	I
1	日本人(女性)								
2									
3	年齢階級	2005年 国勢調査 (基準人口)	2010年 国勢調査 (基準人口)	生残率	2015年推計 移動を考慮しない場合	期待人口	移動数	移動率	2015年推計 移動を考慮する場合
4	総　数	64,399,547	64,143,237		60,861,971		-44020		60,854,567
5	0～4歳	2,698,541	2,556,007	0.998758					
6	5～9歳	2,867,242	2,699,606	0.999699	2,555,238	2,697,729	1877	0.000696	2,557,016
7	10～14歳	2,911,652	2,861,588	0.999719	2,698,848	2,866,436	-4848	-0.001691	2,694,283
8	15～19歳	3,159,944	2,905,656	0.999358	2,859,750	2,909,782	-4126	-0.001417	2,855,695
9	20～24歳	3,492,983	3,024,512	0.998975	2,902,679	3,156,706	-132194	-0.041834	2,781,123
10	25～29歳	3,966,421	3,457,189	0.998833	3,020,983	3,488,907	-31718	-0.009081	2,993,519
11	30～34歳	4,711,360	3,985,129	0.998398	3,451,651	3,960,068	25061	0.006318	3,473,495
12	35～39歳	4,232,487	4,710,463	0.997739	3,976,117	4,700,706	9757	0.002071	3,984,370
13	40～44歳	3,935,990	4,224,928	0.996669	4,694,772	4,218,388	6540	0.001545	4,702,050
14	45～49歳	3,801,819	3,913,112	0.994946	4,203,575	3,916,097	-2985	-0.000758	4,200,371
15	50～54歳	4,370,195	3,767,198	0.992353	3,883,187	3,772,745	-5547	-0.001459	3,877,478
16	55～59歳	5,144,418	4,318,109	0.989112	3,726,181	4,322,613	-4504	-0.001031	3,722,299
17	60～64歳	4,365,300	5,065,610	0.984027	4,249,136	5,062,246	3364	0.000654	4,251,959
18	65～69歳	3,868,626	4,246,615	0.976728	4,947,723	4,263,711	-17096	-0.003916	4,927,885
19	70～74歳	3,583,902	3,705,510	0.961662	4,083,809	3,720,311	-14801	-0.003826	4,067,562
20	75～79歳	2,996,283	3,334,194	0.930412	3,447,650	3,334,504	-310	-0.000087	3,447,329
21	80～84歳	2,182,159	2,629,021	0.869893	2,900,392	2,606,445	22576	0.007535	2,925,513
22	85～89歳	1,290,428	1,682,669	0.750983	1,974,350	1,638,764	43905	0.020120	2,027,246
23	90～94歳	628,784	777,754	0.570667	960,244	736,405	41349	0.032043	1,014,162
24	95～99歳	169,470	240,434	0.361427	281,101	227,259	13175	0.020953	297,397
25	100歳以上	21,543	37,933	0.185446	44,588	31,428	6505	0.038387	53,817

図 **7.7**　移動を考慮した将来人口

7.5　0～4 歳以上の人口推計

5 歳以上の人口推計が終われば，残る推計は 0～4 歳の人口です．これは 2010 年の女性における年齢別出生率を用います．より正確に述べますと，女子再生産年齢（女性が子どもを出産できると仮定した年齢）である 15 歳から 49 歳における女性の人口に対し，それぞれ各歳別の出生率を計算します．

たとえば 15 歳の出生率は，

$$\frac{15\text{ 歳の母親による出生数}}{15\text{ 歳女子人口}}$$

として求めます．これを 49 歳まで求めていきますが，求められた 15 歳から 49 歳までの出生率を合計したものが，いわゆる合計特殊出生率 TFR（total fertility rate）です．

$$TFR = \frac{15\text{ 歳の母親による出生数}}{15\text{ 歳女子人口}} + \cdots + \frac{49\text{ 歳の母親による出生数}}{49\text{ 歳の母親}}$$

0 歳から 4 歳の人口は，この 2010 年の年齢別出生率が 2015 年まで不変であると仮定して推計されます．つまり得られた年齢別出生率に，既に求められている 2015 年の各歳の推計人口を乗じ，各年齢の母親による出生数を求めてその合計を計算すれば，それが 2015 年の 0 歳～4 歳の推計人口としてみなされるわけです．

例題 7-5　出生率のデータ入手と人口推計

手順 1　まず2010年における15歳から49歳までの女子年齢別出生率を求める必要があります．これは基準人口と人口動態統計を利用すれば計算できますが，人口動態統計には既にこれらの出生率を計算した結果が含まれていますのでこれを利用します．出生率のデータも，直近のものであれば総務省統計局の「e-Stat」で検索・ダウンロードできますが，ここで必要とする2010年の出生率はデータベースに含まれていません．そこで，厚生労働省のホームページにアクセスし（http://www.mhlw.go.jp/），「統計情報・白書」→「各種統計調査」→「厚生労働統計一覧」→「人口動態調査」と進んでいきます．

手順 2　本章の人口推計で使用するのは2010年ですので，さらにここから「過去情報」→「結果の概要」→「人口動態統計（確定数）の概況」へと進み，「統計表を.xls形式でダウンロードできます」を選択して，データをダウンロードします．ダウンロードされたデータにはさまざまな統計表が含まれていますが，本章で利用するのはEXCELシートのラベルに「出生　第1表‐2」にある「母の年齢（5歳階級）別にみた合計特殊出生率（内訳）の年次推移」のデータです．5歳階級別の出生率が示されていますので，平成22年のデータをコピーして，図7.7で作成した表のJ列における当該年齢階級に貼り付けてください（図7.8）．

手順 3　J列に貼り付けた各「女子年齢階級別出生率」を，対応する2015年の5歳階級別推計人口に乗じて合計すれば，男性の出生数を含めた「総数」としての2015年の「0～4歳」推計人口が得られます．しかしここでは女性の将来人口を取り上げていますので，2010年の「0～4歳」総数人口に占める女子人口の割合を係数として，2015年の「0～4歳」推計人口に乗じる必要があります．「例題7-1　国勢調査データの入手」でダウンロードしたデータによると，2010年の「0～4歳」総人口は5,235,304人，うち女性人口は2,556,007人となっていますので，この係数は，0.488225となり

	A	B	C	D	E	F	G	H	I	J	K	L
1	日本人(女性)											
2												
3	年齢階級	2005年 国勢調査 (基準人口)	2010年 国勢調査 (基準人口)	生残率	2015年推計 移動を考慮 しない場合	期待人口	移動数	移動率	2015年推計 移動を考慮 する場合	女子年齢階 級別出生率	出生数推計 移動を考慮 しない場合	出生数推計 移動を考慮 する場合
4	総　数	64,399,547	64,143,237		63,137,005		−44020		63,119,321			
5	0～4歳	2,698,541	2,556,007	0.998758	2,275,034				2,264,755			
6	5～9歳	2,867,242	2,699,606	0.999699	2,555,238	2,697,729	1877	0.000696	2,557,016			
7	10～14歳	2,911,652	2,861,588	0.999719	2,698,848	2,866,436	−4848	−0.001691	2,694,283			
8	15～19歳	3,159,944	2,905,656	0.999358	2,859,750	2,909,782	−4126	−0.001417	2,855,695	0.0232	66,346	66,252
9	20～24歳	3,492,983	3,024,512	0.998975	2,902,679	3,156,706	−132194	−0.041834	2,781,123	0.1781	516,967	495,318
10	25～29歳	3,966,421	3,457,189	0.998833	3,020,983	3,488,907	−31718	−0.009081	2,993,519	0.4356	1,315,940	1,303,977
11	30～34歳	4,711,360	3,985,129	0.998398	3,451,651	3,960,068	25061	0.006318	3,473,495	0.4789	1,652,996	1,663,457
12	35～39歳	4,232,487	4,710,463	0.997739	3,976,117	4,700,706	9757	0.002071	3,984,370	0.2318	921,664	923,577
13	40～44歳	3,935,990	4,224,928	0.996669	4,694,772	4,218,388	6540	0.001545	4,702,050	0.0387	181,688	181,969
14	45～49歳	3,801,819	3,913,112	0.994946	4,203,575	3,916,097	−2985	−0.000758	4,200,371	0.0010	4,204	4,200
15	50～54歳	4,370,195	3,767,198	0.992353	3,883,187	3,772,745	−5547	−0.001459	3,877,478			
16	55～59歳	5,144,418	4,318,109	0.989112	3,726,181	4,322,613	−4504	−0.001031	3,722,299			
17	60～64歳	4,365,300	5,065,610	0.984027	4,249,136	5,062,246	3364	0.000654	4,251,959			
18	65～69歳	3,868,626	4,246,615	0.976728	4,947,723	4,263,711	−17096	−0.003916	4,927,885			
19	70～74歳	3,583,902	3,705,510	0.961662	4,083,809	3,720,311	−14801	−0.003826	4,067,562			
20	75～79歳	2,996,283	3,334,194	0.930412	3,447,650	3,334,504	−310	−0.000087	3,447,329			
21	80～84歳	2,182,159	2,629,021	0.869893	2,900,392	2,606,445	22576	0.007535	2,925,513			
22	85～89歳	1,290,428	1,682,669	0.750983	1,974,350	1,638,764	43905	0.020120	2,027,246			
23	90～94歳	628,784	777,754	0.570667	960,244	736,405	41349	0.032043	1,014,162			
24	95～99歳	169,470	240,434	0.361427	281,101	227,259	13175	0.020953	297,397			
25	100歳以上	21,543	37,933	0.185446	44,588	31,428	6505	0.038387	53,817			

図 7.8　「0～4歳」人口推計

ます．この計算式に基づき，2015 年「0〜4 歳」の推計人口を，「移動を考慮しない場合」（E5）と「移動を考慮する場合」（I5）の両方において求めましょう（図 7.8）．

7.6　まとめ

本章で取り上げた日本の人口の将来人口推計では，「移動を考慮しない場合」と「移動を考慮する場合」とに分けて計算を行いました．しかし国レベルの人口推計については，海外への移動が総人口に対して少ないため，「移動を考慮しない場合」で推計してもほとんど問題はありません．実際，本章で求められた 2015 年の推計値では，「移動を考慮しない場合」が 63,137,005 人，「移動を考慮する場合」が 63,119,321 人となり，その差 17,684 人は「移動を考慮する場合」と比べて 0.03 %程度の乖離にすぎません．

しかしながら，転出・転入の移動が総人口に対してある程度の大きさを占める都道府県などの人口推計においては重要な意味を持ちますので，さまざまな地域の人口推計においてはこの点に十分配慮する必要があります．

またコーホート要因法による将来人口推計は，生残率や出生率が将来においても不変であるという仮定を置いて計算されます．この点も利用に当たって留意すべきことですが，EXCEL による計算では，生残率や出生率を変化させ，将来人口についてさまざまなシミュレーション分析を行うことも可能となります．

練習問題

問 1. 2015 年における男性の人口を推計しなさい.

問 2. 2010 年と 2015 年の国勢調査データを基準年として 2020 年の人口を推計しなさい.

問 3. 静岡県の 2020 年の人口を推計しなさい.

第8章

公的統計の活用（2）－国民経済計算－

8.1　国民経済計算とは

国勢調査とならんで最も重要な公的統計は**国民経済計算**です．これは，一国全体のマクロ経済に関する統計の体系を意味しており，集計された生産や支出，所得の分配，資産形成などの概要を示した統計が含まれます．

通常，**SNA**（system of national accounts）と呼ばれますが，これは，その名のとおり国内および海外での取引をいくつかの会計勘定（生産勘定，所得支出勘定，蓄積勘定）によって把握することを目的に作成されています．この中でも特にGDP統計は，一国の経済水準の大きさを表す重要な統計で，日本では内閣府の社会経済総合研究所が「**四半期別GDP速報**」と「**国民経済計算確報**」のデータを作成・公表しています．具体的には，「四半期別GDP速報」は速報性を重視し，GDP（gross domestic products）をはじめとする支出側系列などを四半期別に作成・公表したもので，また「国民経済計算確報」は，生産・分配・支出・資本蓄積といったフロー面や資産・負債といったストック面も含めて，年に一回作成・公表しています．なおGDP統計はさまざまな統計に基づいて推計された加工統計だということに留意しなければなりません．また公表された数値の速報性と正確性についてはトレードオフの関係にあることも理解しておく必要があります．つまり速報値は，数値公表の速報性を重視する代わりに推計精度の正確性を，確報値は推計精度の正確性を重視する代わりに速報性を，ある程度犠牲にしなければならないということです．

ところで，TVのニュースや新聞ではGDPの国際比較がしばしば報道されます．このような国際比較が可能となるのは，SNAの作成方法に国際基準があるからです．国連の統計委員会によって示される国際基準は，これまで何度か改定されてきました．最初に国連が基準を作成したのは1953年でしたので，この基準に準拠したSNAは**53SNA**と呼ばれます．その後，1968年に大改訂が行われ**63SNA**が登場し，1993年の**93SNA**，2008年の**08SNA**と基準改定が行われています．日本では，1978年に63SNA，2000年に93SNA，2016年に08SNAが導入され，現在はこの08SNA基準に基づいてGDP統計などが作成されています．この時系列からも明らかなように，新基準が示される時期と，実際にそれを日本に導入する時期にはタイムラグがあります．

以上のようなSNAの特徴を考慮した上で，本章では「四半期別GDP速報」を活用し，初歩的な時系列解析の方法を取り上げます．具体的には，まず時系列データの処理として，季節変動の調整を目的とした**移動平均法**を取り上げます．続いてGDPの変化と将来予測を目的とした1次の**自己回帰モデル**（auto regression model）を取り上げます．

8.2　GDP 統計の種類

GDP 統計では，マクロ経済学でいう**三面等価の原則**（生産＝支出＝分配）にしたがって，GDP の大きさもそれぞれの側面から計測したとき一致するという原則で作成されています．本章では，このうち支出側から見た四半期別の GDP の速報値を入手・利用しますが，それに先立ち GDP データには名目値と実質値の 2 種類があることに触れておかなければなりません．

支出側から見た GDP の場合でいうと，名目値とは，単純に所与の期間内（四半期別であれば 3 ヶ月，確報値であれば 1 年）の各部門における支出の合計値を意味します．これに対して実質値とは，物価変動を考慮した数値を意味します．

たとえば昨年の GDP が 100 兆円で今年の GDP が 200 兆円であったとし，その一方，物価水準が 2 倍上昇したと仮定します．物価水準は通常「物価指数」という統計指標によって計測されますが，この事例の場合，昨年の物価指数（基準年）が 100 とすれば，今年の物価指数（比較年）は 200 となります．また物価水準が 2 倍になったということは，**貨幣の購買力**（purchasing power of money）が 1/2 になったということを意味します．より具体的にいいますと，昨年 1000 円で購入できた財が今年は 2000 円を支払わないと購入できないという状況です．ただし物価指数は，さまざまな財における価格変化の平均値であるため，すべての財の価格が一律に 2 倍になるという意味ではありません．

当然のことですが，この事例では，名目値の GDP が 2 倍になったからといって，経済の規模が 2 倍に拡大した，つまり実際の財やサービスの需要量が 2 倍になったということを意味しません．そこで昨年と今年との実際の経済規模を比較しようとすれば，今年の名目値を昨年の物価水準で見直す，あるいは今年の物価水準で昨年の名目値を見直すことが必要になってきます．このようにして名目値を見直したものが実質 GDP です．この事例ついて，昨年の物価水準で見直せば「今年の名目値 ÷ 2」，貨幣の購買力で見直せば「今年の名目値 × 1/2」となり，今年の実質 GDP は 100 兆円となります．つまり実質的には昨年の GDP 水準と同じ 100 兆円に等しいことになります．なおこの場合，昨年の名目 GDP を基準年として物価水準を比較していますので，昨年の名目値は実質値でもあることに留意してください．

このように物価変動の影響を考慮して名目値を調整した数字が実質値ということになります．この名目値から実質値に調整することを「**デフレート**」といい，この調整のために必要とされる統計指標（物価変動率を示す指標）を **GDP デフレーター**と呼びます．そこで支出側から見た四半期別の GDP 統計の入手を以下の手順にしたがって行ってみましょう．

例題 8-1　四半期別名目 GDP データの入手と実質化

本章では，四半期別名目 GDP データと四半期別の GDP デフレーターを入手することとします．本来は実質値のデータもダウンロードすることが可能なのですが，ここではデフレートの方法を学習するため，敢えて実質値はダウンロードしないこととします．それではGDP 統計のデータを入手してみましょう．

手順 1 内閣府社会経済統合研究所のホームページ（https://www.esri.cao.go.jp/）にアクセスします（総務省統計局の「e-Stat」からも検索することができます）.

手順 2 ホームページの「国民経済計算（GDP 統計）」をクリックすると，画面右側に「四半期別 GDP 速報」（アクセス日 2021/07/30）が出てきますので，以下「統計表一覧」→「I. 国内総生産（支出側）及び各需要項目」→「実学」·「四半期」→「名目原系列」を選択し，データをダウンロードします．また名目値を実質値に変換するため「デフレーター」·「実数」→「四半期デフレーター原系列」も併せてダウンロードします．なおそれぞれのデータは CSV 形式になっているので，ファイルを保存する際に EXCEL 形式にしておく方が便利でしょう．入手したデータを見ると，支出側からみた GDP は，いくつかの部門ごとに分かれていることがわかります．これらの部門を，マクロ経済学の基本モデル $Y = C + I + G + X$ に対応させると以下のようになります．なお，X は純輸出 $(EX - IM)$ を表します．

（1）Y：国内総生産（支出側）

（2）C：民間最終消費支出

（3）I：民間住宅，民間企業設備，民間在庫品増加，公的資本形成，
　　　公的在庫品増加

（4）G：政府最終消費支出

（5）EX：輸出

（6）IM：輸入

手順 3 データを入手したら，名目値から実質値へデフレートするため，まず図8.1のように必要なデータを1枚のシートに集めて整理しておきましょう．なお GDP デフレーターのデータを見ればわかるようにデフレーターは部門ごとに異なっており，部門ごとにデフレートした数値を統合して実質値を求めるのが本来の方法ですが，入手したデータでは GDP 自身のデフレーターも用意されているため，本章ではこのデータを利用します．

	A	B	C
1	支出側からみたGDP		
2	単位：10億円		
3			
4	期間	GDP デフレータ	GDP 名目値
5	1994/ 1- 3.	113.1	123,456.10
6	4- 6.	115.9	124,896.60
7	7- 9.	112.2	125,738.40
8	10-12.	116.4	136,825.00
9	1995/ 1- 3.	112.6	124,494.60
10	4- 6.	115	127,474.60
11	7- 9.	111.7	128,695.90
12	10-12.	115.8	140,948.60
13	1996/ 1- 3.	112	128,185.50
14	4- 6.	114.8	131,517.90
15	7- 9.	111.2	131,443.70
16	10-12.	115.1	144,414.90
17	1997/ 1- 3.	111.6	131,281.80
18	4- 6.	115.7	133,764.10
19	7- 9.	112	133,438.70
20	10-12.	116.1	145,060.70
21	1998/ 1- 3.	112.7	130,236.90
22	4- 6.	115.5	131,957.60
23	7- 9.	111.5	130,938.30
24	10-12.	115.7	143,364.50
25	1999/ 1- 3.	111.7	128,306.80

図 8.1 名目 GDP とデフレーター

手順 4 データを整理したら，デフレーターを使って実質値を求めます．このデフレーターは，2008 年 1～3 月期を 100 とした各期間における物価水準を表しています．物価変動率を 100 として指数化しているため，名目値をデフレートするには，

$$\text{実質値} = \frac{\text{名目値}}{(\text{デフレーター} \div 100)}$$

として計算します（図 8.2）.

	A	B	C	D
1	支出側からみたGDP			
2	単位：10億円			
3				
4	期間	GDP デフレータ	GDP 名目値	GDP 実質値
5	1994/ 1- 3.	113.1	123,456.10	109156.59
6	4- 6.	115.9	124,896.60	107762.38
7	7- 9.	112.2	125,738.40	112066.31
8	10-12.	116.4	136,825.00	117547.25
9	1995/ 1- 3.	112.6	124,494.60	110563.59
10	4- 6.	115	127,474.60	110847.48
11	7- 9.	111.7	128,695.90	115215.67
12	10-12.	115.8	140,948.60	121717.27
13	1996/ 1- 3.	112	128,185.50	114451.34
14	4- 6.	114.8	131,517.90	114562.63
15	7- 9.	111.2	131,443.70	118204.77
16	10-12.	115.1	144,414.90	125469.07
17	1997/ 1- 3.	111.6	131,281.80	117636.02
18	4- 6.	115.7	133,764.10	115612.88
19	7- 9.	112	133,438.70	119141.70
20	10-12.	116.1	145,060.70	124944.62
21	1998/ 1- 3.	112.7	130,236.90	115560.69
22	4- 6.	115.5	131,957.60	114249.00
23	7- 9.	111.5	130,938.30	117433.45
24	10-12.	115.7	143,364.50	123910.54
25	1999/ 1- 3.	111.7	128,306.80	114867.32

図 8.2　実質値へのデフレート

手順 5　これらの計算が終わったら，各時系列のトレンドを見るため，図 8.3 のような折れ線グラフも作成しましょう.

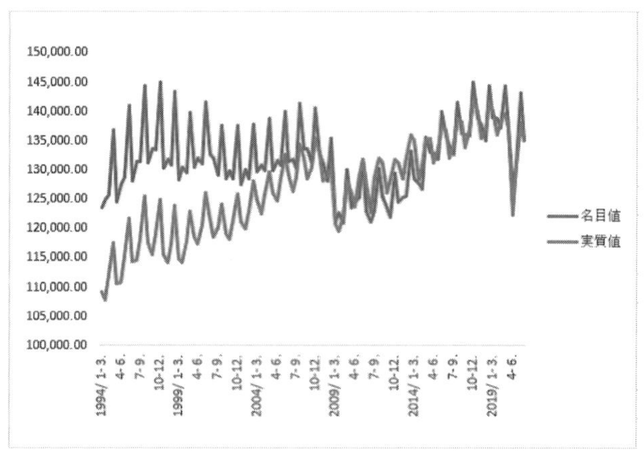

図 8.3　名目値と実質値の折れ線グラフ

8.3 移動平均による季節変動の調整

先ほど名目値と実質値の折れ線グラフ（図 8.3）を出力しましたが，このグラフを見ると周期的に GDP の数値が上下に変動していることがわかります．データの原系列に立ち戻って検討すると，名目，実質ともに GDP の数値は，年間を通じて 10〜12 月期が一番大きく，以降その数値は小さくなって，再び翌年 10〜12 月期に大きくなるという循環を繰り返しています．このように特定の期間に限って特定の変化（この事例では GDP が最も大きいという変化）を示すような経済変動を**季節変動**といいます．

一般に時系列データに現れるさまざまな経済変動は，以下の 4 つに分類することができます．

（1）趨勢変動 $T(t)$：長期的な増加・一定・減少の傾向を示す変動
（2）循環変動 $C(t)$：景気変動のような周期的なサイクルを示す変動
（3）季節変動 $S(t)$：気候や社会的習慣によって毎年定まった時期に必ず現われる変動
（4）不規則変動 $I(t)$：上記（1）〜（3）のいずれにも該当しない変動

これらの変動の関係は，すべての変動を $O(t)$ とすると，一般に以下のような乗法モデルで示すことができます．

$$O(t) = T(t) \times C(t) \times S(t) \times I(t)$$

たとえば，GDP の中・長期的な趨勢をデータから判断するためには，データに含まれている趨勢変動 $T(t)$ を明らかにさせる必要があります．そのためには，ある程度予測可能な季節変動 $S(t)$ の影響を除去して，原系列のデータを平年並みに調整しておくことが重要です．このような調整が行われたデータを**季節調整済み**データと呼びます．

季節調整を行うにはさまざまな方法がありますが，本章で取り上げるのは，最も基本的な方法である**移動平均法**による季節調整です．そこでまず移動平均法について簡単に解説します．

表 8.1 は，10 時点で観測された時系列データ $X1$，$X2 \cdots X10$ について移動平均の計算方法をまとめたものです．移動平均法を求めるためには，まず期間 d を定めます．たとえば四半期別の GDP であれば，年間，（1）1〜3 月，（2）4〜6 月，（3）7 月〜9 月，（4）10〜12 月の 4 時点のデータが推計されているわけですから，平均を求めるための期間を 4 期間とすることができます．この表では，$d = 3$ と $d = 4$ をモデルケースとして採用していますが，それは期間 d が偶数と奇数では計算方法が異なるためです．まず単純な移動平均を利用することのできる $d = 3$（奇数）の場合を見てみましょう．この表からも明らかなように，たとえば時点 $2 (t = 2)$ のデータを移動平均によって季節調整することは，時点 2 の $X2$ を中央値とし，その前後の 3 期間のデータ $X1$，$X2$，$X3$ を平均することを意味します．その結果得られた $M2$ が時点 2 の季節調整済みデータとなり，以下同様の手順で各時点のデータを調整していけば季節調整済みの時系列データが得られます．

ところが期間 d が 4 のような偶数の場合は奇数の場合と同じ計算方法を用いることができません．たとえば，表の時点 $3 (t = 3)$ の移動平均 M3 について見てみましょう．期間が $d = 4$ であるため，$X3$ を中央値とするその前後の 4 期間のデータを特定することはできません．そのため奇数の場合のような単純な移動平均法を適用することができないわけです．そこで**移動平均の中心化**という方法が用いられます．

中心化された移動平均 $M3$ は，$X3$ を中心に系列 $X1$，$X2$，$X3$，$X4$ の平均値 $A3$ と系列 $X2$，$X3$，$X4$，$X5$ の平均値 $B3$ をおのおの求め，さらにこの $A3$ と $B3$ の平均を求めることによって得られます．そして以下同様の手順を繰り返し各時点のデータを調整していけば，奇数の場合と同じく季節調整済みの時系列データが得られます．

このように移動平均法による季節調整とは，特定の期間に突出した値を示す季節変動を，前後する期間を含めて平均をとることにより，突出した値の影響を除去しようとするものであるといえます．

表 8.1　移動平均の計算方法

時点 t	原データ	$(d=3)$ の場合	$(d=4)$ の場合
1	$X1$		
2	$X2$	$M2=(X1+X2+X3)/3$	
3	$X3$	$M3=(X2+X3+X4)/3$	$M3=(A3+B3)/2$
4	$X4$	⋮	$M4=(A4+B4)/2$
5	$X5$	⋮	⋮
6	$X6$	⋮	⋮
7	$X7$	⋮	⋮
8	$X8$	⋮	$M8=(A8+B8)/2$
9	$X9$	$M9=(X8+X9+X10)/3$	
10	$X10$		

例題 8-2　四半期別名目 GDP データにおける季節変動の調整

本節では，四半期別名目 GDP データを季節調整済みデータに加工します．四半期で 10～12 月期が突出する周期を繰り返していることから，期間を $d=4$ として季節調整を行うこととしましょう．なおこの場合，4 期間にわたる平均を計算しなければならないので，原系列は 1994 年 1～3 月期から 2021 年 1～3 月期までの時系列ですが，最初 2 期（1994 年 1～3 月期，同年 4～6 月期）と最後 2 期（2020 年 10～12 月期と 2021 年 1～3 月期）については，季節調整の加工を施すことができないことに留意してください．

手順 1　E 列に名目 GDP の季節調整済みデータを計算していきます．まず 1994 年 7～9 月期における名目値（C7）の季節調整を行います（E7）．この場合の計算は，1994 年 1～3 月から同年 10～12 月期の平均値と 1994 年 4～6 月期の平均値の「平均値」となります．［統計］関数の［**AVERAGE**］を活用して計算式を定義してください（図 8.4 参照）．

	A	B	C	D	E
1	支出側からみたGDP				
2	単位：10億円				
3					
4	期間	GDP デフレータ	GDP 名目値	GDP 実質値	季節調整済み GDP
5	1994/ 1- 3.	113.1	123,456.10	109156.59	
6	4- 6.	115.9	124,896.60	107762.38	
7	7- 9.	112.2	125,738.40	112066.31	127858.84
8	10-12.	116.4	136,825.00	117547.25	128310.90
9	1995/ 1- 3.	112.6	124,494.60	110563.59	129002.84
10	4- 6.	115	127,474.60	110847.48	129887.98
11	7- 9.	111.7	128,695.90	115215.67	130864.79
12	10-12.	115.8	140,948.60	121717.27	131831.56
13	1996/ 1- 3.	112	128,185.50	114451.34	132680.45
14	4- 6.	114.8	131,517.90	114562.63	133457.21
15	7- 9.	111.2	131,443.70	118204.77	134277.54
16	10-12.	115.1	144,414.90	125469.07	134945.35
17	1997/ 1- 3.	111.6	131,281.80	117636.02	135475.50
18	4- 6.	115.7	133,764.10	115612.88	135805.60
19	7- 9.	112	133,438.70	119141.70	135755.71
20	10-12.	116.1	145,060.70	124944.62	135399.29
21	1998/ 1- 3.	112.7	130,236.90	115560.69	134860.93
22	4- 6.	115.5	131,957.60	114249.00	134336.35
23	7- 9.	111.5	130,938.30	117433.45	133883.06
24	10-12.	115.7	143,364.50	123910.54	133459.14
25	1999/ 1- 3.	111.7	128,306.80	114867.32	133094.25

図 8.4　季節調整済みデータ

手順 2　E7 の計算式を以下コピー＆ペーストして，2013 年 7〜9 月期までの季節調整済みデータを出力してください．なお季節調整の加工が終了したら，原系列である名目 GDP の系列と季節調整済み GDP の系列を折れ線グラフにしておきましょう（図 8.5）．グラフにすると，季節調整済みデータが原系列データとは異なり，周期的な循環が消え滑らかな曲線を描いていることが視覚的に確認できるはずです．

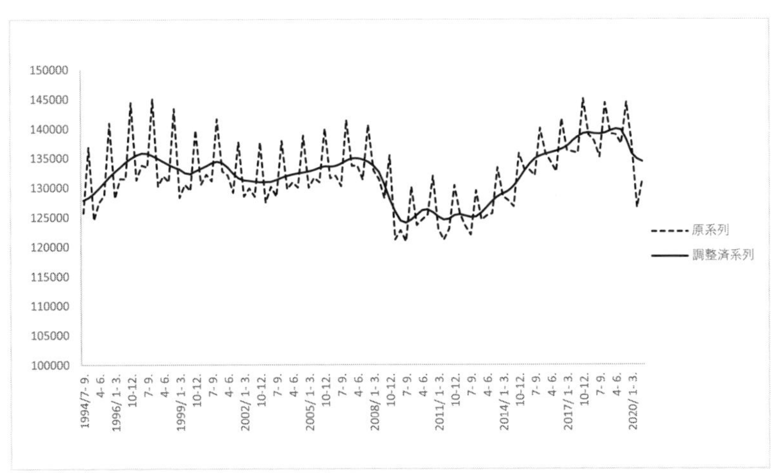

図 8.5　原系列データと季節調整済みデータの折れ線グラフ

8.4　名目GDPの自己回帰モデル

季節調整によるデータの加工が終了したので，このデータ系列の活用方法について取り上げましょう．季節調整済みデータだけではなく原系列も含めて，時間の系列として示される時系列データにはさまざまな分析方法がありますが，ここでは最もシンプルな1次の自己回帰モデルを解説します．

自己回帰とは，文字どおり説明変数と被説明変数が同じデータである回帰モデルのことを意味しますが，しかし同じとはいってもタイムラグを考慮したデータです．たとえば，以下の式のように，t 期のGDP Y_t を被説明変数とし，1期のタイムラグがある Y_{t-1} のみを説明変数にした単回帰モデルを1次の自己回帰モデルと呼びます．

$$Y_t = a + bY_{t-1} + u_t$$

これは，今期のGDPは前期のGDPに依存することを仮定したモデルで，さらに遡って $Y_{t-2} \cdots Y_{t-k}$ の説明変数を加えた重回帰モデルは k 次の自己回帰モデルと呼ばれます．

このモデルのパラメータがデータから推定されると，たとえば今季の四半期別GDPのデータを利用して，次期の四半期別GDPを予測することができます．自己回帰モデルの目的の一つはこのような将来予測にありますが，このような時系列解析によるアプローチは，同じ目的に対する計量経済学的アプローチと考え方が異なることに留意してください．

計量経済学では，先に示したマクロ経済学の基本モデル（$Y = C + I + G + X$）を重視し，GDP（Y）の将来予測に対して，各部門のモデル（たとえば4章で見た C の消費関数）からそれぞれの予測値を求め，最終的にGDPを予測するというアプローチをとります．つまり経済理論重視のアプローチです．これに対して時系列解析のアプローチでは，経済理論ではなく，ここで取り上げたGDPのように，今期の経済量が前期の経済量と強い相関（**自己相関**）関係を持つという経験的事実を重視して将来予測を行います．

例題 8-3　季節調整済み名目GDPデータを用いた自己回帰モデル

「例題8-2」で加工した四半期別季節調整済み名目GDPの時系列データを用いて1次の自己回帰モデルを求めましょう．基本的には，本書第4章で取り上げた「分析ツール」の「回帰分析」を利用すれば，自己回帰モデルのパラメータを推定することができます．

手順1 F列に1期前の季節調整済みデータ（E列）をコピー&ペーストしてデータを揃えます．たとえば，1994年10〜12月期のデータ（E8）に対応する1期前のデータは，1994年7〜9月期なので，F8にはその数値が置かれます．なお，1期前のデータを利用するということから，自己回帰モデルの推定に利用できるのは，1994年10〜12月期から2020年7〜9月期のデータ系列になることに留意してください（図8.6）．

手順2 作成されたデータを使って自己回帰モデルを推定します．「データ」→「分析ツール」→「回帰分析」を選択し，季節調整済みGDP（t）を被説明変数（E列），季節

	A	B	C	D	E	F
1	支出側からみたGDP					
2	単位：10億円					
3						
4	期間	GDP デフレータ	GDP 名目値	GDP 実質値	季節調整済み GDP	季節調整済み GDP（t-1）
5	1994/ 1- 3.	113.1	123,456.10	109156.59		
6	4- 6.	115.9	124,896.60	107762.38		
7	7- 9.	112.2	125,738.40	112066.31	127858.84	
8	10-12.	116.4	136,825.00	117547.25	128310.90	127858.84
9	1995/ 1- 3.	112.6	124,494.60	110563.59	129002.84	128310.90
10	4- 6.	115	127,474.60	110847.48	129887.98	129002.84
11	7- 9.	111.7	128,695.90	115215.67	130864.79	129887.98
12	10-12.	115.8	140,948.60	121717.27	131831.56	130864.79
13	1996/ 1- 3.	112	128,185.50	114451.34	132680.45	131831.56
14	4- 6.	114.8	131,517.90	114562.63	133457.21	132680.45
15	7- 9.	111.2	131,443.70	118204.77	134277.54	133457.21
16	10-12.	115.1	144,414.90	125469.07	134945.35	134277.54
17	1997/ 1- 3.	111.6	131,281.80	117636.02	135475.50	134945.35
18	4- 6.	115.7	133,764.10	115612.88	135805.60	135475.50
19	7- 9.	112	133,438.70	119141.70	135755.71	135805.60
20	10-12.	116.1	145,060.70	124944.62	135399.29	135755.71
21	1998/ 1- 3.	112.7	130,236.90	115560.69	134860.93	135399.29
22	4- 6.	115.5	131,957.60	114249.00	134336.35	134860.93
23	7- 9.	111.5	130,938.30	117433.45	133883.06	134336.35
24	10-12.	115.7	143,364.50	123910.54	133459.14	133883.06
25	1999/ 1- 3.	111.7	128,306.80	114867.32	133094.25	133459.14

図 8.6　自己回帰モデル推定のためのデータ

調整済み GDP（$t-1$）を説明変数（F 列）に指定します．その際，残差も出力できるようオプションで指定しておきます（図 8.7）．

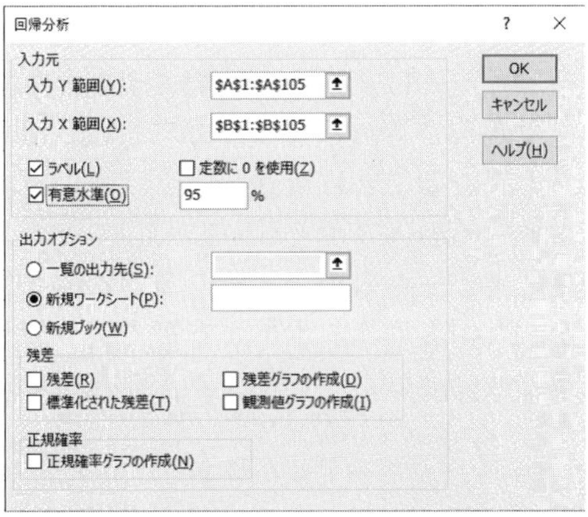

図 8.7　「分析ツール」の「回帰分析」

手順 3　出力結果の一部が図 8.8 に示されています．この結果を見ると，決定係数は非常に高く回帰係数も有意な差が認められますが，回帰切片については有意な差が認められませんでした．このため回帰切片のない回帰モデルで再推定することも検討課題となりますが，実際に計算を行ってみると，決定係数の差はほとんどなく予測値の精度に影響しないため，本章では敢えて取り上げないこととします．また回帰係数が，0.980214 となっているため，この自己回帰モデルは「定常」なモデルであると判断されます．

ここで「定常」という用語が出てきましたので，補足的に解説しておきましょう．時系列

	A	B	C	D	E	F	G	H	I
1	概要								
2									
3	回帰統計								
4	重相関 R	0.984264							
5	重決定 R2	0.968775							
6	補正 R2	0.968469							
7	標準誤差	736.8412							
8	観測数	104							
9									
10	分散分析表								
11		自由度	変動	分散	観測された分散比	有意 F			
12	回帰	1	1.72E+09	1.72E+09	3164.652895	1.3264E-78			
13	残差	102	55379373	542935					
14	合計	103	1.77E+09						
15									
16		係数	標準誤差	t	P-値	下限 95%	上限 95%	下限 95.0%	上限 95.0%
17	切片	2678.292	2304.765	1.162067	0.247920018	-1893.1986	7249.78355	-1893.1986	7249.78355
18	GDP（t-1）	0.980214	0.017424	56.25525	1.32643E-78	0.94565323	1.0147757	0.94565323	1.0147757

図 8.8　自己回帰モデルの出力結果

解析における被説明変数の系列 $\{Yt\}$ は，誤差項 ut によって確率変数（random variable）となりますが，このような確率変数の系列を**確率過程**（stochastic process）と呼びます．

時系列データを解析する際に留意すべきことは，この確率過程が**定常**（stationary process）なのか**非定常**（non-stationary process）なのかという点です．確率過程における定常性とは，すべての時点での期待値が等しく，かつ 2 時点間 t と $t+k$ の相関が，もっぱらタイムラグの k，すなわち時点のズレだけに関係し，時点 t には関係していない場合を指します．言い方を換えますと，系列の確率分布が時間によって変化しない場合を意味します．

したがって定常な自己回帰モデルは，通常の回帰モデルと本質的には同じものです．しかしこのような定常性の性質が否定されるような確率過程，つまり非定常な場合は，その数学的な取り扱いがまったく異なることに留意してください．非定常な場合とは，典型的な事例として名目値も実質値も GDP の大きさが拡大していくような状況を挙げることができますが，一般に経済時系列データの場合，その多くが非定常な確率過程にしたがっていると考えられます．しかしながら理論的水準が本書で扱う範囲を超えていますのでここでは割愛します．なお本章で取り上げた，1 次の自己回帰モデルの場合では，

$$-1 < b < 1$$

が定常性の条件となります．

手順 4　決定係数の高さは，この自己回帰モデルが非常によくデータに適合していることを示しています．この点を視覚的に確認するため，「出力結果」にある「残差出力」の「予測値」と，被説明変数である「季節調整済み GDP（t）」の折れ線グラフを出力してみましょう．そのためにまず予測値を図 8.9 のように G 列にコピー&ペーストしましょう．

手順 5　最後に，「季節調整済み GDP（t）」と「予測値 GDP（t）」の折れ線グラフを出力しましょう．図 8.10 が示しているように，データと予測値にほとんど乖離が認められず，四半期別季節調整済み名目 GDP は，1 次の自己回帰モデルでうまく説明で

	A	B	C	D	E	F	G
1	支出側からみたGDP						
2	単位：10億円						
3							
4	期間	GDP デフレータ	GDP 名目値	GDP 実質値	季節調整済み GDP (t)	季節調整済み GDP (t-1)	予測値 GDP (t)
5	1994/ 1- 3.	113.1	123,456.10	109156.59			
6	4- 6.	115.9	124,896.60	107762.38			
7	7- 9.	112.2	125,738.40	112066.31	127858.84		
8	10-12.	116.4	136,825.00	117547.25	128310.90	127858.84	128007.37
9	1995/ 1- 3.	112.6	124,494.60	110563.59	129002.84	128310.90	128450.49
10	4- 6.	115	127,474.60	110847.48	129887.98	129002.84	129128.74
11	7- 9.	111.7	128,695.90	115215.67	130864.79	129887.98	129996.36
12	10-12.	115.8	140,948.60	121717.27	131831.56	130864.79	130953.85
13	1996/ 1- 3.	112	128,185.50	114451.34	132680.45	131831.56	131901.50
14	4- 6.	114.8	131,517.90	114562.63	133457.21	132680.45	132733.59
15	7- 9.	111.2	131,443.70	118204.77	134277.54	133457.21	133494.98
16	10-12.	115.1	144,414.90	125469.07	134945.35	134277.54	134299.08
17	1997/ 1- 3.	111.6	131,281.80	117636.02	135475.50	134945.35	134953.68
18	4- 6.	115.7	133,764.10	115612.88	135805.60	135475.50	135473.34
19	7- 9.	112	133,438.70	119141.70	135755.71	135805.60	135796.91
20	10-12.	116.1	145,060.70	124944.62	135399.29	135755.71	135748.01
21	1998/ 1- 3.	112.7	130,236.90	115560.69	134860.93	135399.29	135398.63
22	4- 6.	115.5	131,957.60	114249.00	134336.35	134860.93	134870.92
23	7- 9.	111.5	130,938.30	117433.45	133883.06	134336.35	134356.73
24	10-12.	115.7	143,364.50	123910.54	133459.14	133883.06	133912.41
25	1999/ 1- 3.	111.7	128,306.80	114867.32	133094.25	133459.14	133496.87

図 **8.9**　予測表を加えた表

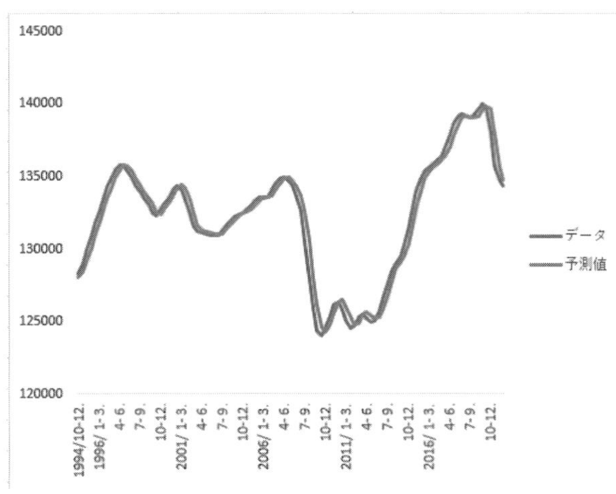

図 **8.10**　データと予測値の折れ線グラフ

きることが視覚的にも確認できます．ちなみに先にダウンロードした名目 GDP の直近のデータは 2021 年 1〜3 月期の 135,207.9 でした．この数値が仮に季節調整した同期の数値であるとしたら，次期の 2021 年 4〜6 月期の予測値は，135,211.03 になることを確認してみてください．

練習問題

問 1. 季節調整済みのデータではなく，原系列の数値を使って自己回帰モデルの推定を行い，季節調整済みデータの場合におけるモデルと比較しなさい.

問 2. 実質 GDP について自己回帰モデルの推定を行いなさい.

問 3. 都道府県の県民経済計算を利用して，各都道府県の季節調整，自己回帰モデルを計算しなさい.

第9章

計量経済分析

経済学は，経済社会の運行法則を解き明かそうとする学問です．経済の運行には，その原因や結果をめぐってさまざまな「関係」が存在します．こうした「関係」を記述するための方法として，現代の経済学では，数学的な「関数関係」が利用されています．経済学が教える「関数関係」の多くは理論的に推論されたものですが，同時に現実経済の描写にもなっていないといけません．統計データから，この「関数関係」を捉えるには，**回帰分析** (regression analysis) と呼ばれる統計的手法を用います．統計と経済理論を結ぶ方法を研究する分野を**計量経済学** (econometrics) といいます．

回帰分析は，経済学および社会科学の分野で生起する現象を，因果関係を仮定して，定量的にとらえようとします．「結果」となる変数が「原因」となる変数に依存する関係を説明するとともに，「結果」となる変数の予測値を推計します．「結果」となる変数を被説明変数（explained variable）あるいは従属変数（dependent variable）といい，「原因」となる変数を説明変数（explanatory variable）あるいは独立変数（independent variable）といいます．

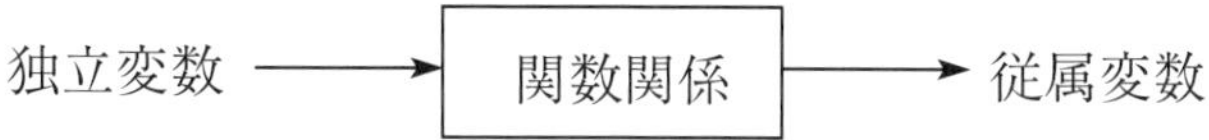

9.1　単回帰分析

一般に独立変数が1個のときの回帰分析を**単回帰分析**（simple regression analysis）あるいは**単純回帰分析**といいます．期間 n の時系列データを $(X_i,Y_i), i=1,\cdots,n$ とおくとき，データを点で示したグラフを**散布図**と呼びます．X と Y の間の関係式を推定（estimation）することは，幾何学的にはデータの点群に直線や曲線を当てはめることに他なりません．

変数 Y の値を X の1次式で説明する場合，$X=0$ のときの Y の値 a を**切片**（intercept），X が1単位増加するときの Y の増分を表す b を**回帰係数**（regression coefficient）といいますが，2変数の関係を $Y=a+bX$ の形式で表現できる直線は無数にあります．その中から，実際のデータに適合する回帰式を選ぶためにはなんらかの基準が必要です．

データから適当な方法でパラメーター（parameter）a,b の推定値を求め，それぞれ $\hat{a},\hat{b}$ とします．これを用いた

$$\hat{Y}_i=\hat{a}+\hat{b}X_i \tag{9.1}$$

を Y の推定値 (あるいは，理論値，予測値) といいます．記号ハット (ˆ) は推定値を表します．

モデルによって期待される推定値 $\hat{Y}_i$ と実際の観測値 Y_i とは一般に一致せず，Y_i は回帰直線の上下で大なり小なりのばらつきをもって分布します．観測値から当てはめられた回帰直線までの縦の距離，すなわち観測値と推定値 (理論値) との差を回帰分析では**残差** (residual) と呼び，$e_i = Y_i - \hat{Y}_i$ で表します．したがって，実際に観測される式は，

$$Y_i = \hat{a} + \hat{b}X_i + e_i \tag{9.2}$$

となります．ばらつきが小さければ小さいほど回帰直線はデータによく当てはまっており，X_i に対する Y_i の関係を正確に予測することになります．観測値からパラメーター $\hat{a}$ と $\hat{b}$ を求めるときには，できるだけ残差 e_i が全体として小さくなるような $\hat{a}$ と $\hat{b}$ を選ぶべきです．しかし，残差は正の値になることも，負の値になることもあるので，単純な残差の合計では判断できません．そこで，残差を 2 乗した値の合計 (**残差平方和**) $\sum_{i=1}^{n} e_i^2$ ができるだけ小さくなる $\hat{a}$ と $\hat{b}$ を探します．この方法を**最小 2 乗法** (least squares method) といいます．すなわち

$$\min_{\hat{a},\hat{b}} \sum_{i=1}^{n} e_i^2 \tag{9.3}$$

の最小化問題の解が，求める $\hat{a}$ と $\hat{b}$ の値となります (以下，総和記号 $\sum$ は，特にことわりのない場合，観測値にわたる和を表す)．最小化のためには，$\sum e_i^2$ を $\hat{a}$ と $\hat{b}$ で偏微分して 0 となることが必要条件です．

$$\sum e_i^2 = \sum\{Y_i - (\hat{a} + \hat{b}X_i)\}^2 \tag{9.4}$$

$$= \sum({Y_i}^2 + \hat{a}^2 + \hat{b}^2{X_i}^2 - 2\hat{a}Y_i + 2\hat{a}\hat{b}X_i - 2\hat{b}X_iY_i) \tag{9.5}$$

より，

$$\frac{\partial \sum e^2}{\partial \hat{a}} = 2n\hat{a} + 2\hat{b}\sum X_i - 2\sum Y_i = 0 \tag{9.6}$$

$$\frac{\partial \sum e^2}{\partial \hat{b}} = 2n\hat{a}\sum X_i + 2\hat{b}\sum {X_i}^2 - 2\sum X_iY_i = 0 \tag{9.7}$$

を得ます．これから「正規方程式」として知られている 1 組の連立方程式を得ますが，得られた連立方程式を解くことによって，残差平方和を最小にする $\hat{a}$ と $\hat{b}$ を求めることができます．

$$\hat{b} = \frac{\sum X_iY_i - (1/n)\sum X_i \sum Y_i}{\sum {X_i}^2 - (1/n)(\sum X_i)^2} \tag{9.8}$$

$$= \frac{\sum X_iY_i - n\overline{X}\overline{Y}}{\sum {X_i}^2 - n\overline{X}^2}$$

$$= \frac{\sum(X_i - \overline{X})(Y_i - \overline{Y})}{\sum(X_i - \overline{X})^2}$$

$$\hat{a} = \overline{Y} - \hat{b}\overline{X} \tag{9.9}$$

ここで，$\overline{X}$ と $\overline{Y}$ はそれぞれ X_i と Y_i の平均値です．最小 2 乗法にもいろいろな方法がありますが，この節で紹介した最小 2 乗法を特に ordinary least square method（OLS と略称）といいます．OLS で推計した回帰係数は，母集団の回帰係数の**最良線形不偏推定量**（best linear unbiased estimator）であることが知られています．

9.2　重回帰分析

独立変数が複数あるときの回帰分析を**重回帰分析**（multiple regression analysis）といいます[1]．k 個の独立変数 $X_1, \cdots, X_k$ の n 組の観測データを $X_{i1}, X_{i2}, \cdots, X_{ik} (i = 1, \cdots, n)$，従属変数 Y の n 個の観測データを $Y_1, Y_2, \cdots, Y_n$ とすると，重回帰モデルは，

$$Y_i = \hat{a} + \hat{b}_1 X_{i1} + \hat{b}_2 X_{i2} + \cdots + \hat{b}_k X_{ik} + e_i \qquad i = 1, 2, \cdots, n \tag{9.10}$$

となります．各独立変数にかかる係数 $\hat{b}_1, \hat{b}_2, \cdots, \hat{b}_k$ を**偏回帰係数**（partial regression coefficient）と呼びます．偏回帰係数は，他の $k-1$ 個の独立変数の値を一定にして，ある独立変数の値を 1 単位増加させたときの従属変数の増分を表しています．ベクトルと行列の記号を使って表現すると，(9.10) 式は次のようになります．

$$\boldsymbol{Y} = \boldsymbol{X}\hat{\boldsymbol{b}} + \boldsymbol{e} \tag{9.11}$$

ここで

$$\boldsymbol{Y} = \begin{bmatrix} Y_1 \\ Y_2 \\ \vdots \\ Y_n \end{bmatrix} \quad \boldsymbol{X} = \begin{bmatrix} 1 & X_{11} \ldots X_{1k} \\ 1 & X_{21} \ldots X_{2k} \\ \vdots & \vdots \quad \ddots \quad \vdots \\ 1 & X_{n1} \ldots X_{nk} \end{bmatrix} \quad \hat{\boldsymbol{b}} = \begin{bmatrix} \hat{a} \\ \hat{b}_1 \\ \vdots \\ \hat{b}_k \end{bmatrix} \quad \boldsymbol{e} = \begin{bmatrix} e_1 \\ e_2 \\ \vdots \\ e_n \end{bmatrix}$$

です．重回帰方程式のパラメーター，すなわち偏回帰係数と切片を決定するには，単純回帰分析と同様に最小 2 乗法が使われます．すると，

$$\hat{\boldsymbol{b}} = (\boldsymbol{X}'\boldsymbol{X})^{-1}\boldsymbol{X}'\boldsymbol{Y} \tag{9.12}$$

が得られます．ここで，$\boldsymbol{X}'$ は $\boldsymbol{X}$ の転値行列です．自由度（degree of freedom）は変数のうち独立に選べるものの数ですが，定数項があり，説明変数が k 個の重回帰分析では，自由度は $n-k-1$ となります．

例題 9-1 消費関数の推計：重回帰分析

例として，マクロ経済学の消費関数を取り上げましょう．J.M. ケインズは国民経済における個人消費が現在の所得水準に依存していることを指摘しました．ケインズの消費関数はしばしば，

$$C = a + bY, \quad a > 0, \quad 0 < b < 1 \tag{9.13}$$

[1]独立変数の間に強い相関があるときは分析結果の信頼性が低くなるので，変数の選択には注意が必要です．この問題は多重共線性（multicollinearity）と呼ばれます．

と書かれます．ここで，C は民間消費，Y は国民所得，a は基礎消費と呼ばれる定数，b は限界消費性向です．この消費関数は簡単な1次関数ですが，ケインズ・モデルの中心であり，経済の変動を説明することができます．

しかし，現実の消費はフローとしての所得だけではなく，家計の保有するストックとしての資産や利子率などにも依存します．このため，経済学者によってさまざまな消費関数が提案されています．その一つとして，ライフサイクル仮説にしたがった，所得と資産の両方に依存する消費関数を考えてみましょう[2]．

$$C = a + b_1 Y + b_2 W, \quad a > 0, \quad 0 < b_1, b_2 < 1 \tag{9.14}$$

ここで，Y は国民所得，W は消費者の金融資産，パラメーター b_1 は所得の限界消費性向，パラメーター b_2 は資産の限界消費性向です．

分析ツールによる回帰分析

手順1 内閣府経済社会総合研究所（https://www.esri.cao.go.jp）のホームページへアクセスし，「国民経済計算（GDP統計）」をクリックします．

- **1.1** 「国民経済計算年次推計」の「統計表一覧」をクリックします．
- **1.2** 「IV. 主要系列表」の「(1) 国内総生産（支出側）」を探し，その中から「実質」の「暦年（Excel形式）」をクリックして，データをダウンロードします．
- **1.3** 「(1) 国内総生産（支出側）」の中から「デフレーター」の「暦年（Excel形式）」もクリックして，データをダウンロードしておきます．

手順2 金融資産のデータを入手します．日本銀行 (https://www.boj.or.jp/) のホームページへアクセスし，「統計」をクリックします．

- **2.1** 「資金循環」のページの中で，「時系列データを検索する」の項目を探し，クリックします．
- **2.2** 「メニュー検索」から「資金循環：年度」→「ストック」→「家計」へと展開して，「資産・現金・預金／家計／ストック」を選び，抽出条件に追加します．
- **2.3** 「抽出対象期間」で1994から，「期首変換」で暦年，期初を選び，抽出ボタンを押します．
- **2.4** 「抽出結果」のページのダウンロードファイル形式で「カンマ」を選び，ダウンロードボタンを押してください．

手順3 新しいブックを開きます．[ファイル] タブから [新規] を選び，空白のブックを開きます．

手順4 空白のブックにデータを貼り付けます．このとき，行と列を入れ替えましょう．分析ツールを使うとき，データは列方向に並べると便利です．

---

[2]三面等価の原則によれば，国内所得，国内総生産，国内総支出の三つは互いに等しいので，所得データとして国内総支出を用いています．

4.1 項目名を記入します．セル A1 に「年」、セル B1 に「C」，セル C1 に「Y」，セル D1 に「W」，セル E1 に「デフレーター」，セル F1 に「資産」と入力します．分析ツールでは複数の説明変数を連続したセル範囲として指定するので，重回帰分析のワークシートでは，左から被説明変数，説明変数の順にデータを配置します．

4.2 [ファイル] タブから [開く] により，「国民総生産（支出側）」のデータファイル（`2020fcm1rn_jp.xlsx`）を開きます．年次データのセル（B7〜AB7）をアクティブにしてコピーします．

4.3 分析用のブックに戻ります．セル A2 をアクティブにし，右クリックから [形式を選択して貼り付け (S)] を選びます. ダイアログボックスで，[行/列の入れ替え (T)] をクリックしてペーストします.

手順 5 同様にして，民間最終消費支出を列 B，国内総生産（支出側）を列 C にコピー&ペーストします．さらにデフレーターのデータ（`2020fcm1dn_jp.xlsx`）を開き，民間最終消費支出のデフレーターを列 E にコピー&ペーストします．

手順 6 日本銀行から入手した金融資産のファイルを開き，分析用のブックの列 F にデータをコピー&ペーストします．

手順 7 セル D2 に金融資産を実質値にする式`=F2/E2*100` を入力します．そして，この式をセル D3〜D27 へコピー&ペーストします（図 9.1）.

	A	B	C	D	E	F
2	1994	249,412.3	446,522.3	5249604	108.0	5669572
3	1995	255,553.5	458,270.3	5577609	107.7	6007085
4	1996	260,557.9	472,631.9	5840779	107.8	6296360
5	1997	262,002.6	477,269.5	6034716	109.1	6583875
6	1998	260,307.9	471,206.6	6355440	109.2	6940141
7	1999	263,087.3	469,633.1	6664751	108.6	7237920
8	2000	267,138.8	482,616.8	6921358	107.6	7447381
9	2001	272,616.9	484,480.2	7082270	106.1	7514288
10	2002	276,130.0	484,683.5	7317682	104.6	7654295
11	2003	277,881.0	492,124.0	7398026	103.5	7656957
12	2004	281,553.4	502,882.4	7505713	102.9	7723379
13	2005	285,863.0	511,953.9	7727988	102.1	7890276
14	2006	288,516.9	518,979.7	7694330	102.1	7855911
15	2007	290,695.7	526,681.2	7732449	101.7	7863901
16	2008	287,401.6	520,233.1	7756328	102.4	7942480
17	2009	284,771.6	490,615.0	8047984	100.1	8056032
18	2010	291,408.1	510,720.0	8290580	98.7	8182802
19	2011	289,879.7	510,841.6	8470321	98.2	8317855
20	2012	295,760.1	517,864.4	8721027	97.6	8511722
21	2013	303,468.0	528,248.1	8889534	97.5	8667296
22	2014	300,716.8	529,812.8	8901788	99.4	8848377
23	2015	300,064.9	538,081.2	9037516	100.0	9037516
24	2016	298,784.6	542,137.4	9216858	99.7	9189207
25	2017	301,929.0	551,220.0	9401013	100.0	9401013
26	2018	302,635.0	554,439.5	9537542	100.7	9604305
27	2019	300,998.0	553,106.9	9677960	101.2	9794096
28	2020	285,180.9	528,178.9	9856310	101.5	10004155

図 9.1　2020 年度国民経済計算（2015 年基準）によるデータ

手順 8　[データ] タブを開き，リボンから データ分析 を選択します[3].

手順 9　ダイアログボックスから**回帰分析**を選択し，**OK** ボタンをクリックします.

手順 10　**回帰分析** ダイアログボックスが表示されたら，指示を与えます.

10.1　[入力 **Y** 範囲 (**Y**)] ボックスに，被説明変数のセル範囲`$B$1:$B$27` を入力.

10.2　[入力 **X** 範囲 (**X**)] ボックスに，説明変数のセル範囲`$C$1:$D$27` を入力.

10.3　各列ともに先頭に変数名が記されているので，**ラベル (L)** チェックボックスをチェック.

10.4　有意水準を指定することができます．規定値は 95%です.

10.5　出力オプションは，**新規又は次のワークシート (P)** をチェック.

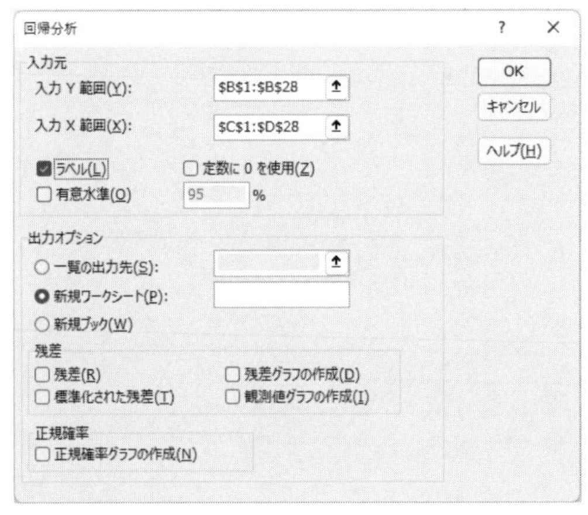

[3]分析ツールが見当たらない場合は，ファイル—オプション—アドインからアクティブにしてください.

手順 11 **OK** ボタンをクリックすると，新しいシートに回帰分析の結果が返されます(図 9.2).

	A	B	C	D	E	F	G	H	I
1	概要								
2									
3	回帰統計								
4	重相関 R	0.96056							
5	重決定 R2	0.922675							
6	補正 R2	0.916232							
7	標準誤差	4720.964							
8	観測数	27							
9									
10	分散分析表								
11		自由度	変動	分散	された分	有意 F			
12	回帰	2	6.38E+09	3.19E+09	143.1898	4.57E-14			
13	残差	24	5.35E+08	22287497					
14	合計	26	6.92E+09						
15									
16		係数	標準誤差	t	P-値	下限 95%	上限 95%	下限 95.0%	上限 95.0%
17	切片	76610.38	29598.91	2.588284	0.016126	15521.23	137699.5	15521.23	137699.5
18	Y	0.340668	0.086	3.96126	0.000581	0.163173	0.518164	0.163173	0.518164
19	W	0.004301	0.001986	2.165236	0.040532	0.000201	0.0084	0.000201	0.0084

図 **9.2**　重回帰分析の結果

9.3　分析結果の評価

分析ツールによる推定結果は，三つの情報に集約されます．もしも，その結果から，被説明変数 C と説明変数 Y，W との間に統計的な有意性を見いだすことができなければ，消費関数 (9.14) 式に関する仮説が棄却されることとなります．

まず，「回帰統計」の欄に，推定された回帰式の当てはまりの良さ（度合い）が示されます．

3	回帰統計	
4	重相関 R	0.96056
5	重決定 R2	0.922675
6	補正 R2	0.916232
7	標準誤差	4720.964
8	観測数	27

$\Longrightarrow$

$$R = \sqrt{R^2}$$
$$R^2 = \frac{\sum_{i=1}^{n}(\hat{Y}_i - \overline{Y})^2}{\sum_{i=1}^{n}(Y_i - \overline{Y})^2} = 1 - \frac{\sum_{i=1}^{n}(Y_i - \hat{Y}_i)^2}{\sum_{i=1}^{n}(Y_i - \overline{Y})^2}$$
$$\overline{R}^2 = 1 - \frac{n-1}{n-k-1}(1 - R^2)$$
$$s = \sqrt{\frac{\sum_{i=1}^{n}(Y_i - \hat{Y}_i)^2}{n-2}}$$
$$n$$

ここで，$\hat{Y}_i$ は Y_i の推定値，$\overline{Y}$ は Y_i の平均値，k は説明変数の数です．「重相関」と「重決定」は，回帰分析ではそれぞれ**相関係数**，**決定係数**と呼ばれます．**決定係数** R^2 は，もとの変数 Y の持つ分散に対する推定値 $\hat{Y}$ の分散の比率です．これは相関係数 R の 2 乗に等しくなります．R^2 のとりうる範囲は，

$$-1 \leq R \leq 1 \Rightarrow 0 \leq R^2 \leq 1$$

であり，回帰式が標本データによく当てはまっているとき，1 に近くなります．

(9.13) 式のケインズ型消費関数を求めた例題4-2の結果と比べて，R^2 の値が0.91878→0.92268へと上昇しているので，(9.14) 式の説明力は向上しています．

ところで，決定係数 R^2 には説明変数の数が増えるにしたがい，説明力が向上していなくてもその値が大きくなるという性質があります．そのため，説明変数の数が多い場合には，この点を補正した**自由度修正済み決定係数**を使います．Excelでは「補正R2」と表記されています．そのとりうる範囲は，$-\infty \leq \overline{R}^2 \leq 1$ です．説明変数の数に応じて決定係数を補正したため，決定係数 R^2 より少し小さな値となります．

「分散分析表」は，複数の回帰係数の信頼性をまとめて調べるときに用いられます．

変動要因	自由度	変動	分散	分散比	有意F
回帰	k	$S_R = \sum_{i=1}^{n}(\hat{Y}_i - \overline{Y})^2$	$V_R = \frac{S_R}{k}$	$F_R = \frac{V_R}{V_E}$	$P(F < F_R)$
残差	$n-k-1$	$S_E = \sum_{i=1}^{n}(Y_i - \hat{Y}_i)^2$	$V_E = \frac{S_E}{n-k-1}$		
合計	$n-1$	$S_T = S_R + S_E$			

ここで，$P(\cdot)$ は確率を表します．

分散分析（analysis of variance）では，観測データにおける変動を各要因およびそれらの交互作用による変動と誤差の変動とに分解することによって，要因および交互作用の効果を判定します．分散の比は F 分布にしたがうので，要因の分散と誤差の分散から F 値を計算します．

社会科学の統計分析では確定的な結論を得ることが難しいため，回帰分析の結果が無効であるという仮説を立てそれを否定することで，結果が有効であることを示します．F 検定（F-test）では，「切片以外のすべての説明変数は無効」すなわち「切片以外の説明変数の真の係数はすべて0（ゼロ）である」という仮説を立てて，それを否定します．この当否を検定される仮説を帰無仮説と呼びます．

	$\hat{b}_i$ の検定
帰無仮説	H_0：定数項を除くすべての回帰係数は0である．$b_1 = b_2 = 0$
対立仮説	H_1：H_0 ではない．

帰無仮説が棄却され，対立仮説が支持されると，説明変数の全部，または一部が，被説明変数に影響を与えていると判断できます．もしも帰無仮説が正しければ「観測された分散比」$F_R = \frac{V_R}{V_E}$ は自由度 $(k, n-k-1)$ の F 分布にしたがいます．この例題では「有意F」の「4.57E-14」は $4.57 \times (0.1)^{14}$ を表しており，「すべての説明変数が無効」とする帰無仮説が正しければ，それは $4.57 \times (0.1)^{14}$ 以下の確率でしか起こらないことが起こったことになります．そのような極めて珍しいことが起こるのは不自然なので，帰無仮説は棄却されます．

最後の欄に，回帰係数に関する情報が示されています．「係数」列に推定した回帰係数の値が示されています．

16		係数	標準誤差	t	P-値
17	切片	76610.38	29598.91	2.588284	0.016126
18	Y	0.340668	0.086	3.96126	0.000581
19	W	0.004301	0.001986	2.165236	0.040532

回帰係数の符号は予想通りでしたが，個々の回帰係数の信頼性を調べなければなりません．そこで，回帰方程式に確率分布を導入し，統計的推測の考え方を利用して，回帰係数を評価する方法を考えます．

得られた回帰係数について最も悪い状況は回帰係数が0になってしまうことです．なぜならば，検討中の変数間の関係にまったく関係が見られないことを意味するからです．これを検証するために，個々の回帰係数を統計量と考え，「回帰係数が0（ゼロ）かもしれない」という仮説を検証します．

この有意性の検証には，**t 検定**が利用されます．t 分布による検定では，

$$t = \frac{\text{推定した回帰係数} - \text{母集団の回帰係数}}{\text{回帰係数の標準誤差}}$$

という考え方をして，係数(パラメータ)が0に等しいという帰無仮説を立てます．

	$\hat{a}$ の検定	$\hat{b}_1$ の検定	$\hat{b}_2$ の検定
帰無仮説	$H_0 : \hat{a} = 0$	$H_0 : \hat{b}_1 = 0$	$H_0 : \hat{b}_2 = 0$
対立仮説	$H_1 : \hat{b} \neq 0$	$H_1 : \hat{b}_1 \neq 0$	$H_1 : \hat{b}_2 \neq 0$

帰無仮説を検定するための t 統計量を記号で書くと，次のようになります．

$$\begin{aligned} t_{\hat{a}} &= \frac{\hat{a} - a}{s_{\hat{a}}} = \frac{\hat{a} - 0}{s_{\hat{a}}} = \frac{\hat{a}}{s_{\hat{a}}} \\ t_{\hat{b}_1} &= \frac{\hat{b}_1 - b_1}{s_{\hat{b}_1}} = \frac{\hat{b}_1 - 0}{s_{\hat{b}_1}} = \frac{\hat{b}_1}{s_{\hat{b}_1}} \\ t_{\hat{b}_2} &= \frac{\hat{b}_2 - b_2}{s_{\hat{b}_2}} = \frac{\hat{b}_2 - 0}{s_{\hat{b}_2}} = \frac{\hat{b}_2}{s_{\hat{b}_2}} \end{aligned}$$

回帰係数の散らばりを意味する標準誤差が小さいほど説明力が高いので，t 値は大きければ大きいほど良いと言えます．$t_{\hat{a}}$ が，もしも5%有意水準の t 値より大きければ(つまり確率が5%より小さければ)，$H_0 : \hat{a} = 0$ は5%有意水準で棄却され，係数は0ではないと結論付けられます．実証研究では t 値が絶対値で2.0以上あれば回帰係数は有意であると判断する習慣がありますが，Excelではスチューデントの t 分布の逆関数の値を返す **T.INV.2T** 関数から正確な基準値を求めることができます．

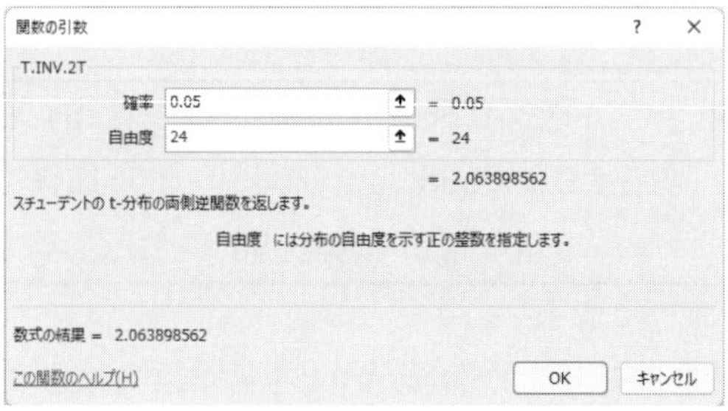

引数の入力ダイアログボックスの，**確率**入力ボックスには，スチューデントの両側 t 分布に従う確率を指定します．その値は，2.063898562 (すなわち $P(2.063898562 \leq |t|) = 0.05$) であるので，帰無仮説は棄却され，係数の推定値は有意であることがわかります．これを「回帰係数は統計的に有意である」といいます．$\hat{b}_1$ と $\hat{b}_2$ についても同様です．

回帰式を報告書等に記載するときは，回帰係数の下に t 値を付記することが多いです．

$$\underset{(2.588)}{\hat{C} = 76610.3} + \underset{(3.961)}{0.34066Y} + \underset{(2.165)}{0.00430W}, \qquad \overline{R}^2 = 0.922675$$

9.4　関数による回帰分析

回帰分析は，適切なワークシート関数を使って行うこともできます．LINEST 関数は直線による回帰分析の統計情報を返します．

LINEST(既知の従属変数 y, 既知の独立変数 x, 定数, 補正)

LINEST 関数は，最小 2 乗法を使って，指定したデータに最もよく当てはまる直線を算出し，この直線を記述する係数 $\hat{b}$ と Y 切片 $\hat{a}$ との配列を返します．値は配列として返され，配列数式として入力されます．オプションの引数の意味は次の通りです．

定数項の指定	TRUE または省略	: y 切片 $\hat{a}$ を計算する．
	FALSE	: y 切片 $\hat{a} = 0$．
補正項の指定	TRUE	: 補正項を含めた配列を返す．
	FALSE または省略	: 補正項を含めた配列を返さない．

単回帰分析の場合は，さらに下記の関数が用意されています．

INTERCEPT(y, x)	y 切片 $\hat{a}$ を返す．
SLOPE(y, x)	傾き $\hat{b}$ を返す．
STEYX(y, x)	標準誤差 s を返す．
TREND(y, x, 新しい x, 定数)	新しい x に対する予測値 $\hat{y}$ を返す． 定数に FALSE: $\hat{a} = 0$，TRUE: $\hat{a} \neq 0$，
FORECAST(y, x)	新しい x に対する予測値 $\hat{y}$ を返す．

現実の経済では，二つの変数の間にきれいな直線（線形）の関係があることはさほど多くありません．非線形の関係が見られる場合，指数関数的な関係であれば，自然対数を使って変数を線形の関係に変換して最小 2 乗法を適用することがあります．

また，Excel には指数関数 $y = x^b$ そのものを推定する関数も用意されています．

LOGEST(y, x, 定数, 補正)	回帰曲線の係数などを返す．
GROWTH(y, x, 新しい x, 定数)	新しい x に対する予測値 $\hat{y}$ を返す．

9.5　まとめ

計量経済分析は，近年の経済レポートや白書の中にも数多く用いられており，経済学や経済事情を学習する者には不可欠の知識となっています．従来は，実際に分析を進めることのむずかしかった分野ですが，パソコンが身近なものとなることで，手軽に試みることができるようになりました．表計算ソフトは，統計パッケージというよりは手軽で総合的な情報ツールですが，計量経済分析のためのツールとしても十分に実用的です．

練習問題

問 1. 回帰分析は数値データに関して行うものだが，それ以外の事柄でも数字に変換して分析に取り入れることができる．そのときに使われるのが**ダミー変数**（dummy variable）である．地震，水害などの自然災害や，戦争，ストライキなどの突発的な出来事は経済活動に影響を与える．こうして生じた異常値を，重回帰分析ではモデル内に取り込み，その影響を除去することができる．

ダミー変数は，もともと数値でないデータに対して，1 と 0 を用いて数量化するもので，異常値が発生した時を 1 とし，それ以外を 0 とする．

第 4 章の例題 4-1 では，2009 年の数値に異常値のあることが指摘されている．実証分析で扱うデータには，数値として連続している量的変数と，数量的に表すことが困難な質的変数データがある．2009 年の異常値は 2008 年後半の世界的な金融危機（引き金となった投資銀行の経営破綻に因み「リーマン・ショック」と呼ばれます）によるものと考えられる．

金融危機の有無という質的変数をダミー変数として説明変数に組み込み，その影響を除去してみよう．重回帰分析による推定結果は，単回帰の推定結果と比べて改善されるだろうか．

問 2. 新型コロナウイルスの感染拡大により家計の消費が低迷したと言われている．ダミー変数を使ってこれを確かめなさい．

第10章

産業連関分析

産業連関分析は，ワシリー・W・レオンチェフ（Wassily W. Leontief, 1906–1999）の1936年の“*Review of Economics and Statistics*”への掲載論文によって開発されました．レオンチェフは，その後もこの研究を積み重ね，1973年にノーベル経済学賞を受賞しました．

今日では，産業連関分析は世界の各国に広く普及しています．特に，日本は世界的に見て産業連関分析が最も盛んに行われている国の一つです．政府，民間によるさまざまな分野の政策分析において，産業連関分析は不可欠のツールとして用いられています．

本章では，産業連関分析の方法，手順等について，実際の事例を用いて説明します．

10.1　産業連関分析の基本

10.1.1　産業連関表とは

産業連関表は，一国または一地域の産業間の相互依存関係や，家計消費，行政支出，輸出入（地域を対象にした表では，国内他地域との取引を表す移出入も含む）など，経済取引の総体を，タテ列を商品の費用構成（投入構造），ヨコ行を商品の販路構成（産出構造）とした碁盤のマス目のような一つの表に示したものです．平成27（2015）年の静岡県を対象とした産業連関表（取引基本表）の一例（生産者価格表・13部門）を表10.1に掲載しておきます．

産業連関表を用いた分析としては，取引基本表から一国または一地域の経済の規模や産業構造，産業間の相互依存関係などの全体を把握する構造分析などができます．また，産業連関表を用いて，公共投資から地域のイベントまで，さまざまなプロジェクトの経済波及効果が試算され，政策評価やプロジェクトの効果を数量的に把握するために用いられています．

表 10.1 平成27（2015）年静岡県産業連関数（13部門生産者価格表，単位：10億円）

	中間需要 1 農林漁業	2 鉱業	3 製造業	4 建設	5 電力・ガス・水道	6 商業	7 金融・保険	8 不動産	9 運輸・郵便	10 情報通信	11 公務	12 サービス	13 分類不明	内生部門計	最終需要 家計外消費支出	民間消費支出	一般政府消費支出	県内総固定資本形成	在庫純増	移輸出	最終需要計	需要合計	移輸入合計	県内生産額
中間投入 1 農林漁業	29	0	375	2	0	0	0	0	0	0	0	44	0	450	2	109	0	3	5	137	256	705	-402	303
2 鉱業	0	0	69	10	176	0	0	0	0	0	0	0	0	256	0	0	0	0	0	4	3	259	-247	12
3 製造業	67	1	6, 991	460	43	70	32	5	212	18	49	858	14	8, 819	51	1, 632	0	691	19	12, 172	14, 565	23, 384	-8, 163	15, 221
4 建設	1	0	26	1	12	6	3	20	13	3	8	17	0	109	0	0	0	1, 504	0	0	1, 504	1, 613	0	1, 613
5 電力・ガス・水道	3	0	311	7	59	62	7	8	34	7	15	164	1	679	0	246	-5	0	0	0	241	920	-238	682
6 商業	21	0	805	90	12	22	6	2	50	5	10	284	2	1, 310	51	1, 369	0	129	3	680	2, 233	3, 543	-1, 442	2, 100
7 金融・保険	2	1	98	20	11	35	48	165	41	5	20	57	1	504	0	505	0	0	0	170	675	1, 179	-97	1, 082
8 不動産	0	0	30	8	3	55	16	55	29	11	2	81	8	298	0	1, 860	1	47	0	0	1, 908	2, 206	-28	2, 178
9 運輸・郵便	17	3	385	71	24	181	39	5	146	16	34	170	23	1, 114	13	455	1	15	2	793	1, 279	2, 392	-686	1, 706
10 情報通信	1	0	106	14	10	81	62	6	17	141	29	191	18	678	6	384	1	169	0	85	644	1, 322	-631	691
11 公務	0	0	0	0	0	0	0	0	0	0	0	0	59	59	0	33	870	0	0	0	903	963	0	963
12 サービス	6	0	545	151	57	195	132	50	227	116	115	598	15	2, 208	346	2, 096	1, 829	814	0	504	5, 589	7, 797	-1, 264	6, 533
13 分類不明	1	0	49	22	2	15	5	3	14	2	1	34	0	150	0	0	0	0	0	131	131	281	-40	241
内生部門計	149	6	9, 790	856	410	722	350	319	783	326	282	2, 497	142	16, 632	469	8, 689	2, 697	3, 372	28	14, 676	29, 931	46, 563	-13, 239	33, 324
粗付加価値 家計外消費支出	3	1	194	33	7	47	33	7	26	9	11	99	1	469										
雇用者所得	37	3	2, 516	568	60	842	341	101	490	97	342	2, 702	3	8, 101										
営業余剰	70	1	695	45	39	246	272	901	108	134	0	384	80	2, 977										
資本減耗引当	47	1	1, 570	60	148	158	80	746	212	101	326	676	12	4, 137										
間接税（除関税・輸入品商品税）	13	1	462	59	23	87	22	105	92	25	2	201	4	1, 095										
（控除）経常補助金	-17	0	-6	-9	-6	-1	-16	0	-5	0	0	-27	-1	-87										
粗付加価値部門計	154	6	5, 431	757	272	1, 378	732	1, 859	923	365	681	4, 036	99	16, 692										
県内生産額	303	12	15, 221	1, 613	682	2, 100	1, 082	2, 178	1, 706	691	963	6, 533	241	33, 324										

10.1.2 経済波及効果とは

経済波及効果とは，たとえば，ある産業に新たな需要が生じたとき，その需要を満たすために行われる生産が，その産業だけでなく，原材料などの取引に関係する多くの産業や，それらの産業の生産活動を支える労働者の家計に支払われる雇用者所得から支出される消費活動を通じて，関連する産業にも次々と波及していく過程で誘発される生産額のことです．そして誘発される生産額から，粗付加価値，雇用者所得や雇用者数なども新たに誘発されます．特定部門の最終需要が変化したときの一国または一地域の経済波及効果の体系を図 10.1 に示しています．

＜直接生産誘発効果＞

ある特定部門の国内や地域内の最終需要（ΔFd）が増加した場合，該当部門の生産がまず誘発されます．この生産誘発額のうち，国外または他地域への流出を控除した自国または自地域への生産誘発額のことを直接生産誘発効果（ないし生産誘発の直接効果）といいます．最終需要に自給率（$I-\bar{M}$）を乗じて計算されます．

＜間接一次生産誘発効果＞

直接生産誘発額を国内や地域内で実現するためには原材料（中間財といいます）などの投入が必要です．その原材料を生産している産業の生産活動には，更なる原材料などの投入が必要となります．このように生産が原材料などの取引を通じて関連産業に連鎖的に波及していきます．最終的に誘発される国内または地域内産業の生産額の合計を間接一次生産誘発効果（もしくは生産誘発の間接一次効果）となります．間接一次生産誘発効果はいわば「原材料ルート」の生産誘発効果（経済波及効果）ともいえます．

＜間接二次生産誘発効果＞

国内または地域内生産が誘発されると雇用者所得が誘発されます．所得の一定の割合が消費に回されると想定すると家計の消費需要が発生します．消費需要が発生すると消費関連産業の生産も誘発されます．このように「生産増→所得増→消費増→生産増」というルート（付加価値ルートといいます）で誘発される生産額のことを間接二次生産誘発効果（もしくは生産誘発の間接二次効果）と呼びます．図 10.1 には明記していませんが，間接二次生産誘発効果にはもう一つの効果があります．それは「直接＋間接一次」生産誘発効果から新しく生まれた付加価値額に含まれる，企業の広義の営業利潤を表す営業余剰です．この営業余剰は新規の設備投資などに向かい，機械設備などの産業の生産を誘発しますが，ここでは省略しています．

また，間接二次生産誘発効果と同様に間接三次効果，間接四次効果 $\cdots$ へと生産誘発効果が 0 になるまで計算を続けることはできますが，間接三次効果以降は軽微であるため，ここでは間接二次効果までに限定しました．

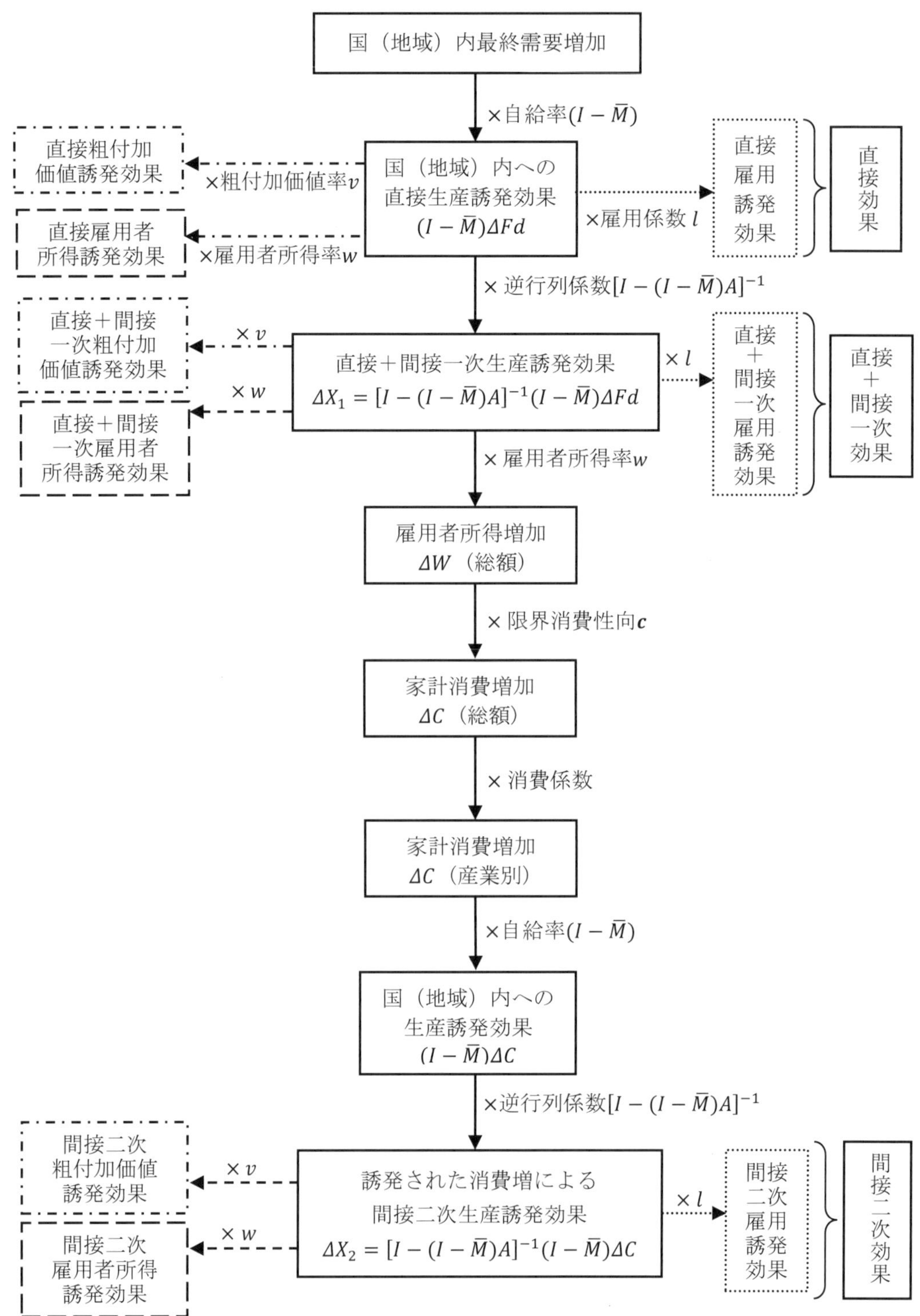

図 10.1　経済波及効果のフレームワーク

<その他の誘発効果>

各生産誘発額に粗付加価値率（v =粗付加価値/生産額），雇用者所得率（w =雇用者所得/生産額）と雇用係数（l =就業者数（もしくは雇用者数）/生産額）をそれぞれ乗じることで，粗付加価値誘発額，雇用者所得誘発額および雇用創出数を得ることができます．

10.1.3　基本モデルの導出

産業連関分析の基本モデルには，均衡産出高モデルと均衡価格モデルがあります．前者は産出高（=生産量を表し，価格を不変とすれば生産額）の波及効果を，後者は，たとえば原油価格の高騰が他の商品の価格に波及する価格波及効果を分析します．ここでは，一般によく使われる競争移輸入型均衡産出高モデル（競争移輸入型とは，表10.1のように中間需要や最終需要の各数字に国（地域）内財と国（地域）外からの移輸入財が区分されず混在して表記され，最後に一括してマイナス値で控除されている表形式のこと）について説明します．

産業連関表のヨコ（行）の需給バランスは，以下のように示されます．

生産額 = 中間需要 + 最終需要 + 移輸出 − 移輸入

$$X = AX + Fd + E - \bar{M}(AX + Fd)$$

X：生産額列ベクトル（n 行× 1 列）
A：投入係数行列（n 行× n 列）
AX：中間需要行列（n 行× n 列）
Fd：国（地域）内最終需要列ベクトル（n 行× 1 列）
E：移輸出列ベクトル（n 行× 1 列）
$\bar{M}$：移輸入係数行列（n 行× n 列対角行列）
$\bar{M}(AX + Fd)$：移輸入 (M) 列ベクトル（n 行× 1 列）

一般に，移輸入（M）は国（地域）内需要に依存すると仮定されます．国（地域）内需要は原材料需要（中間需要 AX）と消費や投資などの国（地域）内最終需要（Fd）の合計です．移輸入（M）は国（地域）内需要（$AX + Fd$）に対して一定比率（移輸入比率 $\bar{M}$）で左右される従属変数と想定されるので，$M = \bar{M}(AX + Fd)$ と書くことができます．地域表では移入 N と輸入 M が分離されている場合があります．そのときは，$(\bar{N} + \bar{M})(AX + Fd)$ となりますが，ここでは移入 N と輸入 M を一括して扱っています．

上記バランス式を X について整理すると，競争移輸入型均衡産出高モデル式は，以下のように導出されます．

$$X = [I - (I - \bar{M})A]^{-1}[(I - \bar{M})Fd + E]$$

ここで，I が単位行列，$(I-\bar{M})$ が国（地域）内自給率行列，$[I-(I-\bar{M})A]^{-1}$ が競争移輸入型逆行列を表しています．

この競争移輸入型の均衡産出高モデルを用いると，国（地域）内最終需要の変化（ΔFd）や輸出の変化（ΔE）に対して，国内または地域経済への波及効果（生産誘発効果）は，次のように計算されます．

$$\Delta X = [I-(I-\bar{M})A]^{-1}[(I-\bar{M})\Delta Fd + \Delta E]$$

また，生産誘発額（ΔX）に粗付加価値率（v），雇用者所得率（w）や雇用係数（l）を乗じると，粗付加価値誘発額（ΔV），雇用者所得誘発額（ΔW）や雇用創出数（ΔL）は，次のように計算されます．

$$\Delta V = \Delta X \times v, \qquad \Delta W = \Delta X \times w, \qquad \Delta L = \Delta X \times l$$

10.2　産業連関分析の実際－医療・保険の経済波及効果分析－

高齢化社会，地方財政の逼迫等を背景に公的支出の効率的な使い方が求められています．同額の公的支出をどの項目に支出すれば，地域経済への波及効果が大きいかを示すことが地域経済対策として重要です．また，営業余剰や雇用者所得からあがる税収効果の分析も重要です．公立病院には，民間では採算性の悪い難病などの診療部門も必要ですが，公立病院の経営収支だけを見て赤字を強調するのではなく，公立病院の存在による関連産業からの税収効果なども見逃さないようにしなくてはなりません．地域経営という広い視野から，公共政策の評価手法としても産業連関分析は大きな役割を果たします．

公的支出について，公共事業はこれまで生産・雇用面等での経済波及効果が大きいということで，景気対策としても広く利用されてきました．しかし，最近では，生産誘発効果に粗付加価値誘発効果，雇用者所得誘発効果や雇用創出効果を含めた総合波及効果を見ると，「医療・福祉」部門が優位であると言われています．

以下，事例の一つとして，「医療・福祉」部門に10億（1,000百万）円の公的支出が追加される場合の，静岡県経済への波及効果についてシミュレーションします．

まず，平成27（2015）年静岡県37部門産業連関表のダウンロードおよび投入係数表をはじめ，各種係数表の作成方法について説明します．次に，競争移輸入型均衡産出高モデルを用いて，「医療・福祉」部門に公的支出10億円の新たな支出（最終需要増加）が生じる場合，地域経済（静岡県）への総合波及効果（生産誘発効果，粗付加価値誘発効果，雇用者所得誘発効果，雇用創出効果）について，シミュレーションしてみます．

例題 10-1　事例分析：医療・保険の経済波及効果分析

10.2.1　データ（産業連関表）のダウンロード

日本においては，全国を対象とした産業連関表（全国表）や都道府県，一部では市町村を対象とした地域産業連関表（地域表）などが作成され，公表されています．全国表は総務省統計局のホームページ（http://www.stat.go.jp/）から，都道府県表は各都道府県のホームページからダウンロードすることができます．以下において，平成 27（2015）年静岡県産業連関表のダウンロード方法について説明します．

手順 1 統計センターしずおかのホームページ（http://toukei.pref.shizuoka.jp/）にアクセスします．

手順 2 「産業連関表」というキーワードで検索し，表示される画面の「調査名・資料」欄から「静岡産業連関表」をクリックします．

手順 3 検索結果一覧の「統計表」欄から「37 部門取引基本表」を探してクリックします．

手順 4 表示される画面の中から「平成 27 年 37 部門取引基本表（エクセル）」というファイルを探してクリックすると，ファイルのダウンロードが始まります．

手順 5 ダウンロード終了後，ファイルを開き，「編集を有効にする（E)」をクリックしてから，適当なディレクトリを指定して，適当な名前で保存しましょう．

また，後ほど使う予定の雇用表についても，同じようにダウンロードして保存しておきましょう．手順 3 の検査結果一覧の「統計表」欄から「37 部門雇用表」を探してクリックするとダウンロードできます．

10.2.2　各種係数表の導出

投入係数表，逆行列係数表などのデータは取引基本表とともに計算・公表されていますが，独自の分析を行う際に，公表されている部門数と異なる場合は独自に計算しなければなりません．以下では，Excel を用いて，静岡県の平成 27（2015）年 37 部門産業連関表から，投入係数表をはじめ各種係数表の導出手順について説明します．

表の枠の作成

各種係数表の導出の前に，表の枠というシートをあらかじめ用意しておくと便利です．

手順 1 ダウンロードしたファイル「平成 27 年 37 部門取引基本表」を開きます．

手順 2 Shift と F11 キーを押すと新しいシートが挿入され，そのシートの見出し部分を右クリックし，［**名前の変更 (R)**］で「枠」に変更します．

手順3 部門番号の連番を作成します．

3.1 セル A2 に 1 と入力します．Ctrlキーを押しながら，セル A2 をフィルハンドルでセル A38 までドラッグします．

3.2 セル B1 に 1 と入力します．Ctrlキーを押しながら，セル B1 をフィルハンドルでセル AL1 までドラッグします．

手順4 ウィンドウ枠の固定を行います．行や列のスクロールバーを使って画面を動かすときに，手順3で作成した部門番号がつねに見えるように固定しておくと便利です．

4.1 セル B2 をアクティブにしてから，[**表示**] タブをクリックします．

4.2 [**ウィンドウ**] グループ の［**ウィンドウ枠の固定**］ボタンをクリックし，メニューの中から「**ウィンドウ枠の固定（F）**」をクリックすれば，セル B2 の上の行（1行）と左の列（A列）が固定されます．

投入係数表 A の作成

投入係数は，ある産業部門の財貨・サービスの生産に投入される各種原材料の量を，その財の生産量で除した比率のことです。投入構造または生産技術を反映しています。

手順1 シートをコピーします（以下同）．

1.1 ［枠］シートの見出し部分を右クリック，［**移動またはコピー (M)**］を選択します．

1.2 ダイアログボックスの中から［**挿入先 (B)**］の［**(末尾に移動)**］をクリックし，［**コピーを作成する (C)**］の前のボックスにチェックマークを入れます (図 10.2).

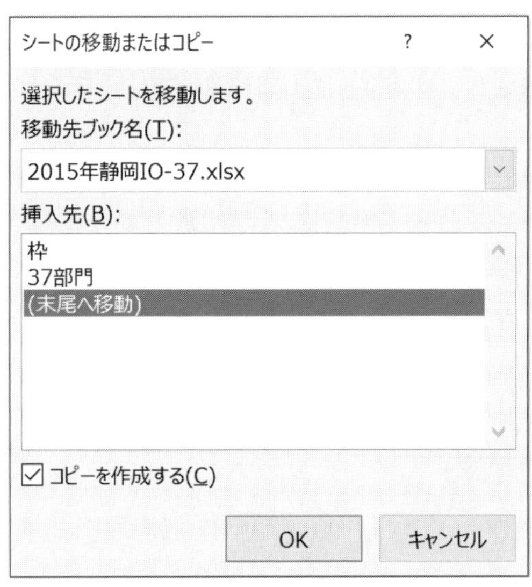

図 **10.2**　シートのコピー

1.3 最後に，**OK** ボタンをクリックすると「枠 (2)」というシートが作成されます．

1.4 ［**枠 (2)**］シートの見出し部分を右クリックし，メニューの中から［**名前の変更 (R)**］をクリックし，「投入係数表」に変更します．

手順 2 投入係数を計算します．セル B2 に='37 部門'!D8/'37 部門'!D$53 と入力します (図 10.3)．実際には次の手順で操作しましょう（以下同）．

2.1 セル B2 をアクティブにし，= と入力します．

2.2 ［**37 部門**］シートの見出し部分をクリックし，同シートのセル D8 をクリックします．

2.3 次に，/と入力し，同シートのセル D53 をクリックし，F4キーを 2 回押してから，Enterキーを押します．

2.4 最後に，小数点以下の桁数を 3 桁に変更します．

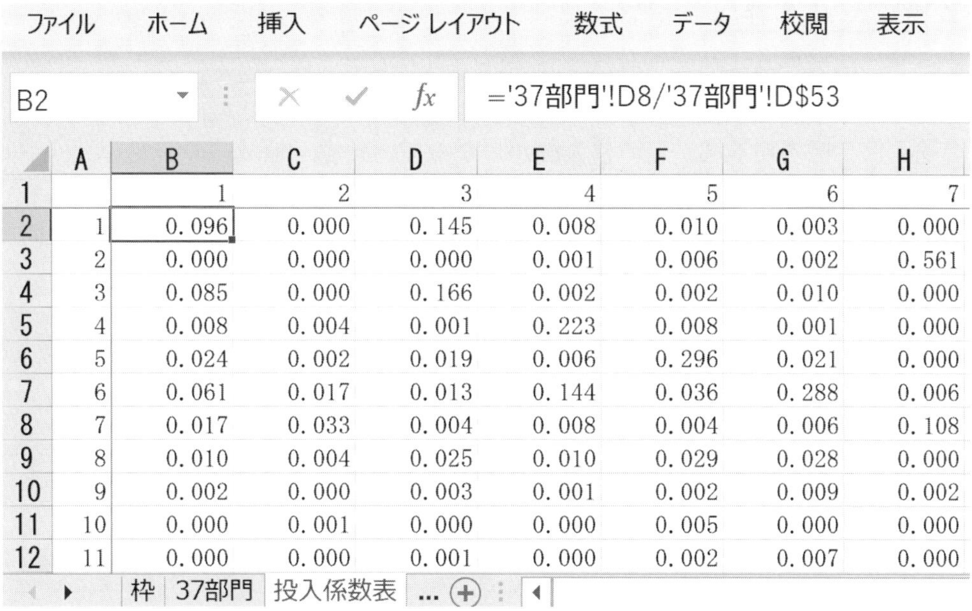

ファイル　ホーム　挿入　ページ レイアウト　数式　データ　校閲　表示

B2　fx　='37部門'!D8/'37部門'!D$53

	A	B	C	D	E	F	G	H
1		1	2	3	4	5	6	7
2	1	0.096	0.000	0.145	0.008	0.010	0.003	0.000
3	2	0.000	0.000	0.000	0.001	0.006	0.002	0.561
4	3	0.085	0.000	0.166	0.002	0.002	0.010	0.000
5	4	0.008	0.004	0.001	0.223	0.008	0.001	0.000
6	5	0.024	0.002	0.019	0.006	0.296	0.021	0.000
7	6	0.061	0.017	0.013	0.144	0.036	0.288	0.006
8	7	0.017	0.033	0.004	0.008	0.004	0.006	0.108
9	8	0.010	0.004	0.025	0.010	0.029	0.028	0.000
10	9	0.002	0.000	0.003	0.001	0.002	0.009	0.002
11	10	0.000	0.001	0.000	0.000	0.005	0.000	0.000
12	11	0.000	0.000	0.001	0.000	0.002	0.007	0.000

枠　37部門　投入係数表　...

図 10.3　投入係数表

手順 3 セル B2 をフィルハンドルでセル AL38 までコピーします（以下同）．

3.1 まず，セル B2 をフィルハンドルで下方向へセル B38 までドラッグします．

3.2 次に，フィルハンドルの状態で右方向へセル AL38 までドラッグします．

単位行列 I の作成

単位行列は，対角要素が 1，その他の要素は 0 となる正方行列です．部門数が少ない場合は手で入力できますが，部門数が多い場合は IF 関数を用いて作成します．

$$\text{IF 関数の論理式}:=\text{IF(論理式, 真の場合は 1, 偽の場合は 0)}$$

手順 1　［枠］シートをコピーし，新しいシート「枠 (2)」が作成され，そのシート見出しの名前を「単位行列」に変更します．

手順 2　セル B2 に `=IF($A2=B$1,1,0)` と入力し，Enterキーを押します．この式は，「セル A1 の数値（部門番号）=セル B1 の数値（部門番号）」という条件が真の場合は 1，偽の場合は 0 と入力することを表しています．

手順 3　セル B2 をフィルハンドルでセル AL38 までコピーします．

移輸入係数表 $\bar{M}$ の作成

一般に，一国の経済活動に必要な諸財には国内で生産される国内財のほか，国外からの輸入財があります．地域経済の場合は，通常地域内で生産される域内財だけでなく，国外からの輸入財，国内他地域からの移入財からなっています．地域内の需要合計（中間需要 AX + 地域内最終需要 Fd）に占める移輸入（M）の割合を**移輸入係数**（$\bar{M}$）といいます．「**10.1.3 基本モデルの導出**」で説明したように，移輸入は地域内の需要合計（中間需要+地域内最終需要）に依存していると仮定しています．

手順 1　［枠］シートをコピーし，新しいシートの名前を「移輸入係数表」に変更します．

手順 2　移輸入係数を計算します．

2.1　A～B 列をドラッグしてから右クリック，メニューの中から [**挿入 (I)**] をクリックすると列が挿入されます．

2.2　C 列の連番を A 列にコピーした後に，セル B1 に「移輸入係数」と入力します．

2.3　［**37 部門**］シートの取引基本表の「移輸入合計」を「県内需要合計」で除して移輸入係数を導出します．セル B2 に`=-'37部門'!BD8/'37部門'!AW8` と入力し，Enterキーを押します．

2.4　小数点以下の桁数を 3 桁に変更してから，セル B2 をフィルハンドルでセル B38 までコピーします．

手順 3　移輸入係数表を作成します．

3.1　セル D2 に `=IF($C2=D$1,$B2,0)` と入力し，Enterキーを押します (図 10.4)．

3.2　小数点以下の桁数を 3 桁に変更してから，フィルハンドルでセル AN38 までドラッグします．

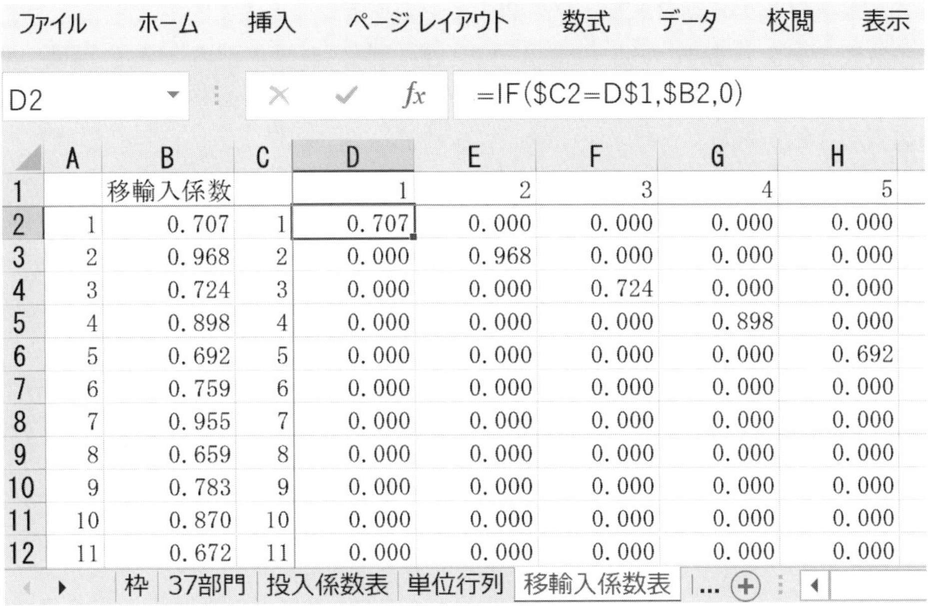

ファイル　ホーム　挿入　ページ レイアウト　数式　データ　校閲　表示

D2　=IF($C2=D$1,$B2,0)

	A	B	C	D	E	F	G	H
1		移輸入係数		1	2	3	4	5
2	1	0.707	1	0.707	0.000	0.000	0.000	0.000
3	2	0.968	2	0.000	0.968	0.000	0.000	0.000
4	3	0.724	3	0.000	0.000	0.724	0.000	0.000
5	4	0.898	4	0.000	0.000	0.000	0.898	0.000
6	5	0.692	5	0.000	0.000	0.000	0.000	0.692
7	6	0.759	6	0.000	0.000	0.000	0.000	0.000
8	7	0.955	7	0.000	0.000	0.000	0.000	0.000
9	8	0.659	8	0.000	0.000	0.000	0.000	0.000
10	9	0.783	9	0.000	0.000	0.000	0.000	0.000
11	10	0.870	10	0.000	0.000	0.000	0.000	0.000
12	11	0.672	11	0.000	0.000	0.000	0.000	0.000

枠　37部門　投入係数表　単位行列　移輸入係数表　...

図 10.4　移輸入係数表

自給率係数表 $(I-\bar{M})$ の作成

地域内需要に占める自地域で提供される財（国外からの輸入と他地域からの移入を除いた分）の比率のことを**地域内自給率**といいます．単位行列から移輸入係数行列を差し引いて求めます．

手順 1　［**枠**］シートをコピーし，新しいシートの名前を「自給率係数表」に変更します．

手順 2　自給率係数表を作成します。

2.1　セル B2 をアクティブにし，=と入力し，［**単位行列**］シートの見出し部分をクリックし，同シートのセル B2 をクリックします．

2.2　次に，-と入力し，［**移輸入係数表**］シートの見出し部分をクリックし，同シートのセル D2 をクリックし，Enterキーを押します．

2.3　小数点以下の桁数を 3 桁に変更してから，セル B2 をフィルハンドルでセル AL38 までコピーします．

<もう一つの自給率係数表の作成>

上述した均衡産出高モデルでは，自給率係数表 $(I-\bar{M})$ が二箇所に出てきます．最初の投入係数 A にかかっている自給率係数表は，さまざまな原材料に波及する需要について静岡県が県内で供給できる自給率を意味しています．2 番目に出てくる自給率係数表は最終需要の変化にかかっています．

重要な点は，この二つの自給率係数表が同じ場合と異なる場合があることです．もしこの 10 億円の追加支出が診療科の増設などに支出される場合は，全額が静岡県内で生産される機器などの購入でまかなわれるとは限りません．この場合は，投入係数にかかる自給率係数表と最終需要の変化にかかる自給率係数表とは同じと考えてかまいません．

しかし，本章最後の「練習問題」の「問4」と「問5」のようなケースでは，この二つの自給率係数表が異なります．「問4」のように，静岡県に自動車工場（「輸送機械」部門）が建設されて，年間5,000億円の生産をするようなケースでは，最終需要の変化にかかる自給率係数表の「輸送機械」部門の自給率係数の値は，平成27（2015）年の静岡県の生産者価格表から計算される0.301ではなくて1と置き換える必要があります．なぜなら，この工場建設に対する需要増加に加え，静岡県内に建設されたこの工場が5,000億円を生産し供給するからです．また，病院の医療機器を静岡県内の企業から購入することがすでにわかっている場合も，最終需要増加 ΔFd の「医療・福祉」部門の自給率の値を手入力で1に書き直しておく必要があります．

そして，「問5」のように，観光消費支出のうち「宿泊費」,「飲食費」と「入場料」はすべて地域内（静岡県内）での消費であるため，最終需要の変化にかかる自給率係数表の「対個人サービス」部門の自給率の値は1に置き換える必要があります．

したがって，このような場合，上述の均衡産出高モデルは，

$$\Delta X = [I - (I - \bar{M})A]^{-1}[(I - \bar{M})\Delta Fd + \Delta E]$$

と考えて，二つの自給率係数表を使い分けることが必要となります．2種類の自給率係数表を作成する場合の手順を示しておきます．

手順1　［**自給率係数表**］シートの見出し部分を右クリックし，メニューの中から［**移動またはコピー (M)**］選択します．

手順2　ダイアログボックスの中から［**挿入先 (B)**］の［**末尾に移動**］をクリックし，［**コピーを作成する (C)**］の前のボックスにチェックマークを入れます．

手順3　最後に **OK** ボタンをクリックすると，「自給率係数表 (2)」シートが作成されます．これで，原材料の県内［**自給率係数表**］と分析テーマによって使い分ける最終需要にかける［**自給率係数表 (2)**］の2種類の表が用意できたことになります。

逆行列係数表 $[I - (I - \bar{M})A]^{-1}$ の作成

手順1　［**枠**］シートをコピーし，新しいシートの名前を「逆行列係数表」に変更します．

手順2　自給率係数表 $(I - \bar{M})$ と投入係数表 A との行列の積を求めます．

2.1　答えを出すセル範囲B2:AL38をドラッグします．

2.2　［**数式**］タブをクリックし，［**関数ライブラリ**］グループの［**関数の挿入**］ボタンをクリックします．

2.3　ダイアログボックスが表示されたら，［**関数の分類 (C)**］の右側のボックスをクリックし，メニューの中から［**数学/三角**］をクリックします．

2.4　［**関数名 (N)**］のボックスからMMULT（行列の積：エム・マルチ）を選択し，**OK** ボタンをクリックします．

2.5 表示されるダイアログボックスの［**配列 1**］には，［**自給率係数表**］シートのセル範囲 `B2:AL38` をドラッグして入力，［**配列 2**］には，［**投入係数表**］シートのセル範囲 `B2:AL38` をドラッグします．

2.6 Ctrl + Shift + Enter キーを同時に押します．結果が 1 つしか表示されない場合には，出力範囲が選択されている状態を確認し，F2 キーを押して計算式を表示させてから，もう一回 Ctrl + Shift + Enter キーを同時に押します．

2.7 最後に，小数点以下の桁数を 3 桁に変更します．

手順 3 $[I-(I-\bar{M})A]$ を求めます．

3.1 部門番号の連番を作ります．セル A40 に 1 と入力します．Ctrl キーを押しながら，フィルハンドルでセル A76 までドラッグします．

3.2 セル B40 をアクティブにし，`=` と入力し，［**単位行列**］シートの見出し部分をクリックしてから，同シートのセル B2 をクリックします．

3.3 次に，`-` と入力し，［**逆行列係数表**］シートの見出し部分をクリックしてから，同シートのセル B2 をクリックし，Enter キーを押します．

3.4 小数点以下の桁数を 3 桁に変更してから，セル B40 をフィルハンドルでセル AL76 までコピーします．

手順 4 $[I-(I-\bar{M})A]$ の逆行列を求めます．

4.1 部門番号の連番を作ります．セル A79 に 1 と入力します．Ctrl キーを押しながら，フィルハンドルでセル A115 までドラッグします．

4.2 セル B78 に「逆行列係数」と入力します．

4.3 答えを出すセル範囲 B79:AL115 をドラッグします．

4.4 ［**数式**］タブをクリックし，［**関数ライブラリ**］グループの［**関数の挿入**］ボタンをクリックします．

4.5 ダイアログボックスが表示されたら，［**関数の分類 (C)**］の右側のボックスをクリックし，メニューの中から［**数学/三角**］をクリックします．［**関数名 (N)**］のボックスから `MINVERSE`（逆行列：エム・インヴァース）を選択し，**OK** ボタンをクリックします．

4.6 表示されるダイアログボックスの［**配列**］には同シートのセル範囲 `B40:AL76` をドラッグします．

4.7 Ctrl + Shift + Enter キーを同時に押すと，逆行列の結果が表示されます．

4.8 最後に，小数点以下の桁数を 3 桁に変更します (図 10.5).

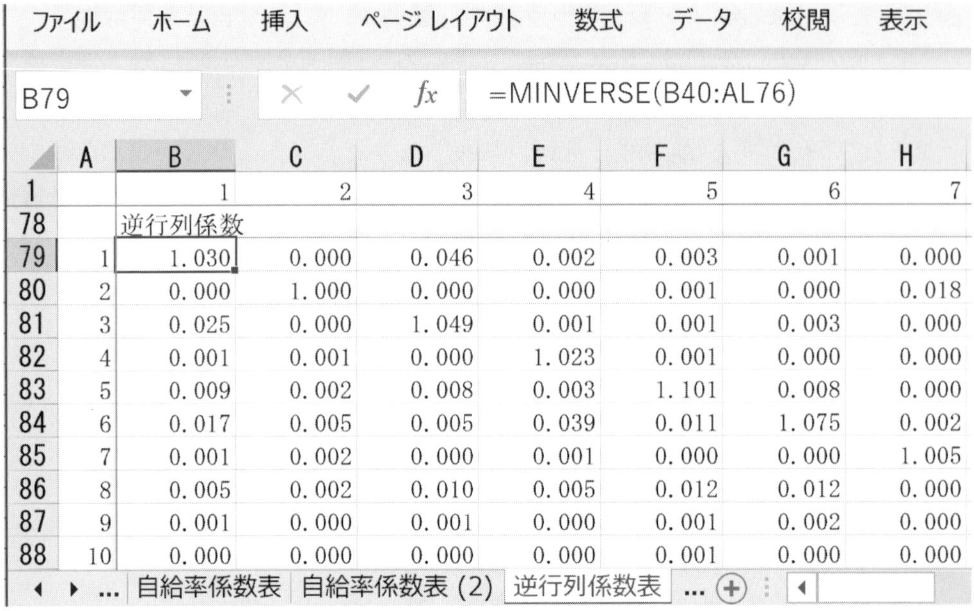

	A	B	C	D	E	F	G	H
1		1	2	3	4	5	6	7
78		逆行列係数						
79	1	1.030	0.000	0.046	0.002	0.003	0.001	0.000
80	2	0.000	1.000	0.000	0.000	0.001	0.000	0.018
81	3	0.025	0.000	1.049	0.001	0.001	0.003	0.000
82	4	0.001	0.001	0.000	1.023	0.001	0.000	0.000
83	5	0.009	0.002	0.008	0.003	1.101	0.008	0.000
84	6	0.017	0.005	0.005	0.039	0.011	1.075	0.002
85	7	0.001	0.002	0.000	0.001	0.000	0.000	1.005
86	8	0.005	0.002	0.010	0.005	0.012	0.012	0.000
87	9	0.001	0.000	0.001	0.000	0.001	0.002	0.000
88	10	0.000	0.000	0.000	0.000	0.001	0.000	0.000

ファイル　ホーム　挿入　ページ レイアウト　数式　データ　校閲　表示

B79　=MINVERSE(B40:AL76)

自給率係数表　自給率係数表 (2)　逆行列係数表

図 **10.5**　逆行列係数表

粗付加価値率 v・雇用者所得率 w・雇用係数 l の導出

手順 1　Shiftと F11キーを押すと新しいシートが挿入されます．そのシートの見出し部分を右クリックし，メニューの中から [**名前の変更 (R)**] をクリックして，「諸係数」と入力します．

手順 2　枠を作ります．

2.1　図 10.6 を参照し，1 行目の諸項目を入力します．

2.2　部門番号の連番を作ります．セル A2 に 1 と入力し，Ctrlキーを押しながらフィルハンドルでセル A38 までドラッグします．

2.3　B 列の部門名は［**37 部門**］シートの取引基本表からコピーします．

手順 3　C〜E 列の生産額，粗付加価値と雇用者所得のデータは［**37 部門**］シートの取引基本表からコピーします．

手順 4　F 列の雇用者数のデータは統計センターしずおかのホームページにある「37 部門雇用表」からコピーします．最初にダウンロードした「37 部門雇用表」のファイルを開き，「有給役員＋雇用者」の列の雇用者数のデータをコピーし，［**諸係数**］シートの F 列に貼り付けます．

手順 5　G〜I 列の粗付加価値率，雇用者所得率と雇用係数は計算式で求めます．

粗付加価値率は粗付加価値を生産額で除し，雇用者所得率は雇用者所得を生産額で除して計算します．雇用係数は生産 1 単位当たりに必要な雇用者数のことで，雇用者数を生産額で割って計算します．

5.1　セル G2 に `=D2/$C2` と入力し，Enterキーを押します．

5.2 小数点以下の桁数を 3 桁に変更してから，セル G2 をフィルハンドルでセル I38 までコピーします．

	A	B	C	D	E	F	G	H	I
1			生産額（100万円）	粗付加価値（100万円）	雇用者所得（100万円）	雇用者数（人）	粗付加価値率	雇用者所得率	雇用係数
2	1	農林漁業	303, 097	153, 786	37, 316	17, 640	0. 507	0. 123	0. 058
3	2	鉱業	12, 118	5, 748	2, 983	643	0. 474	0. 246	0. 053
4	3	飲食料品	2, 410, 600	1, 039, 589	301, 328	68, 298	0. 431	0. 125	0. 028
5	4	繊維製品	92, 374	37, 170	21, 959	6, 886	0. 402	0. 238	0. 075
6	5	パルプ・紙・木製品	1, 073, 062	376, 904	167, 816	34, 861	0. 351	0. 156	0. 032
7	6	化学製品	1, 394, 152	573, 450	158, 243	18, 817	0. 411	0. 114	0. 013
8	7	石油・石炭製品	21, 772	4, 876	555	350	0. 224	0. 025	0. 016
9	8	プラスチック・ゴム製品	822, 625	322, 293	190, 978	37, 071	0. 392	0. 232	0. 045
10	9	窯業・土石製品	150, 339	73, 240	32, 998	5, 961	0. 487	0. 219	0. 040
11	10	鉄鋼	141, 567	46, 327	17, 944	3, 491	0. 327	0. 127	0. 025
12	11	非鉄金属	490, 172	120, 041	56, 834	9, 513	0. 245	0. 116	0. 019
13	12	金属製品	473, 924	212, 455	137, 033	33, 975	0. 448	0. 289	0. 072
14	13	はん用機械	514, 417	230, 361	105, 159	15, 427	0. 448	0. 204	0. 030
15	14	生産用機械	751, 394	348, 129	203, 903	36, 648	0. 463	0. 271	0. 049
16	15	業務用機械	254, 472	120, 240	63, 408	11, 139	0. 473	0. 249	0. 044
17	16	電子部品	174, 002	63, 828	43, 006	12, 017	0. 367	0. 247	0. 069
18	17	電気機械	1, 699, 502	604, 884	308, 746	44, 308	0. 356	0. 182	0. 026
19	18	情報通信機器	255, 304	90, 418	48, 478	4, 183	0. 354	0. 190	0. 016
20	19	輸送機械	4, 056, 780	989, 127	556, 651	95, 802	0. 244	0. 137	0. 024
21	20	その他の製造工業製品	399, 776	177, 684	100, 737	24, 545	0. 444	0. 252	0. 061
22	21	建設	1, 612, 644	756, 985	568, 479	126, 728	0. 469	0. 353	0. 079
23	22	電力・ガス・熱供給	547, 546	193, 716	43, 454	7, 490	0. 354	0. 079	0. 014
24	23	水道	134, 522	77, 984	16, 198	2, 334	0. 580	0. 120	0. 017
25	24	廃棄物処理	155, 515	102, 911	74, 688	15, 667	0. 662	0. 480	0. 101
26	25	商業	2, 100, 324	1, 378, 117	841, 595	244, 028	0. 656	0. 401	0. 116
27	26	金融・保険	1, 081, 693	731, 970	341, 025	48, 202	0. 677	0. 315	0. 045
28	27	不動産	2, 178, 195	1, 858, 857	100, 572	13, 608	0. 853	0. 046	0. 006
29	28	運輸・郵便	1, 706, 024	923, 035	489, 657	96, 352	0. 541	0. 287	0. 056
30	29	情報通信	691, 094	365, 313	97, 065	22, 579	0. 529	0. 140	0. 033
31	30	公務	962, 508	680, 820	342, 235	52, 199	0. 707	0. 356	0. 054
32	31	教育・研究	1, 476, 875	1, 027, 266	726, 829	108, 296	0. 696	0. 492	0. 073
33	32	医療・福祉	1, 841, 546	1, 145, 665	934, 183	188, 862	0. 622	0. 507	0. 103
34	33	他に分類されない会員制団体	137, 642	82, 639	68, 367	15, 718	0. 600	0. 497	0. 114
35	34	対事業所サービス	1, 304, 432	814, 529	464, 412	180, 674	0. 624	0. 356	0. 139
36	35	対個人サービス	1, 616, 957	862, 588	433, 375	193, 274	0. 533	0. 268	0. 120
37	36	事務用品	44, 546	0	0	0	0. 000	0. 000	0. 000
38	37	分類不明	240, 884	99, 187	3, 049	176	0. 412	0. 013	0. 001

図 10.6　粗付加価値率・雇用者所得率・雇用係数

10.2.3　経済波及効果の試算

競争移輸入型均衡産出高モデルを用いて，「医療・福祉」部門に公的支出 10 億円（1,000 百万円）の新たな支出が生じる場合，地域経済（静岡県）にもたらす経済波及効果（生産誘発効果，粗付加価値誘発効果，雇用者所得誘発効果，雇用創出効果）の計算をします．

生産誘発額 (ΔX) の計算

<新しいシートの挿入と表枠の作成>

手順 1　Shift と F11 キーを押すと新しいシートが挿入されます．そのシートの見出し部分を右クリックし，［**名前の変更 (R)**］で「経済波及効果」に変更します．

手順 2 枠を作ります．

2.1 図 10.7 を参照し，1〜3 行目の諸項目を入力します．

2.2 A 列の部門番号と B 列の部門名は［**諸係数**］シートからコピーします．

<最終需要 ΔFd を与える>

「医療・福祉」部門に公的支出 1,000 百万円の投入を想定しています．C 列の「医療・福祉」部門の最終需要増加のセル C35 に 1,000，その他の部門の各セルに 0 と入力します．

<直接効果>

生産誘発の直接効果は，自給率係数表 $(I - \bar{M})$ と最終需要 ΔFd との掛け算で求めます．

手順 1 答えを出すセル範囲 `D4:D40` をドラッグします．

手順 2［**数式**］タブをクリックし，［**関数ライブラリ**］グループの［**関数の挿入**］ボタンをクリックします．

手順 3 ダイアログボックスが表示されるので，［**関数の分類 (C)**］の右側のボックスをクリックし，メニューの中から［**数学/三角**］をクリックします。

手順 4［**関数名 (N)**］のボックスから `MMULT` を選択し，**OK** ボタンをクリックします．

手順 5 表示されるダイアログボックスの［**配列 1**］には，［**自給率係数表**］シートのセル範囲 `B2:AI38` をドラッグして入力，［**配列 2**］には，［**経済波及効果**］シートのセル範囲 `C4:C40` をドラッグして指定します．

手順 6　Ctrl + Shift + Enter キーを押します．

	A	B	C	D	E	F	G	H	I	J	K	L	M
1				生産誘発額（100万円）									
2			最終需要増加	直接効果①	直接＋間接一次効果	間接一次効果②	間接二次効果（生産増→所得増→消費増→生産増）						総合効果①＋②＋③
3							生産増↓所得増	所得増↓消費増	家計消費係数	消費増の部門別配分	県内消費増加	消費増↓生産増③	
4	1	農林漁業	0	0	1	1	0.1		0.01	4	6	8	9
5	2	鉱業	0	0	0	0	0.0		0.00	0	0	0	1
6	3	飲食料品	0	0	3	3	0.4		0.09	28	31	34	37
7	4	繊維製品	0	0	0	0	0.1		0.01	4	5	5	5
8	5	パルプ・紙・木製品	0	0	3	3	0.4		0.00	0	1	3	6
9	6	化学製品	0	0	33	33	3.8		0.01	3	4	6	39
10	7	石油・石炭製品	0	0	0	0	0.0		0.02	5	5	6	6
11	8	プラスチック・ゴム製品	0	0	2	2	0.4		0.00	1	2	4	5
12	9	窯業・土石製品	0	0	0	0	0.1		0.00	0	0	0	1
13	10	鉄鋼	0	0	0	0	0.0		0.00	0	0	0	0
14	11	非鉄金属	0	0	1	1	0.1		0.00	0	1	1	2
15	12	金属製品	0	0	0	0	0.1		0.00	0	1	1	2
16	13	はん用機械	0	0	0	0	0.0		0.00	0	0	0	0
17	14	生産用機械	0	0	0	0	0.1		0.00	0	0	0	1
18	15	業務用機械	0	0	1	1	0.1		0.00	0	0	0	1
19	16	電子部品	0	0	0	0	0.0		0.00	0	0	1	1
20	17	電気機械	0	0	0	0	0.0		0.01	3	4	4	4
21	18	情報通信機器	0	0	0	0	0.0		0.01	3	3	3	3
22	19	輸送機械	0	0	1	1	0.1		0.02	6	7	9	10
23	20	その他の製造工業製品	0	0	2	2	0.6		0.01	3	4	6	8
24	21	建設	0	0	3	3	1.1		0.00	0	2	4	7
25	22	電力・ガス・熱供給	0	0	12	12	0.9		0.02	7	12	17	29
26	23	水道	0	0	6	6	0.7		0.01	2	3	5	10
27	24	廃棄物処理	0	0	4	4	2.1		0.00	1	2	4	9
28	25	商業	0	0	28	28	11.1		0.16	48	54	61	88
29	26	金融・保険	0	0	11	11	3.6		0.06	18	27	37	49
30	27	不動産	0	0	18	18	0.8		0.21	65	71	78	96
31	28	運輸・郵便	0	0	13	13	3.8		0.05	16	24	34	48
32	29	情報通信	0	0	10	10	1.4		0.04	13	19	27	36
33	30	公務	0	0	1	1	0.3		0.00	1	1	2	3
34	31	教育・研究	0	0	0	0	0.1		0.03	8	9	9	9
35	32	医療・福祉	1,000	974	989	15	502		0.05	16	16	16	1,006
36	33	他に分類されない会員制団体	0	0	1	1	0.5		0.01	3	3	4	5
37	34	対事業所サービス	0	0	37	37	13.2		0.01	4	19	38	75
38	35	対個人サービス	0	0	10	10	2.7		0.14	41	42	43	54
39	36	事務用品	0	0	3	3	0.0		0.00	0	1	1	4
40	37	分類不明	0	0	4	4	0.0		0.00	0	1	3	6
41		合計	1,000	974	1,198	224	551	305	1.00	305	380	476	1,674

図 10.7　生産誘発額

<間接一次効果>

まず，下記均衡産出高モデルを利用して生産誘発の「直接＋間接一次」効果（ΔX_1）を計算します．次に，「直接＋間接一次」効果から直接効果を差し引いて，生産誘発の間接一次効果を求めます．

$$\Delta X_1 = [I - (I - \bar{M})A]^{-1}(I - \bar{M})\Delta Fd$$

手順 1 生産誘発の「直接＋間接一次」効果（ΔX_1）を計算します．

1.1 答えを出すセル範囲 E4:E40 を選択します．

1.2 ［**数式**］タブをクリックし，［**関数ライブラリ**］グループの［**関数の挿入**］ボタンをクリックします．

1.3 ダイアログボックスが表示されたら，［**関数の分類 (C)**］の右側のボックスをクリックし，メニューから［**数学/三角**］をクリックします。

1.4 ［**関数名 (N)**］のボックスから MMULT を選択し，**OK** ボタンを押します．

1.5 表示されるダイアログボックスの［**配列 1**］には，［**逆行列係数表**］シートのセル範囲 B79:AL115 をドラッグして入力，［**配列 2**］には，［**経済波及効果**］シートのセル範囲 D4:D40 をドラッグして指定します．

1.6 Ctrl ＋ Shift ＋ Enter キーを押します．

手順 2 間接一次効果を計算します．

2.1 セル F4 に =E4-D4 と入力し，Enter キーを押します．

2.2 セル F4 をフィルハンドルでセル F40 までドラッグします．

<間接二次効果>

生産誘発の間接二次効果は，「生産増→所得増→消費増→生産増」という付加価値ルートで誘発される生産額のことを指します．

手順 1 生産誘発の「直接＋間接一次効果」(ΔX_1) に雇用者所得率 (w) を乗じて，「直接＋間接一次効果」によって誘発される雇用者所得（雇用者所得総誘発額）を計算します．

1.1 セル G4 に =E4*諸係数!H2 と入力し，Enter キーを押します．

1.2 セル G4 をフィルハンドルでセル G40 までドラッグします．

1.3 セル G41 に =SUM(G4:G40) と入力し，Enter キーを押します．

手順2 雇用者所得総誘発額による地域全体の消費増加額を計算します．手順1で計算した雇用者所得総誘発額に限界消費性向[1]を掛けて求めます．

セル H41 に =G41*0.554 と入力し，Enterキーを押します．

手順3 家計消費係数を計算します．［**37部門**］シートの取引基本表の各部門の民間消費支出を民間消費支出の合計で除して求めます．

3.1 セル I4 に ='37部門'!AQ8/'37部門'!$AQ$45 と入力し，Enterキーを押します．

3.2 セル I4 をフィルハンドルでセル I40 までコピーします．

手順4 手順2で求めた地域全体の消費増加額を各部門に配分します．消費増加額に手順3で求めた家計消費係数を乗じて配分します．

4.1 セル J4 に =$H$41*I4 と入力し，Enterキーを押します．

4.2 セル J4 をフィルハンドルでセル J40 までコピーします．

手順5 県内消費増加額（部門別）を求めます．自給率係数行列と手順4で求めた各部門の消費増加額（J 列）との積を計算して求めます．

5.1 答えを出すセル範囲 K4:K40 をドラッグします．

5.2 ［**数式**］タブをクリックし，［**関数ライブラリ**］グループの［**関数の挿入**］ボタンをクリックします．

5.3 ダイアログボックスが表示されたら，［**関数の分類 (C)**］の右側のボックスをクリックし，メニューの中から［**数学/三角**］をクリックします。

5.4 ［**関数名 (N)**］のボックスから MMULT を選択し，**OK** ボタンを押します．

5.5 表示されるダイアログボックスの［**配列 1**］には，［**自給率係数表**］シートのセル範囲 B2:AL38 をドラッグして入力，［**配列 2**］には，［**経済波及効果**］シートの セル範囲 J4:J40 をドラッグして指定します．

5.6 Ctrl + Shift + Enterキーを押します．

手順6 県内消費増加（部門別）による生産増 (ΔX_2：間接二次効果) を計算します．

6.1 答えを出すセル範囲 L4:L40 をドラッグします．

---

[1] 限界消費性向は，消費増加分/可処分所得増加分で求められます．「家計調査」や「県民経済計算」のデータを利用して推計しますが，ここでは 0.554 と仮定して計算しています．

6.2 ［**数式**］タブをクリックし，［**関数ライブラリ**］グループの［**関数の挿入**］ボタンをクリックします．

6.3 ダイアログボックスが表示されるので，［**関数の分類 (C)**］の右側のボックスをクリックし，メニューの中から［**数学/三角**］をクリックします．

6.4 ［**関数名 (N)**］のボックスから MMULT を選択し，**OK** ボタンを押します．

6.5 表示されるダイアログボックスの［**配列 1**］には，［**逆行列係数表**］シートのセル範囲 B79:AL115 をドラッグして入力，［**配列 2**］には，［**経済波及効果**］シートのセル範囲 K4:K40 をドラッグして指定します．

6.6 Ctrl + Shift + Enter キーを押します．

次に，M 列に，これまで計算した直接効果，間接一次効果と間接二次効果を合計して，生産誘発額の総合効果を計算します．

手順 1 セル M4 に =D4+F4+L4 と入力し，Enter キーを押します．

手順 2 セル M4 をフィルハンドルでセル M40 までコピーします．

最後に，41 行の合計欄にそれぞれの合計値を計算した後に，図 10.7 を参照し，小数点の桁数など適宜編集を行い，表の形式を整えておきましょう．

その他の誘発効果

<新しいシートの挿入と表枠の作成>

手順 1 Shift と F11 キーを押すと新しいシートが挿入され，そのシート見出しの名前を「経済波及効果 (2)」に変更します．

手順 2 枠を作ります．

2.1 図 10.8 を参照し，1〜2 行目の諸項目を入力します．

2.2 A 列の部門番号と B 列の部門名は［**諸係数**］シートからコピーします．

手順 3 C〜G 列までの数値は［**経済波及効果**］シートからコピーします．

3.1 セル C3 に =経済波及効果!C4 と入力し，Enter キーを押します．同様に，セル D3 に =経済波及効果!D4，セル E3 に =経済波及効果!F4，セル F3 に =経済波及効果!L4，セル G3 に =経済波及効果!M4 と入力し，Enter キーを押します．

3.2 セル範囲 C3:G3 をドラッグし，フィルハンドルでセル G39 までコピーします．

	A	B	C	D	E	F	G	H	I	J	K	L	M	N	O	P	Q	R	S
1			最終需要増加	生産誘発額（100万円）				粗付加価値誘発額（100万円）				雇用者所得誘発額（100万円）				雇用創出数（人）			
2				直接効果	間接一次効果	間接二次効果	総合効果	直接効果	間接一次効果	間接二次効果	総合効果	直接効果	間接一次効果	間接二次効果	総合効果	直接効果	間接一次効果	間接二次効果	総合効果
3	1	農林漁業	0	0	1	8	9	0	1	4	4	0	0	1	1	0	0	0	1
4	2	鉱業	0	0	0	0	1	0	0	0	0	0	0	0	0	0	0	0	0
5	3	飲食料品	0	0	3	34	37	0	1	15	16	0	0	4	5	0	0	1	1
6	4	繊維製品	0	0	0	5	5	0	0	2	2	0	0	1	1	0	0	0	0
7	5	パルプ・紙・木製品	0	0	3	3	6	0	1	1	2	0	0	0	1	0	0	0	0
8	6	化学製品	0	0	33	6	39	0	14	2	16	0	4	1	4	0	0	0	1
9	7	石油・石炭製品	0	0	0	6	6	0	0	1	1	0	0	0	0	0	0	0	0
10	8	プラスチック・ゴム製品	0	0	2	4	5	0	1	1	2	0	0	1	1	0	0	0	0
11	9	窯業・土石製品	0	0	0	0	1	0	0	0	0	0	0	0	0	0	0	0	0
12	10	鉄鋼	0	0	0	0	0	0	0	0	0	0	0	0	0	0	0	0	0
13	11	非鉄金属	0	0	1	1	2	0	0	0	0	0	0	0	0	0	0	0	0
14	12	金属製品	0	0	0	1	2	0	0	1	1	0	0	0	1	0	0	0	0
15	13	はん用機械	0	0	0	0	0	0	0	0	0	0	0	0	0	0	0	0	0
16	14	生産用機械	0	0	0	0	1	0	0	0	0	0	0	0	0	0	0	0	0
17	15	業務用機械	0	0	1	0	1	0	0	0	0	0	0	0	0	0	0	0	0
18	16	電子部品	0	0	0	1	1	0	0	0	0	0	0	0	0	0	0	0	0
19	17	電気機械	0	0	0	4	4	0	0	1	2	0	0	1	1	0	0	0	0
20	18	情報通信機器	0	0	0	3	3	0	0	1	1	0	0	1	1	0	0	0	0
21	19	輸送機械	0	0	1	9	10	0	0	2	2	0	0	1	1	0	0	0	0
22	20	その他の製造工業製品	0	0	2	6	8	0	1	3	4	0	1	1	2	0	0	0	1
23	21	建設	0	0	3	4	7	0	1	2	3	0	1	1	2	0	0	0	1
24	22	電力・ガス・熱供給	0	0	12	17	29	0	4	6	10	0	1	1	2	0	0	0	0
25	23	水道	0	0	6	5	10	0	3	3	6	0	1	1	1	0	0	0	0
26	24	廃棄物処理	0	0	4	4	9	0	3	3	6	0	2	2	4	0	0	0	1
27	25	商業	0	0	28	61	88	0	18	40	58	0	11	24	35	0	3	7	10
28	26	金融・保険	0	0	11	37	49	0	8	25	33	0	4	12	15	0	1	2	2
29	27	不動産	0	0	18	78	96	0	15	66	82	0	1	4	4	0	0	0	1
30	28	運輸・郵便	0	0	13	34	48	0	7	19	26	0	4	10	14	0	1	2	3
31	29	情報通信	0	0	10	27	36	0	5	14	19	0	1	4	5	0	0	1	1
32	30	公務	0	0	1	2	3	0	1	2	2	0	0	1	1	0	0	0	0
33	31	教育・研究	0	0	0	9	9	0	0	6	6	0	0	4	4	0	0	1	1
34	32	医療・福祉	1,000	974	15	16	1006	606	9	10	626	494	8	8	510	100	2	2	103
35	33	他に分類されない会員制団体	0	0	1	4	5	0	1	2	3	0	1	2	3	0	0	0	1
36	34	対事業所サービス	0	0	37	38	75	0	23	24	47	0	13	14	27	0	5	5	10
37	35	対個人サービス	0	0	10	43	54	0	5	23	29	0	3	12	14	0	1	5	6
38	36	事務用品	0	0	3	1	4	0	0	0	0	0	0	0	0	0	0	0	0
39	37	分類不明	0	0	4	4	0	0	1	1	0	0	0	0	0	0	0	0	0
40		合計	1,000	974	224	476	1,667	606	126	282	1,011	494	57	113	664	100	15	30	144

図 10.8　経済波及効果の推計結果

粗付加価値誘発額 (ΔV)

粗付加価値誘発額は，生産誘発額に粗付加価値率を掛けて求めます．

手順 1 セル H3 に `=D3*諸係数!$G2` と入力し，Enterキーを押します．

手順 2 セル H3 をフィルハンドルでセル K39 までドラッグしてコピーします．

雇用者所得誘発額 (ΔW)

雇用者所得誘発額は，生産誘発額に雇用者所得率をかけて求めます．

手順 1 セル L3 に `=D3*諸係数!$H2` と入力し，Enterキーを押します．

手順 2 セル L3 をフィルハンドルでセル O39 までドラッグしてコピーします．

雇用創出数 (ΔL)

雇用創出効果は，生産誘発額に雇用係数を乗じて求めます．

手順 1 セル P3 に `=G3*諸係数!$I2` と入力し，Enterキーを押します．

手順 2 セル P3 をフィルハンドルでセル S39 までドラッグしてコピーします．

最後に，40 行の合計欄に，それぞれの合計値を計算した後に，図 10.8 を参照し，小数点の桁数など適宜編集を行い，表の形式を整えておきましょう．

以上で，医療・保険の経済波及効果のシミュレーションが終わります．経済波及効果の推計結果を図 10.8 にまとめました．

10.3 まとめ

産業連関分析は，経済分析の最も有効な分析ツールの一つとして，多くの国や地域で広範に利用されています．代表的な表計算ソフトである Excel を活用することで，パソコンの操作を通して，経済学理論の習得と実際の産業連関表を用いたプロジェクト等の経済波及効果分析の手法の習得ができます．表計算ソフトの活用により，産業連関分析手法がより身近な，より実用的な手法として，経済学を学ぶ学生や社会人にも気軽に利用できるようになります．

練習問題

問1. 10.2節の例題10-1では，「医療・福祉」部門に10億（1,000百万）円の公的支出が追加された場合，静岡県経済への波及効果（生産誘発額，粗付加価値誘発額，雇用者所得誘発額，雇用創出数）について試算した．以下の各部門に，同額の公的支出が追加された場合の試算を行い，比較分析しなさい．

(1) 公共事業（「建設」部門）

(2) 「公務」部門

(3) 「教育・研究」部門

問2. ある県立総合病院の支出が約150億（15,000百万）円とする．「医療・福祉」部門に都道府県立の総合病院クラスの支出額15,000（百万円）を代入し，新たな需要ということではなく，公立病院の存在が地域経済に与えている経済波及効果を計算しなさい．（「自給率係数表」を用いて計算しましょう）．

問3. 問2で求めた地域経済波及効果から，県立総合病院が立地していることによる県税の税収効果を計算しなさい．

(1) 県立総合病院と関連産業の営業余剰から得られる法人県民税の税収を計算しなさい．（ヒント：平成27（2015）年の都道府県表の「営業余剰」の総額と，平成28（2016）年度の「法人県民税」の総額（県の統計書またはHPに掲載）との比率を利用します．ある暦年の営業余剰（所得）は，地方税では翌年度の税収となります）．

(2) 県立総合病院と関連産業に従事する雇用者から上がる個人県民税の収入を計算しなさい．（ヒント：平成27（2015）年の都道府県表の「雇用者所得」の総額と，平成28（2016）年度の県の税収である「個人県民税」の総額（県の統計書またはHPに掲載）との比率を利用します）．

問4. ある地域に自動車メーカーが2,000億（200,000百万）円の工場を建設した場合の経済波及効果（「建設」部門に200,000（百万円）を代入）を計算しなさい．またそれとは別にその工場が稼動して年間で，5,000億（500,000百万）円の出荷額（「輸送機械」部門に500,000（百万円）を代入）を想定している場合の都道府県ベースの地域経済効果，雇用創出効果を計算しなさい（自給率係数表(2)の「輸送機械」部門の値を1に修正して計算します）．

問 5. 新型コロナウイルス感染症拡大の影響で，静岡県への観光客減少による県内での観光消費額がトータル 10 億（1,000 百万）円減少したとした場合の静岡県への影響（対応部門にそれぞれの金額を代入）を計算しなさい（自給率係数表（2）の「対個人サービス」部門の値を 1 に修正して計算します）．観光消費額の内訳と産業連関表の部門対応関係は，表 10.2 の示す通りになっています．

表 10.2 観光消費額の内訳と産業連関表の部門対応

<table>
<tr><th>観光消費支出項目</th><th>金額
(100万円)</th><th>対応部門</th></tr>
<tr><td>お土産代</td><td>450</td><td></td></tr>
<tr><td>　お菓子代（原価）</td><td>300</td><td>飲食料品</td></tr>
<tr><td>　商業マージン</td><td>100</td><td>商業</td></tr>
<tr><td>　運輸マージン</td><td>50</td><td rowspan="2">運輸・郵便</td></tr>
<tr><td>交通費</td><td>50</td></tr>
<tr><td>宿泊費</td><td>300</td><td rowspan="3">対個人サービス</td></tr>
<tr><td>飲食費</td><td>150</td></tr>
<tr><td>入場料</td><td>50</td></tr>
<tr><td>合計</td><td>1, 000</td><td></td></tr>
</table>

第11章

ミクロ経済学

11.1　理論分析と経済モデル

経済学の理論分析では，対象とする経済現象を単純化して**モデル** (model) を作り議論を進めます．モデルの長所は，重要でない部分を省略することで，調べたい問題の本質的な点に焦点を合わせることができることです．

経済学の研究対象の多くは，数値で表現することができます．対象を数値表現にするときには，その数値が何であるかが即座にわからなくても，その数値（未知数）が満たす条件を記述することが可能な場合があります．未知数を文字（文字列）で表現し，その条件を等式で表現したものを「方程式」(equation) と呼びます．モデル化するときの常套手段は，この方程式を用いる方法です．

経済モデルの作成に当たっては，次のような点に注意しましょう．

(1) 変数間の因果関係

関数そのものには因果関係は含まれませんが，経済学では調べたい原因の変数と結果の変数を判別する必要があります．原因となる変数を一般に**説明変数** (explanatory variable)，結果となる変数を**被説明変数** (explained variable) といいます．統計分析では，**独立変数** (dependent variable)，**従属変数** (independent variable) という名称も用います．

(2) 変数の分類

モデルの構造を考える上では，モデルの中で算定される「内生変数」(endogenous variable)，モデルの解が与えられるためにはあらかじめその値が与えられていなければならない「外生変数」(exogenous variable)，当期以前の期で決定されている「先決内生変数」(predetermined endogenous variable) の区別が必要です．

(3) 数式の操作可能性

多くの場合，数学的な困難は取り除いた方が有益でしょう．また，関数の定義枠と値域に対しても注意を払うことが必要です．

(4) モデルのサイズ

複数の未知数を連立方程式 (simultaneous equations) から求めるには，その未知数の数以上の互いに独立した方程式が必要です．

11.2　連立方程式モデルの解法

経済理論の基本である「市場」(market) のモデルを考えましょう.

例題 11-1　均衡価格の決定

財の需要曲線と供給曲線が,

$D = -50p + 250$, $S = 25p + 25$

であると仮定されるとき，均衡価格を求めなさい.

需要曲線 $D = -50p + 250$ のグラフと供給曲線 $S = 25p + 25$ のグラフを図に示します (図 11.1).

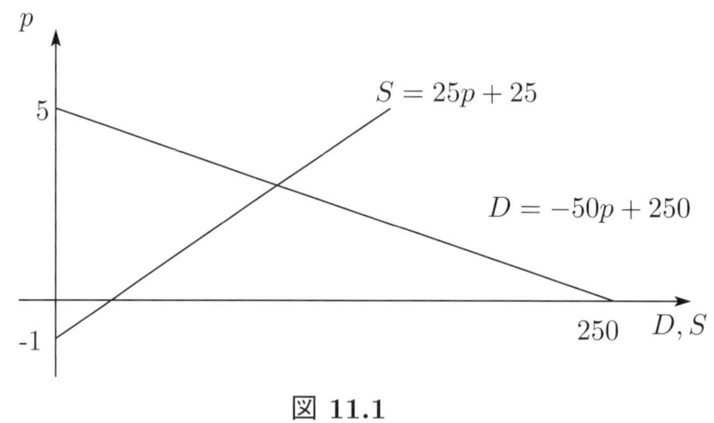

図 11.1

経済理論では需要と供給が一致するときに市場均衡が達成されると考えますが，図では 2 つの直線が重なった点（交点）がその均衡点となります．取引量を q として，需要曲線の式と供給曲線の式を次のように書くことができます.

$$q + 50p = 250 \tag{11.1}$$

$$q - 25p = 25 \tag{11.2}$$

(11.1) 式と (11.2) 式からなる方程式を 2 元 1 次連立方程式と呼びます．ここでは図 11.1 の交点が 2 本の式を満たす「解」になります [1].

式の同値変形を繰り返して,「未知数の文字＝数値」の形の式に導くことを,「方程式を解く」といいます．連立 1 次方程式を解くことは，与えられた方程式をすべて同時に満足する未知数の値を求めることです．そのためには，代入法や加減法あるいは等置法などといった解法があり，それらを用いて順に未知数を消去していき，最終的に 1 元方程式として解を導きます.

[1] 複数個の未知数を含み，かつすべての方程式が未知数についての 1 次方程式からなっているような方程式を連立 1 次方程式といいます．未知数の個数が 2 個，3 個により，2 元連立 1 次方程式，3 元連立 1 次方程式と呼びます.

11.2.1　行列

連立方程式の解法の1つに，**行列**（matrix）を利用して解く方法があります．行列は，いくつかの数（または数を表す文字）を長方形に格納し，両脇を括弧でくるんだ形をしています．行列について数学的な意味を知っておく必要がありますが，ここでは，連立方程式の解法のみに限定します．

連立方程式と行列　行列の概念を利用して解くために，上述の連立方程式を行列で表現すると，次のようになります．

$$\begin{pmatrix} 1 & 50 \\ 1 & -25 \end{pmatrix} \times \begin{pmatrix} q \\ p \end{pmatrix} = \begin{pmatrix} 250 \\ 25 \end{pmatrix}$$

行列を構成する個々の数をこの行列の **成分** または **要素** といいます．行列の横の並びを **行**（row）といい，上から順に第1行，第2行，…，縦の並びを **列**（column）といい，左から順に第1列，第2列，…といいます．m 行，n 列からなる行列を m 行 n 列の行列，または $m \times n$ 型の行列と呼びます．また，第 i 行，第 j 列にある成分を，a_{ij} のように2重添え字付きの文字で表します．

係数，未知数，右辺の定数の行列を，それぞれ行列 A，行列 X，行列 B に置き換えると，上式を一般化して，

$$AX = B \tag{11.3}$$

と表現することができます．係数行列 A は2行2列，未知数と定数の行列は2行1列の行列となっています．行数・列数が共に同じ大きさの行列を **正方行列**，列数のみが1の行列を **縦ベクトル**とも呼びます．左の行列の列数と右の行列の行数が一致しているときに，順番に各成分を掛け合わせた値の和が求められるので，行列の積が計算できます．

一般に行列の積では，$AB = BA$ となる「交換法則」が成立しませんが，

$$AA^{-1} = A^{-1}A = I$$

となる行列 A^{-1} が存在する場合，それを A の**逆行列**といいます．I は単位行列です．単位行列はその対角成分に1が並び，他はすべて0となる正方行列です．例題では，次のような行列です．

$$\begin{pmatrix} 1 & 50 \\ 1 & -25 \end{pmatrix} \begin{pmatrix} 1 & 50 \\ 1 & -25 \end{pmatrix}^{-1} = \begin{pmatrix} 1 & 50 \\ 1 & -25 \end{pmatrix}^{-1} \begin{pmatrix} 1 & 50 \\ 1 & -25 \end{pmatrix} = \begin{pmatrix} 1 & 0 \\ 0 & 1 \end{pmatrix}$$

(11.3) 式に戻ると，係数行列 A に逆行列 A^{-1} が存在するならば，上式の両辺に左から A^{-1} を乗ずることによって，解 X は

$$X = A^{-1}B \tag{11.4}$$

で求めることができます．なぜならば，

$$
\begin{aligned}
A^{-1}AX &= A^{-1}B \\
IX &= A^{-1}B \\
X &= A^{-1}B
\end{aligned}
$$

であるからです．

逆行列を求める　逆行列を求めるには，元の行列が正方行列でなければなりません．Excelでは，逆行列を求める関数 **MINVERSE(行列範囲)** を使用すれば簡単に求めることができます．

手順 1　行列 A を入力しておきます．Excel の各セルを行列の要素と考え，ワークシートに図 11.2 のように入力します．

$$
\begin{pmatrix} 1 & 50 \\ 1 & -25 \end{pmatrix} \Longrightarrow
$$

	A	B
1	1	50
2	1	-25
3		

図 11.2　行列 A の設定

あるいは，配列数式を用いて，図 11.3 のように，セル範囲 A1:B2 を選択して，={1,50;1,-25} と入力し，Enter を押します．

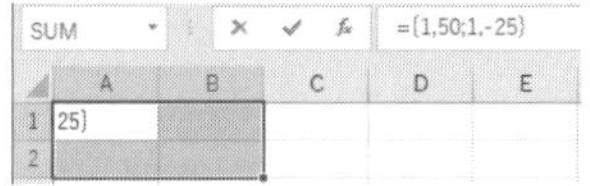

図 11.3　配列数式による設定

手順 2　逆行列を展開したいセル範囲の左上端のセル A4 をクリックし，続けて，[**数式**] タブを開き，[関数ライブラリ] グループの [数学/三角] をクリックし，**MINVERSE** を選びます (図 11.4)．関数名がわかっていれば，**関数の挿入** fx から選ぶこともできます．

図 11.4　MINVERSE 関数の挿入

手順 3 **MINVERSE** 関数で，逆行列を求めたい行列の範囲を指定します．引数（**MINVERSE** 関数では「配列」）の入力ダイアログボックスが表示されたら，行列範囲を指定します．範囲指定には，入力ボックスの [**折りたたみ**] ボタンをクリックし，次に元の範囲 `A1:B2` を指定し，範囲指定終了ボタンをクリックします (図 11.5).

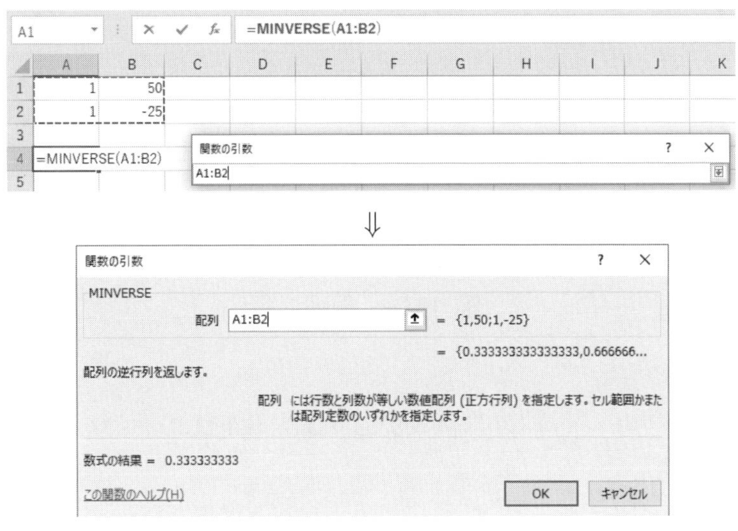

図 **11.5**　引数の指定

手順 4 計算結果は図 11.6 のようになります．

A4　=MINVERSE(A1:B2)

	A	B	C	D	E
1	1	50			
2	1	-25			
3					
4	0.333333	0.666667			
5	0.013333	-0.01333			

図 **11.6**　逆行列 A^{-1}

行列の積　求めた逆行列と定数項ベクトルの積を考えます．

手順 1 定数項を追加します．セル C1 に「250」，C2 に「25」を記入します．

手順 2 答えを書き込む範囲を選択します．セル E1:E2 を選択しましょう (図 11.7).

	A	B	C	D	E
1	1	50	250		
2	1	-25	25		

図 **11.7**　解答範囲の指定

手順3 [数式] タブを開き, [関数ライブラリ] グループの [数学/三角] をクリックし, **MMULT** を選びます.

手順4 関数の引数ボックスが現れたら, 配列1には逆行列を記述したセル範囲 `A4:B5` を指定し, 配列2には定数を記述した範囲 `C1:C2` を指定します (図11.8).

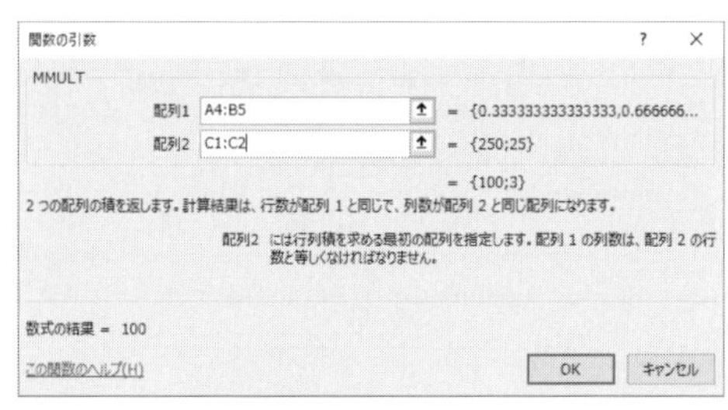

図 **11.8**　行列の積

手順5 セル E1 に値 100, セル E2 に値 3 が返ります (図11.9).

E1#　=MMULT(A4:B5,C1:C2)

	A	B	C	D	E	F
1	1	50	250		100	
2	1	-25	25		3	
3						
4	0.333333	0.666667				
5	0.013333	-0.01333				

図 **11.9**　計算結果

行列（線形代数）を使うと, 複雑そうに見える問題を簡単に解くことができるようになります.

11.2.2　循環参照

コンピュータで連立方程式を解くために, その他にもいろいろなアルゴリズムが開発されています. ここでは, 循環参照を活用するテクニックを紹介しましょう.

数式が直接または間接的に, その数式自体が入力されているセルを参照している場合, これを**循環参照**と呼びます. 循環参照が含まれていると, 計算した値が発散してしまうため, 通常, Excel は循環参照を削除するよう促します.

(11.1) 式を p について解き, (11.2) 式を q について解いてみましょう. 連立方程式は, 次のように変形されます. p と q の値は, 矢印で示したように, 循環的に参照されています.

$$p = 5 - \frac{q}{50}$$

$$q = 25 + 25p$$

Excel 上では，次のように記入します．セル A1 に「p=」，B1 に =5-B1/50，A2 に「q=」，B2 に =25+25*B2 を入力してください．

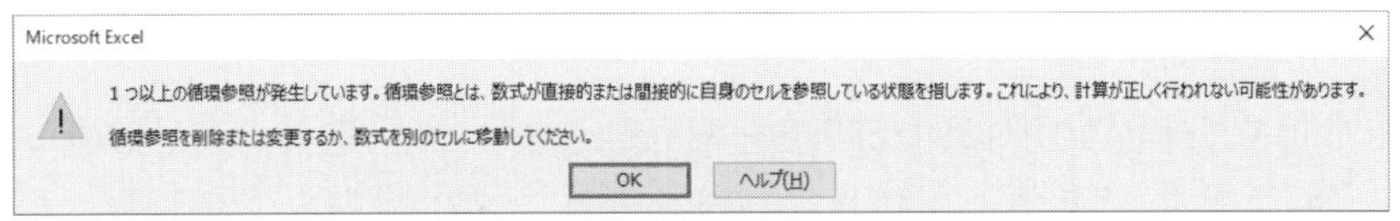

図 **11.10**　循環参照の注意表示

循環参照の注意 (図 11.10) が出たら，**OK** をクリックしてください．**Excel** ヘルプボックスが現れ，セル B1 と B2 の間には参照先・参照元を示す矢印が表示されます (図 11.11)．

	A	B
1	p=	5
2	q=	0
3		

図 **11.11**　循環参照の指定

循環参照を含む計算を正しく進めるためには，反復計算を使って，循環参照に含まれる各セルを計算する必要があります．**Office** ボタン—**Excel** のオプション **(I)** で開く，**[数式]** ダイアログ ボックスで反復計算を指示しなければなりません．計算方法タブの **反復計算 (I)** をチェック (図 11.12) し，**OK** ボタンをクリックします．既定では，反復計算は最大 100 回まで，または循環参照のすべての値の変化が 0.001 より小さくなるまで，いずれかの状態に達するまで繰り返されます．

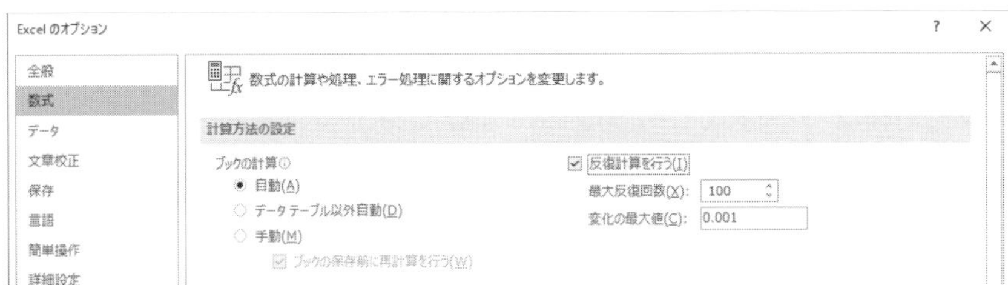

図 **11.12**　反復計算のオプション

反復計算が実行された結果は，図 11.13 のようになります．

	A	B
1	p=	3.000008
2	q=	100.0002
3		

図 **11.13**　反復計算の結果

11.3　最適化問題

11.2節では連立方程式の解析的な解法を紹介しましたが，元来，表計算プログラムは解析的方法を苦手としています．代わりに，コンピュータの特性を生かした，反復処理によるアプローチが利用されます．反復処理とは，コンピュータに一組の数値を変数に入れさせてみて，もしもそれらが解の数値でないことが判明した時は，解が見つかるまで次々と数値を入れ直してみるという手法です．

従来は反復処理のプログラムを作成して方程式を解くことが一般的でしたが，Excelには方程式を解くための機能が用意されています．それが **ソルバー** です[2]．ソルバーはアドインマクロですが，Microsoft Officeの標準的なインストールでは組み込まれていないため，初めて使う場合はアクティブにする必要があります．

経済学では制約条件付きの最適化問題を扱うことが多いのですが，その形式は表11.1のように分類されます．

表 11.1　最適化問題

極値問題	目的関数	制約式	制約条件
古典的計画	非線形	非線形	等式制約
非線形計画	非線形	非線形	不等式制約
線形計画	線形	線形	不等式制約

古典的計画 (classical programming) 法を解くためには，微分法が利用されます．線形計画 (linear programming) 法は，目的関数および制約式が共に線形 (1次式) であることと，制約条件が等式ではなく不等式であることによって特徴づけられています．線形計画法は，「操作可能」(operational) で実際的な分析手法として利用されており，コンピュータでうまく処理することができます．線形計画法をもう一歩押し進めて，非線形目的関数と非線形の不等式制約を取り扱えるようにしたのが，非線形計画 (non-linear programming) 法です．非線形計画法は一般性の高いものである反面，実際に解を求めることがかなりむずかしくなります．

ソルバーは，線形計画についてはシンプレックス法で解を求めます．非線形の最適化問題についてはGeneralized Reduced Gradient(GRG2) と呼ばれる反復処理のアルゴリズムを利用します．常に最適解が得られるとは限りませんが，ソルバーを使うことで経済学の最適化問題を解くことができます．

11.3.1　1変数関数の最適化問題

代表的な最適化問題として，利潤最大化を取り上げましょう．

[2]アドインの一部はサードパーティー（社外）の製品です．ソルバーはFrontline System, Inc. の製品で，同社のウェブサイト (www.solver.com) では，より高機能なソルバーが販売されています．

例題 11-2　利潤最大化問題

ある財の需要曲線は，

$$Q = -2P + 100 \qquad \left[\ Q：需要量,\ P：価格\ \right]$$

で示され，この財は独占企業によって独占的に供給されている．この独占企業の費用関数が，

$$C = 0.5X^2 + 10X + 100 \qquad \left[\ C：費用,\ X：生産量\ \right]$$

であるとき，利潤最大化を行う場合のこの独占企業の利潤はいくらか．

国家公務員採用試験

企業の利潤は，$\Pi = P \times Q - C$ で定義されます．これを最大化しますが，独占市場では競争相手がいないので，$Q = X$ となります．

問題の設定

変数，目的関数，制約条件をワークシート上に展開します．ソルバーでは，「変化させるセル」と呼ばれるセルの値を変化させつつ，「目的セル」の数式の計算を行い，最適の解を見つけ出します．「変化させるセル」が変数であり，「目的セル」に目的関数が入ります．

手順 1 新しい空白のブックを開いてください．ワークシートのセル C1 に「X」，A2 に「変数」，A3 に「目的関数」と記入し，計算の枠組みを作成します．

手順 2 変数や目的関数を次のような配列に入力します (図 11.14).

セル C2　→　変化させるセル（未記入）
セル B3　→　`=(50-0.5*C2)*C2-0.5*C2^2-10*C2-100`

B3　=(50-0.5*C2)*C2-0.5*C2^2-10*C2-100

	A	B	C	D	E	F	G
1			X				
2	変数						
3	目的関数	=(50-0.5*C2)*C2-0.5*C2^2-10*C2-100					

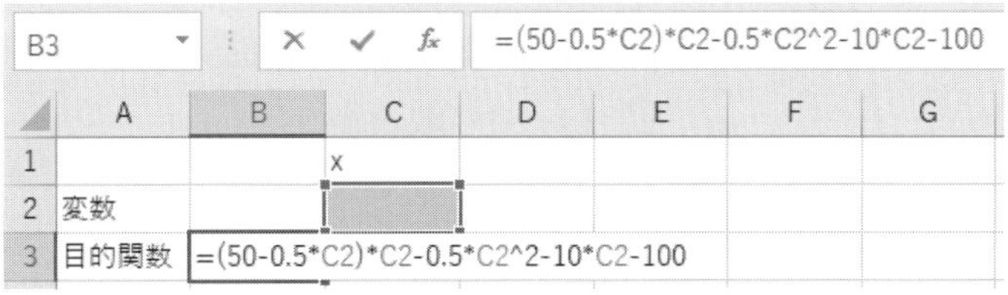

図 11.14　利潤最大化問題の設定

最適化問題の解法

ソルバーは，次の手順で実行します．

手順 1 ソルバーを起動します．[データ] タブから [分析] グループの を選び，クリックします．

手順 2 **ソルバー：パラメータ設定**ダイアログボックスが開きます．**目的セルの設定 (T)** 入力ボックスには，セル B3 を指定します．例題では，最大値を求めるので，目標値には**最大値 (M)** を指定します．

手順 3　**変数セルの変更 (<u>B</u>)** 入力ボックスには，C2 を指定します．

手順 4　制約条件を指定します．この例題では明示的な条件はありませんが，生産活動が行われるためには $X > 0$ でなければなりません．**制約のない変数は非負数にする (<u>K</u>)** というオプションにチェックが入っていることを確認してから，**解決 (<u>S</u>)** ボタンをクリックしてください (図 11.15).

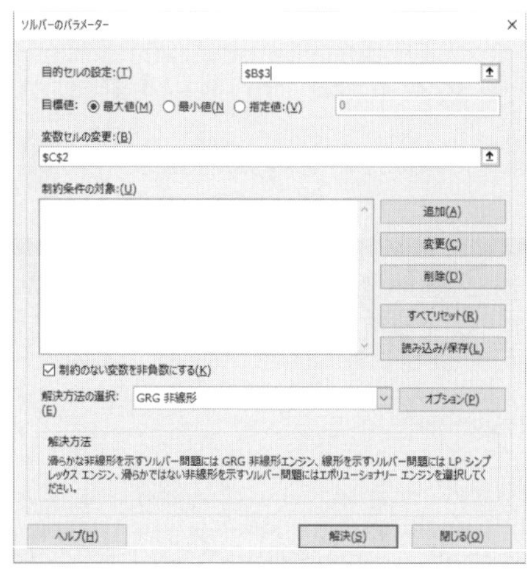

図 11.15　ソルバーのパラメーター指定

手順 5　**ソルバーの結果**ダイアログボックスが開いたら，**OK** ボタンをクリックします．生産量が 20 の時に最大利潤 300 が得られることがわかります (図 11.16).

	A	B	C	D
1			x	
2	変数		20	
3	目的関数	300		

図 11.16　最適解

11.3.2　2 変数関数の最適化問題

2 変数の最適化問題として，消費者行動の分析を取り上げましょう．消費者は一定の予算の制約の下で財の購入を行いますが，どのように財の需要量を決定するのでしょうか．例題を見てみましょう．

例題 11-3　効用最大化問題

x 財と y 財を消費するある個人の効用関数が，$u = x^2y^3$ で示され，この個人の所得が 100，x 財と y 財の価格が 5，10 であるとする．この個人が効用を最大化するときの x 財と y 財の需要量はいくらか．

国家公務員採用試験

設問の答えは，次の制約付き最大化問題を解くことで得られます．

$$\max \quad u = x^2y^3$$
$$s.t. \quad 5x + 10y = 100$$

このような問題の解法としては，ラグランジュの未定乗数法 (the method of Lagrange's multiplier) がよく知られていますが，Excel のソルバーを用いて解くこともできます．

問題の設定

変数，目的関数，制約条件をワークシート上に展開します．ソルバーでは，「変化させるセル」と呼ばれるセルの値を変化させつつ，「目的セル」の数式の計算を行い，最適の解を見つけ出します．「変化させるセル」が変数であり，「目的セル」に目的関数が入ります．

手順 1 新しい空白のブックを開いてください．ワークシートのセル C1 に「x」，D1 に「y」，A2 に「変数」，A3 に「制約条件」，A4 に「目的関数」と記入し，計算の枠組みを作成します．

手順 2 変数や係数を次のような配列に入力します．

セル C2:D2	→	変化させるセル（未記入）
セル C3	→	5
セル D3	→	10
セル E3	→	100

手順 3 セル B3 に，制約式を入力します．「`=SUMPRODUCT(C3:D3,C2:D2)`」と入力します．関数 **SUMPRODUCT** は，引数として指定した配列の対応する要素間の積をまず計算し，さらにその和を返します．引数となる配列は，行数と列数が等しい配列でなければなりません．

手順 4 セル C4 に，目的関数を入力します．「`=C2^2*D2^3`」と入力します (図 **11.17**)．

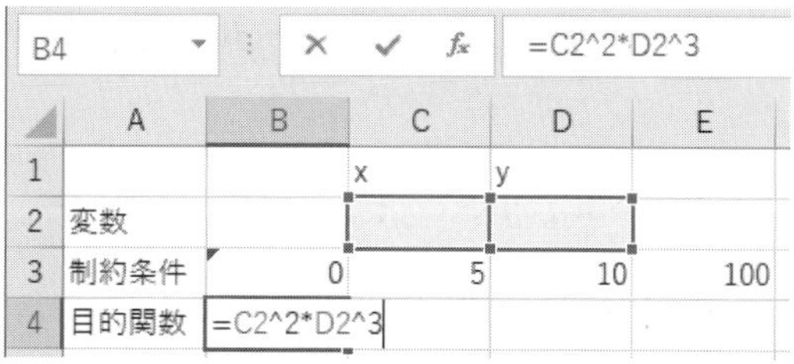

B4　=C2^2*D2^3

	A	B	C	D	E
1			x	y	
2	変数				
3	制約条件	0	5	10	100
4	目的関数	=C2^2*D2^3			

図 **11.17**　目的関数の入力

最適化問題の解法

ソルバーは，次の手順で実行します．

手順 1 ソルバーを起動します．**[データ]** タブから **[分析]** グループのを選び，クリックします．

手順 2 **ソルバー：パラメータ設定**ダイアログボックスが開きます．**目的セル (E)** 入力ボックスには，セル B4 を指定します．例題では，最大値を求めるので，目標値には**最大値 (M)** を指定します．

手順 3 **変化させるセル (B)** 入力ボックスには，変数のセルを指定します．例題では，D2:E2 を指定します (図 11.18).

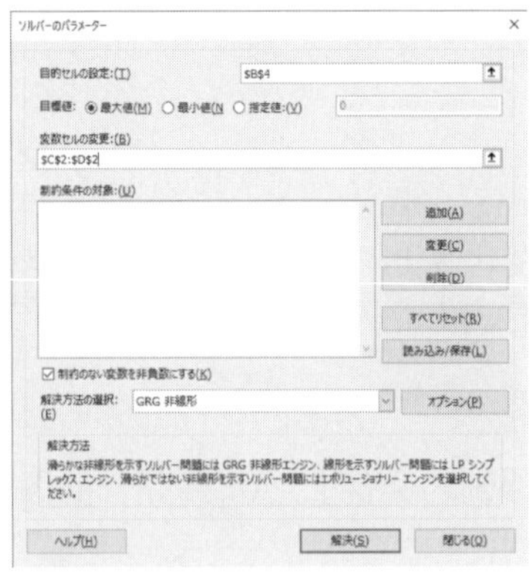

図 11.18　ソルバーのパラメーター指定

手順 4 制約条件を指定します．**制約条件 (U)** 入力ボックス脇の **追加 (A)** ボタンをクリックします．

手順 5 **制約条件追加**のダイアログボックスが開いたら，**セル参照 (E)** 入力ボックスに，制約条件を設定するセル B3 を入力します．

手順 6 比較演算子のコンボボックスに「=」と表示されていない場合は，▼ボタンを左クリックします．すると比較演算子を一覧表示したリストボックスが表示されますから，目的の比較演算子を左クリックします．

<=	制約条件入力ボックスの値以下
=	制約条件入力ボックスの値と等しい
>=	制約条件入力ボックスの値以上

手順 7 **制約条件 (N)** 入力ボックスにセル E3 を入力します (図 11.19).

手順 8 設定が完了したら **OK** ボタンをクリックします．

手順 9 **パラメータ設定**ダイアログボックスに戻ったら，**解決 (S)** ボタンをクリックします．

制約条件の追加
セル参照:(E)
$B$3
=
制約条件:(N)
=$E$3
OK
追加(A)
キャンセル(C)

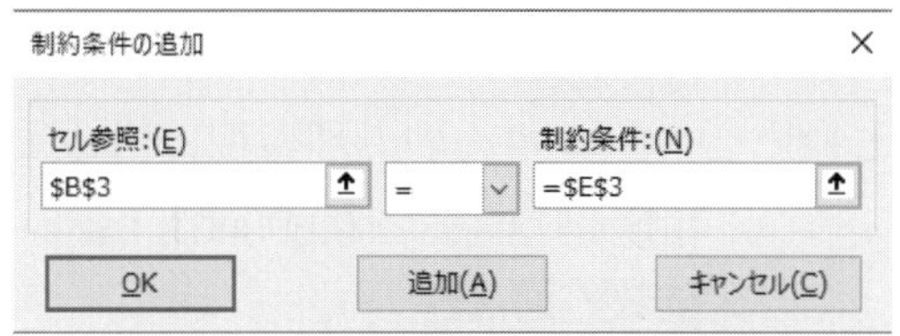

図 **11.19**　制約条件の追加

手順 10 計算が実行されると，**ソルバー：探索結果**ダイアログボックスが表示されます (図 11.20).

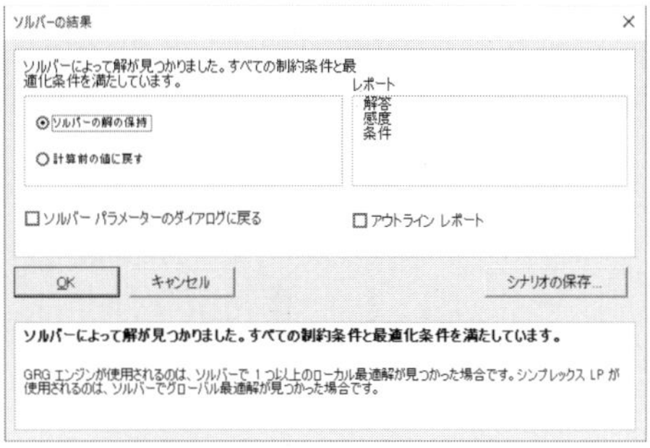

ソルバーの結果
ソルバーによって解が見つかりました。すべての制約条件と最適化条件を満たしています。
レポート
解答
感度
条件
ソルバーの解の保持
計算前の値に戻す
ソルバー パラメーターのダイアログに戻る
アウトライン レポート
OK
キャンセル
シナリオの保存...
ソルバーによって解が見つかりました。すべての制約条件と最適化条件を満たしています。
GRG エンジンが使用されるのは、ソルバーで 1 つ以上のローカル最適解が見つかった場合です。シンプレックス LP が使用されるのは、ソルバーでグローバル最適解が見つかった場合です。

図 **11.20**　ソルバーの結果

手順 11 **OK** ボタンをクリックします．**ソルバー終了**ダイアログボックスが閉じ，計算結果がワークシートに記録されます．セル C2 に 8, セル D2 に 6 が得られ，これが設問の答えとなります (図 11.21).

	A	B	C	D	E
1			x	y	
2	変数		8	6	
3	制約条件	100	5	10	100
4	目的関数	13824			

図 **11.21**　最適解

ソルバーレポートの作成

ソルバーは演算処理の検討資料として，解答レポート，感度レポートおよび条件レポートを作成できます．感度レポートには，非線形モデルとして処理した場合は，計算結果，限界傾斜，ラグランジュ等が記録され，線形モデルとして処理した場合には，限界コスト，潜在価格等が記録されます．

手順 10 で，これらのレポートリストボックスの項目をクリックして選択します．複数のレポートをまとめて記録する場合は，Ctrlキーを押しながらクリックして一括指定します．作成するレポートを指定したら，**OK** ボタンをクリックすると，指定したレポートが新規ワークシートに記録されます．

経済分析において，感度レポートは重要な情報を与えてくれます．

ソルバーの環境設定

Excel をインストールしたときのソルバーの処理環境は次のように設定されています．

精度	0.000001
整数の最適性	1%

これらの処理環境は，**ソルバー：パラメータ設定**ダイアログボックスの **オプション (O)** ボタンをクリックすると表示される**オプション設定**ダイアログボックスで変更できます．なお，**ソルバー：探索結果**ダイアログボックスに「**目的セルの値が収束しません**」などのメッセージが表示された場合は，モデルの初期値を変更する，制約条件を変更する，ソルバーの処理方法を変更するなどの措置を講じる必要があります．

11.4　まとめ

経済学の理論研究における表計算ソフトの活用方法を示しました．経済学への理解を深めるには数学の利用が欠かせません．しかし，数学が苦手であっても，Excel の計算機能や分析ツールを用いるアプローチならば，その難しさを克服できるのではないでしょうか．

練習問題

問 1. 三財からなる経済で，超過需要関数が次のように与えられているとします．

$$
\begin{aligned}
E_1 &= 9 - p_1 + 2p_2 + 3p_3 \\
E_2 &= 16 - p_1 - 4p_2 + p_3 \\
E_3 &= 25 - 2p_1 + p_2 - 3p_3
\end{aligned}
$$

連立方程式を解いて，**一般均衡**を成立させる価格を求めなさい．

問 2. 次の効用最大化問題をソルバーを利用して解きなさい．

$$
\begin{aligned}
\max_{x_1, x_2} \quad & {x_1}^{0.5} {x_2}^{0.5} \\
\text{s.t.} \quad & 0.25x_1 + x_2 = 2
\end{aligned}
$$

問 3. 二つの財，乗用車とトラックを生産している企業を考えてみましょう．生産活動は，三つの投入物，労働 (L)，資本 (K)，土地 (F) を使用すると仮定します．乗用車の 1 単位を生産するには，L が 2，K が 1，F が 4 だけ必要であり，トラック 1 単位を生産するには，L が 1，K が 3，F が 5 だけ必要です．乗用車 1 単位の価格は 400 万円，トラック 1 単位の価格は 500 万円です．当該企業が労働を 720 人/時，資本 (機械) を 900 台/時，土地 (床面積) を 1,800 坪保有していると仮定するときに，総収入を最大化する生産計画を求めなさい．

第12章

マクロ経済学とシミュレーション

12.1　マクロ経済学

マクロ経済学（macroeconomics）は，国民経済のレベルで，経済活動水準（生産と雇用），物価，金利，為替などの動向を決定する諸要因を研究します．都道府県等の地域経済分析に活用することもできます．国内総生産（GDP, gross domestic product）は一国の経済活動を見る指標で，経済主体の間の貨幣量のフロー（flow）循環に注目します (図 12.1)．

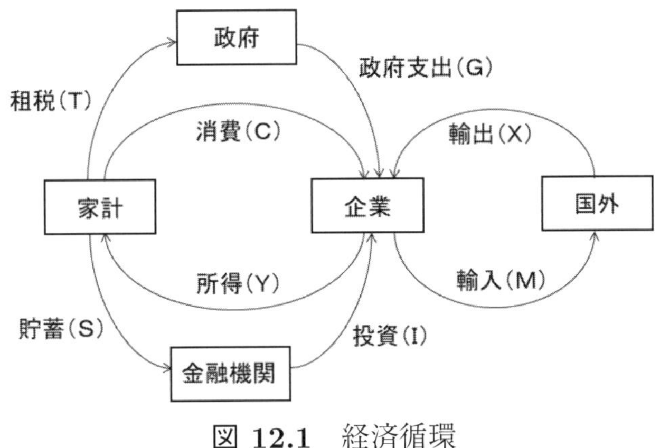

図 **12.1**　経済循環

12.2　ケインジアンの交差図

『雇用・利子および貨幣の一般理論』(1936) において，ケインズ (J. M. Keynes, 1883-1946) は 1930 年代の大恐慌の原因を総需要の不足から説明しました．ケインズによれば，経済の総所得は主として家計，企業，政府の支出によって決定されます．

$$C = a + bY \quad 0 < b < 1 \tag{12.1}$$

$$E = C + I + G \tag{12.2}$$

$$Y = E \tag{12.3}$$

国内総生産の大きさは，計画支出 E と所得（現実支出）$Y = E$ との均衡条件から説明されます．このケインズ・モデルの基本的な考え方を Excel で解いてみましょう．

例題 12-1　ケインジアンの交差図

ある国の経済が,

$$C = 110 + 0.75Y$$
$$I = 200$$
$$G = 100$$
$$Y = C + I + G$$

で示されるとする．均衡所得を求めなさい.

ケインズが導入した消費関数は，現在の消費を現在の所得に関連付けています．しかし，現実の消費活動はより計画的に行われると考えられます．そこで，現在（t 期）の消費が前期（$t-1$ 期）の所得と関係しているものとしましょう．(12.1)〜(12.3) 式を次のように書き換えることができます.

$$C_t = a + bY_{t-1} \quad 0 < b < 1 \tag{12.4}$$
$$E_t = C_t + I + G \tag{12.5}$$
$$Y_t = E_t \tag{12.6}$$

ワークシートの作成と数式の入力

手順 1 次のようなワークシートを作成してください.

1.1 パラメータと外生変数を設定します．セル A1 に「a=」，A2 に「b=」，A3 に「I=」，A4 に「G=」の名称を記入します．右揃えにすると見やすいでしょう.

1.2 セル B1 に 110，B2 に 0.75，B3 に 200，B4 に 100 を入力します.

1.3 ワークシートの列方向，セル A6 から E6 に変数名を記入します．A6 に「t」，B6 に「Y(-1)」，C6 に「C」，D6 に「Y」，E6 に「Y=E」と入力します.

1.4 セル A7 に「0」，A7 に「1」を入力し，オートフィル機能で列 A に「53」までの連続データを作ります.

	A	B	C	D	E
1	a=	0			
2	b=	0.75			
3	I=	200			
4	G=	100			
5					
6	t	Y(-1)	C	Y	E=Y
7	0				
8	1				

手順 2 $t = 0$ 期の計算式を入力します.

2.1 セル B7 に Y の初期値 0 を入力します.

2.2 セル C7 に消費関数 `=$B$1+$B$2*B7` を入力します.

2.3 セル D8 で計画支出 `=C7+$B$3+$B$4` を計算します.

2.4 セル E8 に均衡条件 `=B7` を入力します.

手順 3 $t = 1$ 期の計算式を設定します.

3.1 セル B8 に`=D7` と入力し，1 期前の Y の値を参照するようにします.

3.2 セル範囲 `C7:E7` の数式をコピーし，セル範囲 `C8:E8` にペーストします.

	A	B	C	D	E
1	a =	0			
2	b =	0.75			
3	I =	200			
4	G =	100			
5					
6	t	Y(-1)	C	Y	E=Y
7	0	0	110	410	0
8	1	410	417.5	717.5	410

手順 4 セル範囲 `B8:E8` 数式をコピーし，セル範囲 `B9:E60` にペーストします.

58	51	1639.999	1339.999	1639.999	1639.999
59	52	1639.999	1340	1640	1639.999
60	53	1640	1340	1640	1640

均衡所得 $Y = 1640$ が得られました．セル範囲 `B6:E60` の計算結果から散布図を作成すると，図 12.2 のようなグラフが描かれます。

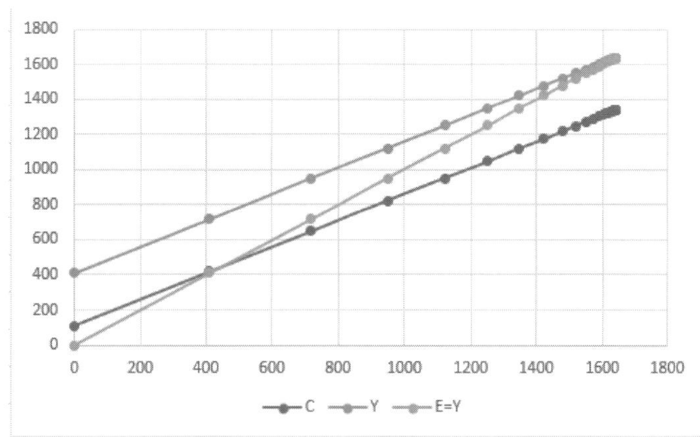

図 12.2 ケインジアンの交差図

均衡条件 $Y = E$ と所得 Y が交差するように漸近していく様子が描かれているこのグラフは「ケインジアンの交差図」(Keynesian cross) あるいは「ケインズの 45 度線図」(Keynesian 45-degree diagram) と呼ばれます.

12.3　目標値の探索

Microsoft Excel では，数式が目標とする結果に到達するための変数の代入値がわからない場合，**ゴール シーク** という機能を利用できます．

例題 12-2　完全雇用と財政政策

国民所得が消費（C），投資（I），政府支出（G）からなる経済において，消費関数が $C = 20 + 0.8Y$，投資 $I = 10$ 兆円，政府支出 $G = 30$ 兆円であり，均衡国民所得を維持しているものとする．

このとき，完全雇用国民所得水準が 350 兆円であるとき，この水準を達成するためには，政府支出をいくら拡大する必要があるか．

国税専門官採用試験

マクロ経済学によると，不景気の時には公共投資を増やすことで，乗数効果により雇用の確保と経済成長を図ることができます．政府支出 G を変数として，均衡国民所得を構成する式を展開すると，

$$\begin{aligned} Y &= C + I + G \\ &= (20 + 0.8Y) + 10 + G \\ &= 30 + 0.8Y + G \end{aligned}$$

となります．Y について，整理すると，

$$(1 - 0.8)Y = 30 + G$$

より，政府支出乗数に関する次の式を得ます．

$$Y = \frac{1}{0.2}(30 + G) = 150 + 5G \qquad (12.7)$$

(12.3) 式において，$Y = 350$ を実現する G の値を求めるのが課題です．

ワークシートの作成

手順 1 新しい空白のブックを開いてください．ワークシートのセル A1 に「変数 G」，A3 に「目標 Y」と記入し，計算の枠組みを作成します．

手順 2 変数や数式を次のような配列に入力します．

セル $B1$ は，変化させるセル（未記入）
セル $B2$ に，150+5*B1

⟹

	A	B
1	変数G	
2	目標Y	150
3		

手順 3 データタブの [**予測**] グループで [**What-If 分析**] をクリックします.

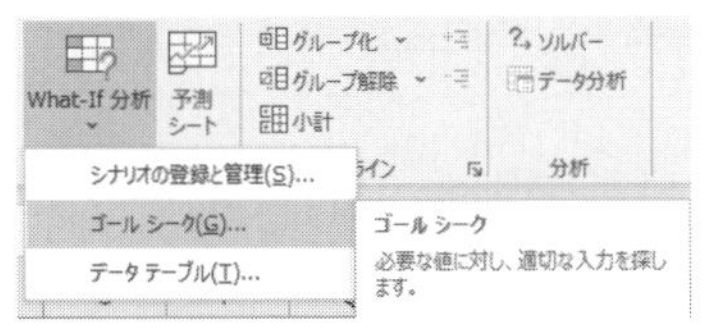

手順 4 [**ゴール シーク**] ダイアログ ボックスでは, [**数式入力セル (E)**] に数式を含むセル B2, [**目標値 (V)**] には数式から返される値 350, [**変化させるセル (C)**] には変数を含むセル B1 を指定します.

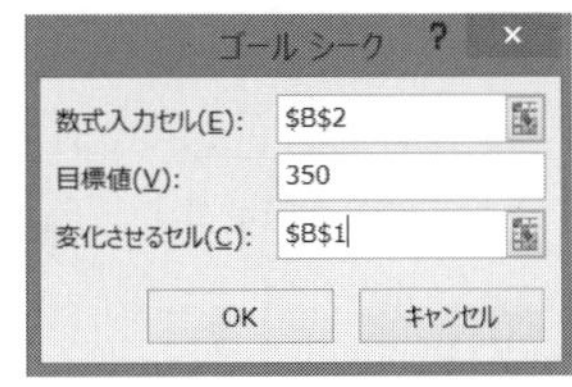

手順 5 **OK** ボタンをクリックすると, 求める値が得られます.

E1# =MMULT(A4:B5,C1:C2)

	A	B	C	D	E	F
1	1	50	250		100	
2	1	-25	25		3	
3						
4	0.333333	0.666667				
5	0.013333	-0.01333				

⟹

	A	B
1	変数G	40
2	目標Y	350

ゴール シークでは, 単純な線形検索が使用され,「変化させるセル」(上の例では B1) の正または負側の値を推測することから開始されます. Excel は, 最初の推測を使用して数式を再計算します. 推測によって目標値により近い数式の結果が得られた方がゴール シークの進む方向 (正または負) になります.「変化させるセル」の値を置き換えていき, 収束する値を求めるようになっています. したがって, 求められる解は基本的に近似値であり, また解が得られない場合もあります. 更に, 次のような制限があります.

・関数が線形でない場合に, 解答への収束で問題が発生する可能性がある.

・変化させられるのは, 1 つのセルだけである.

これらの弱点は, 次に紹介するソルバーでは改善されています.

12.4　*IS-LM*分析

中央銀行から金融機関への貨幣供給 (M) を考慮すると，財市場と貨幣市場の同時均衡を検討することができます．次のような例題を考えましょう．

例題 12-3　*IS-LM* モデルと財政政策

ある国の経済が，

$$\begin{aligned} Y &= C + I + G \\ C &= 10 + 0.6Y \\ I &= 90 - 1200r \\ L &= 100 + 0.5Y - 1000r \\ M/P &= 200 \\ G &= 20 \end{aligned}$$

［Y：国民所得, C：消費
I：民間投資, G：政府支出
r：利子率, L：実質貨幣需要
M：名目貨幣供給, P：物価水準］

で示されるとする．政府支出 G が 40 に増加したとき，民間投資 I はクラウンディング・アウトによりどれだけ減少するか．

国税専門官採用試験

このモデルは，閉鎖経済（外国貿易を含まない経済）における国民所得の決定を説明するマクロ経済モデルです．価格水準が与えられると，4 本の経済関係式を，4 つの内生変数（Y，C，I，r）について解くことができます．これらの方程式を 2 本にまとめる接近法が，イギリスの経済学者ヒックス（J.R.Hicks, 1904-1989）によって考案されました．***IS-LM* 分析**と呼ばれるこの接近法は，その直観的なわかりやすさから広く用いられています．

***IS* 曲線**の I は Investment（投資），S は Saving（貯蓄）を意味しています．これは，所得定義式，消費関数，投資関数の 3 本の方程式を解いて，利子率 r と所得 Y との関係を表したもので，財市場の均衡状態を表します．消費関数 $C = a + b(Y - T)$ と投資関数 $I = c - dr$ を所得定義式 $Y = C + I + G$ に代入すると，次の式を得ます．

$$Y = a + b(Y - T) + c - dr + G \tag{12.8}$$

T は租税を表します．これを解いて，*IS* 曲線を求めます．

$$r = \frac{a+c}{d} + \frac{1}{d} \cdot G - \frac{b}{d} \cdot T - \frac{1-b}{d} \cdot Y \tag{12.9}$$

***LM* 曲線**は，Liquidity（流動性）と Money（貨幣）を意味しており，貨幣需要関数を充たす利子率 r と所得 Y との関係を表したもので，貨幣市場の均衡を表しています．貨幣需要 $L_d = e + fY - gr$ と貨幣供給 $L_s = \frac{M}{P}$ の均衡から，次の式を得ます．

$$r = \frac{e}{g} + \frac{f}{g}Y - \frac{1}{g} \cdot \frac{M}{P} \tag{12.10}$$

IS 曲線と LM 曲線の交点で財市場と貨幣市場の同時的均衡が達成されます (図 12.3).

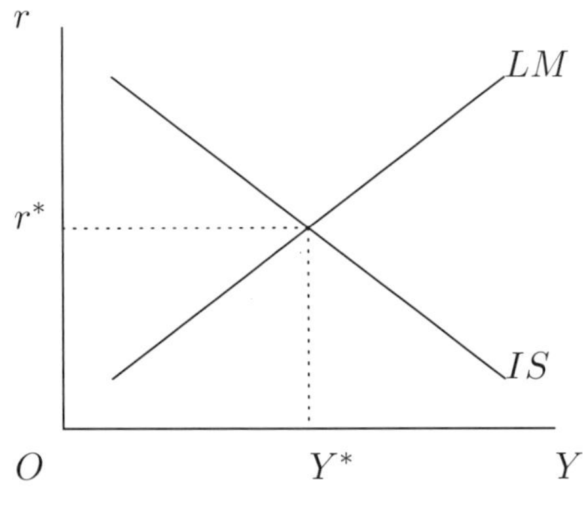

図 12.3 *IS-LM* モデル

代数的には，(12.10) 式の利子率 r を (12.9) 式の右辺で置き換えることで，均衡国民所得 Y の値を求めることができます.

$$\begin{aligned} Y &= \frac{g(a+c)+de}{g(1-b)+df} + \frac{g}{g(1-b)+df} \cdot G \\ &\quad - \frac{bg}{g(1-b)+df} \cdot T + \frac{d}{g(1-b)+df} \cdot \frac{M}{P} \end{aligned} \tag{12.11}$$

この Y の値を (12.10) 式に代入すれば，IS 曲線と LM 曲線の双方を満たす利子率を求めることができます.

外生変数である G，T を調整することを財政政策，M を調整することを金融政策といいます（表 12.1）. 財政・金融政策の発動によって，外生変数が変化すると，Y と r の均衡値は変化します.

表 12.1 マクロ経済政策

	財政政策	金融政策
不況時	公共投資拡大 減税	貨幣供給量拡大
景気過熱時	公共投資縮小 増税	貨幣供給量縮小

G の増加は IS 曲線を外側にシフトさせることで国民所得 Y を増大させますが，他方で利子率 r を上昇させるので，民間投資 I が減少します. これを**クラウンディング・アウト**（crowding out）と呼びます.

まず，$G = 20$ のとき，例題の数値から，IS 曲線と LM 曲線の交点の所得と利子率の値を計算してみましょう. ただし，価格は $P = 1$ で固定されているものとします.

ワークシートの作成と数式の入力

手順1 次のようなワークシートを作成してください．

1.1 パラメータを設定します．セルA1に「パラメータ」，A2に「a」，A3に「b」，A4に「c」，A5に「d」，A6に「e」，A7に「f」，A8に「g」の名を記入し，セルB2に10，B3に0.6，B4に90，B5に1200，B6に100，B7に0.5，B8に1000を入力します．

1.2 外生変数を設定します．セルA10に「政策変数」，A11に「T」，A12に「G」，A13に「M」の変数名を記入し，セルB11に0，B12に20，B13に200を入力します．

	A	B
1	パラメータ	
2	a	10
3	b	0.6
4	c	90
5	d	1200
6	e	100
7	f	0.5
8	g	1000
9		
10	政策変数	
11	T	0
12	G	40
13	M	200

手順2 ワークシートの行方向，セルA15からA21に変数名を記入します．A15に「解」，A16に「C」，A17に「I」，A18に「G」，A19に「Y」，A20に「r」，A21に「P」と入力します．

手順3 セルB21に価格 P の初期値1を入力します．

手順4 以下の数式を入力します．
セルB16に，消費関数 =B2+B3*(B19-B11)
セルB17に，投資関数 =B4-B5*B20
セルB18に，政府投資 =B12
セルB19に，国民所得の定義式 =B16+B17+B18

15	解	
16	C	10
17	I	210
18	G	20
19	Y	=B16+B17+B18
20	r	
21	P	1

手順5 循環参照が有効となっていない場合は，セルB19に式を入力したとたん，循環参照の注意が表示されるでしょう．循環参照を含む計算を行うためには，[ファイル]—[オプション]—[数式]で開くダイアログボックスで，反復計算を指示してください．

手順 6 セル B20 に，*LM* 曲線 `=B6/B8+(B7/B8)*B19-(1/B8)*(B13/B21)` を入力します．自動的に再計算が行われ，正しい計算結果を得ることができます．

15	解	
16	C	154
17	I	66
18	G	20
19	Y	240
20	r	0.02
21	P	1

手順 7 ワークシートを保存してください．

12.5　財政政策の効果－シナリオの設定－

財政政策と金融政策は，経済に大きな影響力を持っています．政策変数が変化したときの経済の反応をコンピュータ・シミュレーションで知ることは，有効なマクロ政策を考えていく上で役立ちます．Excel には，こうした「実験」を進める上で便利な **シナリオ** という機能が用意されています．

シナリオは，セルに入力するデータの組み合わせにシナリオ名を付けて登録し，シナリオ名を指定すると登録されたデータが自動的にワークシートに入力されるようにするツールです．例題 12-3 を登録しましょう．シナリオの登録は次の手順で行います．

シナリオの新規作成

手順 1 [データ] タブの [予測] グループで [**What-If 分析**] をクリックします．

手順 2 [シナリオの登録と管理 (S)] をクリックします．

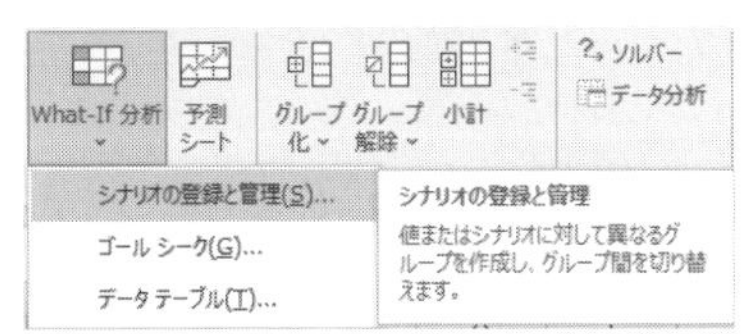

手順 3 **シナリオの登録と管理**ダイアログボックスが表示されますから，**追加 (A)...** ボタンをクリックします．

シナリオの登録と管理
シナリオ(C):
シナリオは設定されていません。シナリオを追加する場合は、[追加] を選択します。
追加(A)...
削除(D)
編集(E)...
コピー(M)...
情報(U)...
変化させるセル:
コメント:
表示(S)
閉じる

手順 4 **シナリオの編集**ダイアログボックスが表示されたら,

4.1 **シナリオ名 (N)** 入力ボックスに，現在のワークシートの状態が識別できるシナリオ名「基本モデル」を入力して Tab キーを押します.

4.2 **変化させるセル (C)** 入力ボックスが選択状態になりますから，ワークシートの変化させるセル B11:B13 を指定します.

4.3 [**OK**] ボタンをクリックします.

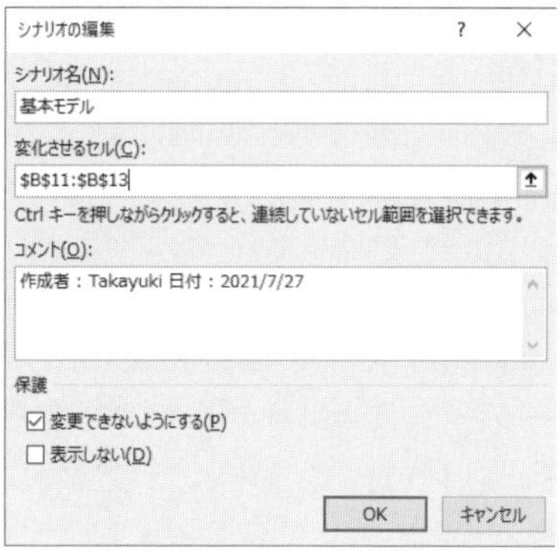

手順 5 現在のセルの値が入力ボックスに入力された**シナリオの値**ダイアログボックスが表示されますから，[**OK**] ボタンをクリックします.

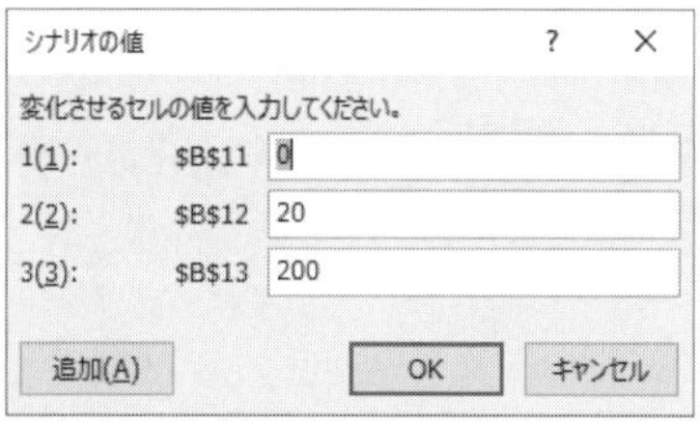

以上の操作で，政策変数の現在の値が入力されているシナリオが登録され，**シナリオ (C)** リストボックスに登録したシナリオ名を表示した**シナリオの登録と管理**ダイアログボックスに戻ります.

シナリオの追加登録

政府支出を $G = 20$ から $G = 40$ へと変化させたシナリオを追加しましょう.

手順 1 **シナリオの登録と管理**ダイアログボックスの [**追加 (A)...**] ボタンをクリックします.

手順 2 **シナリオの編集**ダイアログボックスが開いたら,

2.1 **シナリオ名 (N)** 入力ボックスに，追加登録するシナリオ名「政府支出の増加」を入力して，Tab キーを押します.

2.2 **変化させるセル (C)** 入力ボックスに，変化させるセル B12 を指定します.

2.3 [**OK**] ボタンをクリックします.

シナリオの編集 ? ×
シナリオ名(N):
財政支出の増加
変化させるセル(C):
$B$12
Ctrl キーを押しながらクリックすると、連続していないセル範囲を選択できます。
コメント(O):
作成者：Takayuki 日付：2021/7/27
保護
変更できないようにする(P)
表示しない(D)
OK キャンセル

手順 3 **シナリオの値**ダイアログボックスが開きますから，入力ボックスにシミュレーション演算する数値 40 を入力して，**OK** ボタンをクリックします．

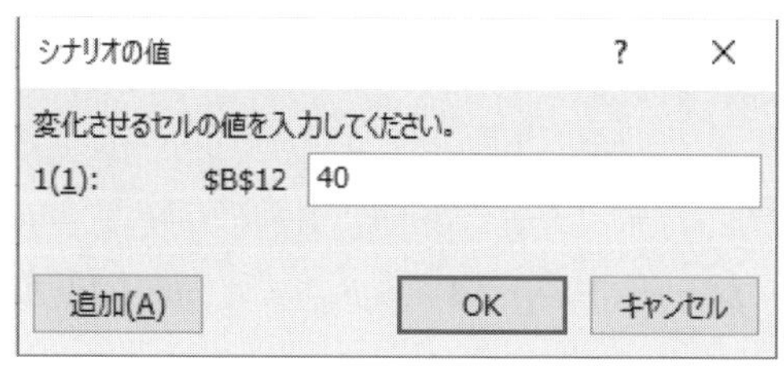

シナリオの実行

登録されたシナリオの実行は，**シナリオの登録と管理**ダイアログボックスの**シナリオ (C)** リストボックスに表示されているシナリオ名のうち目的のシナリオ名をダブルクリックするか，クリックで選択してから **表示 (S)** ボタンをクリックします．

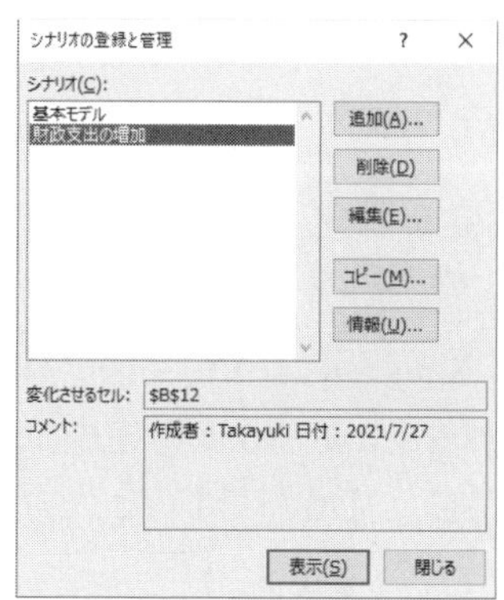

すると，ワークシートの変化させるセルにそのシナリオに設定されている数値が入力されて，計算が実行されます．

15	解		
16	C	166	
17	I	54	
18	G	40	
19	Y	260	
20	r	0.03	
21	P	1	

「基本モデル」と比較すると，民間投資が 66.0 − 54.0 = 12.0 だけ減少していることがわかります．これが，例題 12-3 の設問に対する答えです．

シナリオの登録と管理ダイアログボックスの［情報 (U)］ボタンを押して，シナリオ情報レポートを作成すれば，登録した各シナリオを一覧することができます．

12.6　マクロ経済の短期変動

国民経済は周期的な変動を繰り返しながら成長しています．これを景気循環（business cycle）と呼びます．アメリカの経済学者サムエルソン（P. Samuelson, 1915-2009）は，乗数原理と加速度原理を合わせて景気循環を説明しました．次の例題を解きましょう．

例題 12-4　乗数·加速度原理

例題 12-1 のモデルにおいて，投資関数が

$$I_t = v\,(Y_{t-1} - Y_{t-2}) \qquad \left[\ v：加速度係数\ \right]$$

で与えられるとき，国民所得 Y_t はどのような変動をとると考えられるか示しなさい．ただし，加速度係数を 0.8 とします．

加速度原理は，投資が国民所得の変化分 ΔY に比例して変動するというものです．

ワークシートの作成と数式の入力

手順 1 次のようなワークシートを作成してください．

1.1 パラメータと外生変数を設定します．セル A1 に「a=」，A2 に「b=」，A3 に「v=」，A4 に「G=」の名称を記入します．右揃えにすると見やすいでしょう．

1.2 セル B1 に `110`，B2 に `0.75`，B3 に `0.8`，B4 に `100` を入力します．

1.3 ワークシートの列方向，セル A6 から E6 に変数名を記入します．A6 に「t」，B6 に「Y」，C6 に「C」，D6 に「I」と入力します．

1.4 セル A7 に「0」，A7 に「1」を入力し，オートフィル機能で列 A に「20」までの連続データを作ります．

	A	B	C	D
1	a=	110		
2	b=	0.75		
3	v=	0.8		
4	G=	100		
5				
6	t	Y	C	I
7	0			
8	1			

手順 2 $t = 0$ 期の計算式を入力します.

2.1 Y_{t-2} の初期値は任意で構いませんが，たとえばセル B7 に Y の初期値 `0` を入力します.

2.2 セル C7 に消費関数 `=$B$1+$B$2*B7` を入力します.

	A	B	C	D
1	a=	110		
2	b=	0.75		
3	v=	0.8		
4	G=	100		
5				
6	t	Y	C	I
7	0	0	=$B$1+$B$2*B7	

手順 3 $t = 1$ 期の計算式を設定します.

3.1 セル B8 に`=C7+D7+$B$4` と入力します.

3.2 セル C8 に消費関数 `=$B$1+$B$2*B8` を入力します.

3.3 セル D8 に投資関数 `=$B$3*(B8-B7)` を入力します.

	A	B	C	D	E
1	a=	110			
2	b=	0.75			
3	v=	0.8			
4	G=	100			
5					
6	t	Y	C	I	
7	0	0	110		
8	1	210	267.5	=$B$3*(B8-B7)	

手順 4 セル範囲 B8〜D8 の数式をコピーし，セル範囲 B9〜27 にペーストしましょう.

6	t	Y	C	I
7	0	0	110	
8	1	210	267.5	168
9	2			
10	3			

Y の値を折れ線グラフで表示すると，景気循環の様相を知ることができます（図 12.4).

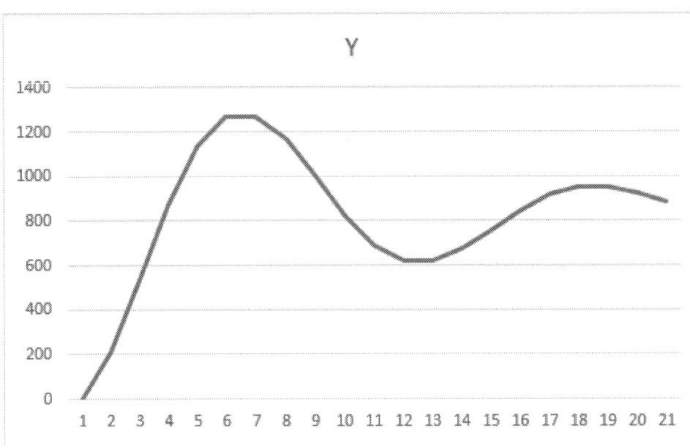

図 **12.4**　乗数・加速度モデル

12.7　新古典派の経済成長モデル

例題 12-5　新古典派の経済成長理論

新古典派の経済成長モデルが，

$$y = \sqrt{k} \qquad \Delta k = sy - nk$$

[y：一人当たり産出量，k：一人当たり資本量　Δk：kの増分，s：貯蓄率，n：人口増加率]

で示されるとする．当初，経済は定常状態にあるものとする．もしも貯蓄率が上昇すると，新たな定常状態の一人当たり資本量と一人当たり産出量の水準は以前の定常状態と比べてどのようになるか．

マクロ的な生産関数を

$$Y = F(K, L) \tag{12.12}$$

とします．ここで，Yは産出量，Kは資本ストック，Lは労働量です．規模に関して収穫が一定 (収穫不変) の場合，生産関数の両辺に $\frac{1}{L}$ を掛けると労働者一人当たりの生産関数が得られます．

$$y = \frac{Y}{L} = F\left(\frac{K}{L}, 1\right) = f(k) \tag{12.13}$$

資本ストックの変化は投資量と償却分の差になります．償却分については，毎期資本ストックの一定の比率δで償却されるとします．

$$\Delta K = I - \delta K \tag{12.14}$$

労働者一人当たりの資本蓄積を考えて，$k = \frac{K}{L}$ と $i = \frac{I}{L}$ をそれぞれ一人当たりの資本ストックと投資とするならば，次の資本蓄積方程式が得られます．

$$\Delta k = i - \delta k \tag{12.15}$$

世界の国々が関心を寄せる持続的な経済成長を検討するためには，人口成長を考える必要があります．人口と労働力が一定率 n で成長すると想定しましょう．労働者数の成長は労働者一人当たりの資本の減少をもたらしますから，資本蓄積方程式は次のように修正されます．

$$\Delta k = i - \delta - nk = i - (\delta + n)\,k \tag{12.16}$$

投資に関しては所得の一定部分が充てられます．財市場の均衡条件を $Y = C + I$ とすると $I = Y - C$ になりますが，それは貯蓄と一致します．貯蓄関数を

$$S = sY \quad 0 < s < 1 \tag{12.17}$$

とすると，

$$I = sY = sF(L, K) \tag{12.18}$$

となります．労働者一人当たりにすると次のようになります．

$$i = sy = sf(k) \tag{12.19}$$

生産関数には特定の関数形を使うと便利です．コブ＝ダグラス型生産関数（Cobb-Douglas production function）がよく使われます．

$$Y = K^{\alpha} L^{1-\alpha} \tag{12.20}$$

一人当たりでは，

$$y = k^{\alpha} \tag{12.21}$$

となります．例題の生産関数は，$\alpha = \frac{1}{2}$ のコブ＝ダグラス型関数であることがわかります（図 12.5）．

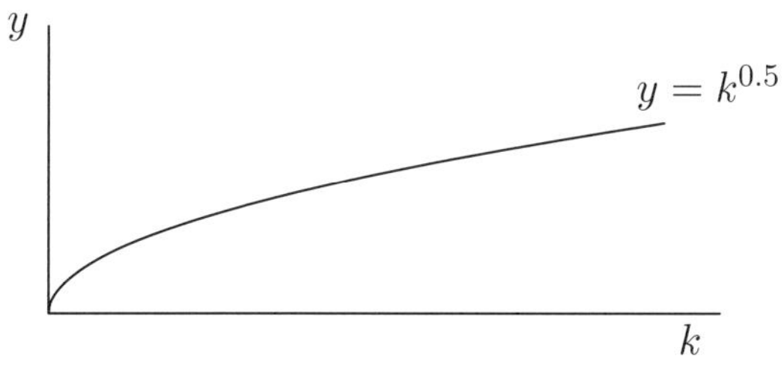

図 12.5　コブ＝ダグラス型生産関数

ワークシートの作成と数式の入力

資本はストック（stock）変数なので，毎期，投資による増加と償却による減少によりその量が変化していきます．

t 期　$k_t \longrightarrow f(k_t) \longrightarrow i_t = sf(k_t) \longrightarrow (n+\delta)k_t \longrightarrow \Delta k_t$

$k_t + \Delta k_t$

$t+1$ 期　$k_{t+1} \longrightarrow f(k_{t+1}) \longrightarrow i_{t+1} = sf(k_{t+1}) \longrightarrow (n+\delta)k_{t+1} \longrightarrow \Delta k_{t+1}$

$k_{t+1} + \Delta k_{t+1}$

$t+2$ 期　k_{t+2}

⋮

このプロセスをワークシートに再現しましょう．

手順 1 次のようなワークシートを作成してください．

1.1 パラメータを設定します．セル A1 に「α=」，A2 に「s=」，A3 に「δ=」，A4 に「n=」の名称を記入します．右揃えにすると見やすいでしょう．

1.2 セル B1 に `0.5`，B2 に `0.3`，B3 に `0.1`，B4 に `0.01` を入力します．

1.3 ワークシートの列方向，セル B6 から G6 に変数名を記入します．A6 に「t」，B6 に「k」，C6 に「y」，D6 に「sy」，E6 に「$(\delta+n)k$」，F6 に「Δ k」と入力します．

1.4 セル A7 に「0」，A7 に「1」を入力し，オートフィル機能で列 A に「100」までの連続データを作ります．

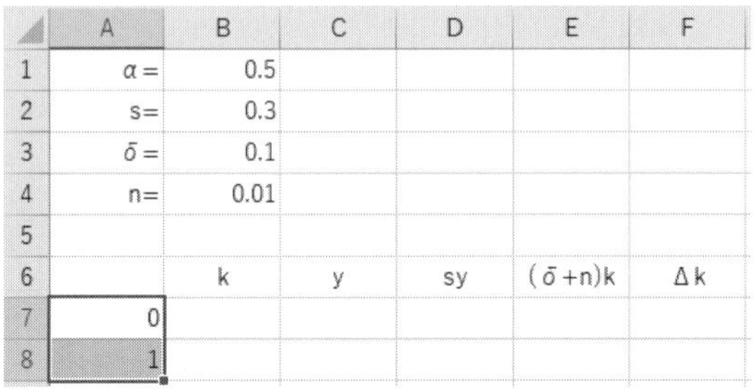

	A	B	C	D	E	F
1	α＝	0.5				
2	s=	0.3				
3	δ＝	0.1				
4	n=	0.01				
5						
6		k	y	sy	(δ+n)k	Δk
7	0					
8	1					

手順 2 $t=0$ 期の計算式を入力します．

2.1 セル B7 に Y の初期値 `0.1` を入力します．

2.2 セル C7 に生産関数 `=B7^$B$1` を入力します．

2.3 セル D7 で投資量 `=$B$2*B7` を計算します．

2.4 セル E7 に資本の減少分 `=($B$4+$B$5)*B7` を入力します．

2.5 セル F7 に資本の純変化 `=D7-E7` を入力します．

	A	B	C	D	E	F
1	α =	0.5				
2	s=	0.3				
3	δ =	0.1				
4	n=	0.01				
5						
6		k	y	sy	(δ +n)k	Δk
7	0	0.1	0.316228	0.094868	0.011	=D7-E7
8	1					

手順 3 $t = 1$ 期の計算式を設定します.

3.1 セル B8 に=B7+F7 と入力し，1 期前の k と Δk の値を参照するようにします.

3.2 セル範囲 C7〜F7 の数式をコピーし，セル範囲 C8〜F8 にペーストします.

	A	B	C	D	E	F
1	α =	0.5				
2	s=	0.3				
3	δ =	0.1				
4	n=	0.01				
5						
6		k	y	sy	(δ +n)k	Δk
7	0	0.1	0.316228	0.094868	0.011	0.083868
8	1	0.183868				

手順 4 セル範囲 B8〜F8 の数式をコピーし，セル範囲 B9〜E107 にペーストします.

セル範囲 B6〜E107 の計算結果を散布図にすると，次のようなグラフが描かれます。

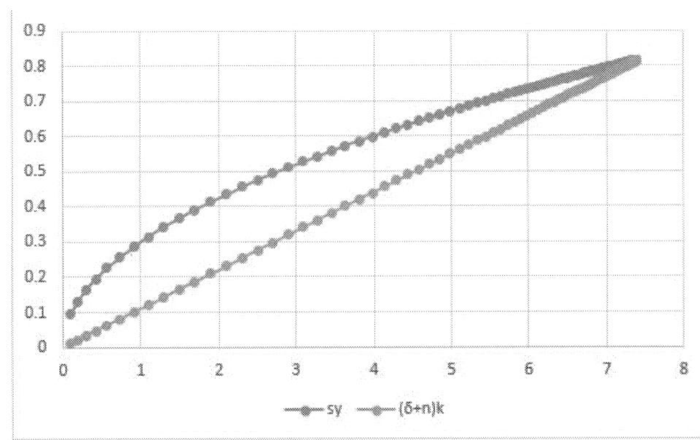

$\Delta k = 0$ の定常状態に向かうことが示されます.

12.8 まとめ

マクロ経済学の研究における表計算ソフトの活用方法を示しました. 動学の数学が苦手な人でも，Excel の計算機能や分析ツールを用いるアプローチならば，経済数学の難しさを克服できるのではないでしょうか.

練習問題

問 1. 例題 12-1 の (12.1) 式〜(12.3) 式を連立方程式として解き，均衡所得を求めなさい.

問 2. 例題 12-3 のモデルを，例題 12-1 を参考にしながら動学モデルとして展開せよ.

参考文献

本書の執筆の際に参考にした文献を，読者が入手しやすいものを中心に紹介します．

第 1 章

[1] 総務省統計局編『世界の統計 2021』日本統計協会，2021 年.

[2] 国際連合統計局編『国際連合世界統計年鑑 2020 Vol.63』原書房，2021 年.

第 2 章

[3] 井上香緒里『今すぐ使えるかんたん Excel データベース 完全ガイドブック 業務データを抽出・集計・分析』技術評論社，2021 年.

[4] 早坂清志『できる Excel データベース 入力・整形・分析の効率アップに役立つ本』インプレス，2020 年.

第 3 章・第 4 章

[5] 金子治平・上藤一郎『よくわかる統計学 I 基礎編』（第 2 版）ミネルヴァ書房，2011 年.

[6] 蓑谷千凰彦『回帰分析のはなし』東京図書，1985 年.

第 5 章

[7] 刈屋武昭・勝浦正樹『プログレッシブ 統計学（第 2 版）』 東洋経済新報社，2008 年.

第 6 章

[8] 恩藏直人・冨田健司（編著）『1 からのマーケティング分析』碩学舎，2011 年.

[9] 山田剛史・村井潤一郎『よくわかる心理統計』ミネルヴァ書房，2004 年.

第 7 章

[10] 大友篤『地域人口分析の方法－国勢調査データの利用の仕方－』日本統計協会，2002 年.

[11] 岡崎陽一『人口統計学（増補改訂版）』古今書院，1999 年.

第 8 章

[12] 御園謙吉・良永康平編『よくわかる統計学 II（第 2 版）』ミネルヴァ書房，2011 年.

[13] 田中勝人『経済統計（第 3 版）』岩波書店，2009 年.

第 9 章

[14] 白砂堤津耶『例題で学ぶ 初歩からの計量経済学（第 2 版）』日本評論社，2007 年.

第 10 章

[15] 土居英二他編著『はじめよう地域産業連関分析（改訂版）基礎編』日本評論社，2019 年.

[16] 土居英二他編著『はじめよう地域産業連関分析（改訂版）事例分析編』日本評論社，2020 年.

第 11 章

[17] 浅利一郎・山下隆之『はじめよう経済数学』日本評論社，2003 年.

第 12 章

[18] マンキュー，N. G.『マクロ経済学 I·II（第 4 版）』，足立英之・地主俊樹・中谷武・柳川隆訳，東洋経済新報社，2017-18 年.

索引

経済学関連事項

山下隆之（やました・たかゆき）　第 9, 11, 12 章
1962 年　東京都生まれ
1990 年　青山学院大学大学院経済学研究科博士課程単位修得退学
現　在　青山学院大学教授，静岡大学名誉教授
e-mail address: yamashita.takayuki@gsc.aoyama.ac.jp
石橋太郎（いしばし・たろう）　第 5 章
1960 年　長崎県生まれ
1988 年　神戸大学大学院経済学研究科博士課程単位修得退学
現　在　静岡大学教授
e-mail address: jetishi@ipc.shizuoka.ac.jp
伊東暁人（いとう・あきと）　第 1, 2 章
1961 年　東京都生まれ
1991 年　筑波大学大学院経営・政策科学研究科修士課程修了
現　在　静岡大学教授
e-mail address: ito.akito@shizuoka.ac.jp
上藤一郎（うわふじ・いちろう）　第 7, 8 章
1960 年　福井県生まれ
1990 年　龍谷大学大学院経済学研究科博士後期課程単位修得退学
現　在　静岡大学教授
e-mail address: uwafuji.ichiro@shizuoka.ac.jp
黄　愛珍（ほぁん・えいつん）　第 3, 4, 10 章
1968 年　中国生まれ
2004 年　京都大学大学院経済学研究科博士課程修了
現　在　静岡大学教授
e-mail address: Huang.aizhen@shizuoka.ac.jp
鈴木拓也（すずき・たくや）　第 6 章
1976 年　宮城県生まれ
2006 年　早稲田大学大学院商学研究科博士後期課程単位修得退学
現　在　静岡大学准教授
e-mail address: suzuki.takuya@shizuoka.ac.jp

はじめよう 経済学(けいざいがく)のための情報処理(じょうほうしょり)［第(だい)5版(はん)］
Excel によるデータ処理とシミュレーション

1998 年 5 月 30 日　第 1 版第 1 刷発行
2004 年 4 月 20 日　改訂版第 1 刷発行
2008 年 5 月 1 日　第 3 版第 1 刷発行
2014 年 10 月 25 日　第 4 版第 1 刷発行
2022 年 7 月 15 日　第 5 版第 1 刷発行

著　者　山下隆之・石橋太郎・伊東暁人
　　　　上藤一郎・黄　愛珍・鈴木拓也
発行所　株式会社 日本評論社
〒 170-8474　東京都豊島区南大塚 3–12–4
電話 03–3987–8621（販売），
8595（編集）
振替　00100–3–16
印　刷　三美印刷株式会社
製　本　株式会社難波製本
装　幀　渡邉雄哉（LIKE A DESIGN）

ISBN 978–4–535–54034–7